좋은 수업

국립중앙도서관 출판시도서목록(CIP)

초등학교 국어과 좋은 수업 / 임용운 지음. -- 서울 : 국학자료원, 2003
p. ;   cm

ISBN 89-541-0066-X 93380 : \14000

375.471-KDC4
372.65957-DDC21   CIP2003000037

초등 학교 국어과

좋은 수업

林龍雲 著

국학자료원

수레를 밀어주는 마음으로

'움직이는 수레는 밀어줄 수 있지만, 멈추어 있는 수레는 밀 수 없다'던 선배님의 말씀 속에 훌륭한 교사가 되는 길이 숨어 있다고 믿어 왔다.

우선 수레를 끌도록 해야 한다. 수레를 끌고 땀을 뻘뻘 흘리며 언덕을 오르기 위해 몸부림 칠 때, 인내심을 가지고 지켜봐야 한다. 성급하게 밀어주면 안 된다. 함께 끌어주면 더욱 안 된다. 더 이상 움직이지 못할 정도가 될 때, 뒤에서 밀어 준다.

'훌륭한 장학이란 교사들에게 교실 수업 개선의 싹을 틔워 주는 것'이라는 신념으로 수업 협의회나 장학 활동을 하여 왔다. 어떤 특별한 이론이나 새로운 교육 방법을 소개하는 것보다 25년 동안 국어과 수업 개선에 관심을 갖고 실천해 왔던 사례나 생각들을 소박하게 모아 보았다. 내용들이 조잡하고 엉성할지라도 읽는 이들에게 국어과에 대한 관심의 싹이 될 것으로 믿어보면서, 나의 교직 생활에 보람의 싹을 틔워 주셨던 전원범 교수님, 서규열 국장님, 정찬종 교육장님, 문이종 부장님, 김봉근, 정균태, 임종식 교장선생님을 비롯한 모든 선배님들께 감사를 드린다. 지금까지 아끼고 사랑해 주신 마음으로 여기 모아놓은 글들에 대해 아낌없는 질정을 기대한다.

차례

재1장 수업과 관련된 이야기들   9

1

수업과 관련된 이야기들

'국어과 교육은 학교 교육의 시작이자 끝이다'라고 할 때 '학교 교육의 시작'이란 국어과 교육이 학교에서 이루어지는 모든 교육의 기초 내지는 기본이 된다는 말이고, '학교 교육의 끝'이란 궁극적으로 학교 교육의 성과는 결국 국어를 사용하는 능력 여하에 따라 달라질 수 있다는 말일 것이다.

초등 학교 10개 교과 중 국어과가 맨 처음에 위치하도록 교육 과정에 제시된 것이나 지도 시간 역시 주당 평균 시수 6내지 7시간으로 다른 교과에 비해 많은 시간을 배당하고 있는 것 역시 그 중요성의 반영이라 할 것이다.

필자가 근무하는 교육청 관내 선생님들을 대상으로 교과별 장학 지도 희망을 조사한 결과, 국어과 수업에 가장 많은 관심을 갖고 있는 것으로 드러났다. 특히 국어과 수업이 쉬운 것 같으면서도 어렵고 문제점이 많다는 현장 선생님들의 말씀을 들으면서,

<말하기·듣기> 시간에 2쪽 정도 되는 교과서를 펼치고, 학습 목표에 따라 그림을 보거나 생각하게 하고, 교과서의 빈칸에 말할 내용을 쓰게 한 후, 몇 명 발표시키고 나면 더 이상 가르칠 것이 없는데 아직도 시간이 20여분이 남아 있어 책을 읽게 하거

나 문제집을 풀어보게 하였던 일,

<읽기> 시간에 모든 단원 모든 차시의 글을 읽고, 줄거리를 잡은 후, 문단을 나눈 다든지, 주제나 요지를 파악하여 칠판에 써 주고 판서하도록 한다든지, 낱말이나 구절 풀이 위주의 수업을 진행하였던 일,

<쓰기> 시간에 제목이나 주제를 제시한 후 글을 짓게 하고, 발표하게 하여, 교실 환경판에 게시한다든지 평가에 활용하는 방식으로 수업을 진행했던 필자의 초임 시절 을 돌이켜 보았다.

'줄탁동시 알묘조장(啐啄同時 揠苗助長)'이란 경구나 '교직 경력 20년이 되어서야 학생들이 집단으로 보이지 않고 개인으로 보인다' 는 선배님들의 말씀을 가슴으로 느끼면서 국어과에 관심을 갖고, 수업을 하면서 또는 장학지도를 하면서 느꼈던 점들 을 모아 국어과 수업의 효율화를 위한 관련 경험들, 수업안을 쓰고 수업하는 과정, 국어과 요소별 지도 방법 등 3장으로 나누어 제시하였다.

1. 우리말의 아름다움과 소중함

내가 이 모든 일에 놀라고 있는 사이에 아멜 선생님은 교단 위에 올라가 나를 대했을 때와 똑같이 부드럽고 엄숙한 목소리로 말씀하셨습니다.

"여러분, 내가 수업을 하는 것은 오늘이 마지막입니다. 베를린으로부터 명령이 내려와 앞으로 알자스와 로렌 지방의 학교에서는 독일어말고는 말을 가르치지 못하게 되어서……. 내일 새로운 선생님이 오십니다. 오늘 이 시간은 우리 모두에 게 있어서 마지막 프랑스어 수업시간입니다. 아무쪼록 다같이 열심히 해 봅시다."

나는 선생님의 말씀을 듣고 깜짝 놀랐습니다. 아, 지독한 프로이센놈들! 놈들은 면사무소 게시판에 이 사실을 게시했던 것입니다.

나의 마지막 프랑스어 수업이라니!

그런데 나로 말할 것 같으면 아직 프랑스어를 제대로 쓸 줄도 모르지 않는가.

이제 영원히 프랑스어를 배울 수 없는 것일까! 이대로 끝나서는 안된다…….

알퐁스 도데의 '마지막 수업' 을 읽을 때마다 눈시울이 뜨거워지는 까닭은 무엇일까? 이 글이 한 편의 소설로 끝나지 않기 때문이다. 모국어에 대한 뜨거운 애정이 우리를 사로잡기 때문이다. 다시는 모국어를 배우지 못할지도 모른다는 섭섭함이 어린 학생의 한 경험을 통하여 우리의 가슴으로 전류가 되어 흘러들기 때문이다.

아니다 더욱 중요한 것은 우리 역시 일제의 압박 속에서 우리의 글을 빼앗길 뻔하였고, 독립이 되었다는 지금도 어떤 형태로든 우리의 모국어가 시련을 겪고 있기 때문일지도 모른다.

국어는 그 민족과 함께 생사고락을 함께 한다. 국가가 번성하면 국어 역시 번성하고, 국가가 위기에 처하면 국어 역시 위기에 처하게 된다. 그러나 반대로 모국어를 잘 지켜온 나라는 부강하고, 모국어를 잘 지키지 못한 민족은 이 땅에서 사라졌던 역사를 우리는 많이 보아 왔다.

우리의 교육 과정은 해방 이후 일곱 차례의 변화를 거치면서 오늘에 이르렀다. 그 때마다 약간의 차이는 있었으나 변함 없이 자리를 지켜온 내용은 '국어 문화를 바르게 이해하고, 국어의 발전과 민족의 언어 문화 창달에 이바지 할 수 있는 능력과 태도를 함양하는 교과'라는 것이다.

이 속에는 국어를 통하여 민족 의식을 고양한다거나, 우리만이 간직하고 있는 국민 정서를 함양해야 한다는 말이 내포되어 있는 것으로 파악해야 한다.

그러나 실제 수업에서는 국어 사용 기능 신장에 중점을 둠으로 해서 이러한 큰 목표를 함양하는 기회가 부족한 것이 현실이다.

5차 교육 과정에 의한 국어 교과서를 찾아보니 5학년 2학기 6 단원에 '아름다운 우리말'이라는 단원이 있었고, 6학년 2학기 단원 6에는 '한글'이라는 단원이 들어 있었다. 물론 그 단원의 목표는 글의 중심 내용을 파악한다든지 글을 내용에 따라 제목을 붙여 보는 것이었으나 이 교재로 우리는 우리말의 아름다움, 우수성 등을 가르칠 수 있었다. 그러나 6차 교재에는 이러한 내용의 단원마저도 없는 실정이다. 단지 우리의 국어 교육은 국어 사용을 위한 연습의 한 부분으로 인식되고 있다. 생활을 하기 위한 또는 다른 교과의 공부를 원활히 하기 위한 '도구 교과'일 뿐으로 생각되기 쉽다.

국어 교육과 국어과 교육은 다르다. 일상 생활이 바로 국어 교육의 장이고, 학교 생활 전체가 바로 국어 교육의 장임에 틀림이 없다. 그러나 누구 하나 우리말을 아름답게 가꾸고 꾸미기 위한 노력을 하는 사람은 없다. 학교도 그렇고, 사회도 가정도 역시 그렇다. 옛날 왕정 시대의 절대 권력보다도 더 큰 힘으로 사회를 지배하게 된 매스컴 역시 이 부분에서는 보고 듣지 못하는 불구자이다. 오히려 우리말의 아름다움을 해치는 경우가 더 많다.

더욱이 인터넷이 보편화되면서 인터넷 상에서 사용하는 우리말이 아주 이상하게 변질되어 가고 있음을 보면서 학교 교육만으로는 어찌 할 수 없는 무능력감을 느끼지 않을 수 없다. 특히 어떤 학부모들은 교사에게 전화로

"선생님, 우리 아들에게는 글씨 쓰기를 가르치지 말아주세요. 컴퓨터로 모두 할 수 있어요."

라고 하였을 때 우리는 어떤 말로 그 학부모를 설득해야 한다는 말인가?

태어나면서부터, 아니 뱃속에 있을 때부터 자식에게 영어를 가르쳐야만 직성이 풀리는 요즈음의 학부모들을 보면서 우리말을 잘 배우는 것이 얼마나 중요한지를 어떻게 설명하고 이해시킬 수 있다는 것인지 암담하지 않을 수 없다. 이러한 사회 풍조가 국가를 이끌어가고 있는 인물들이 중심이 되어 조장되고 있음을 우리는 간과해서는 안 된다.

이러한 상황 속에서 그래도 몸부림이라도 쳐야 할 사람은 교사 아니겠는가! 그것도 초등 학교 교사 아니겠는가! 언어 교육은 어릴 때일수록 좋기 때문에 초등 학교 3학년부터라도 해야 한다는 영어 교육의 이론을 잠시 빌어다가 '모국어 교육은 어릴 때일수록 좋으니 초등 학교에서 우리말을 아름답게 쓸 수 있도록 지도해야 한다'고 소리쳐 외쳐 보면 어떨까? 모국어 발음이 완성되기 이전에 영어 교육을 해야 교육의 효과가 높아지는 것이니 어린 지금 하자고 우기기보다는 우리말이 아름다움과 우수함을 느끼게 하고, 우리말을 바르고 곱게 다듬어 쓸 수 있는 우리 어린이들을 만드는 데 혼신의 힘을 다해야 하지 않을까?

이러한 노력의 중심이 되는 장은 '국어과 교육'이 되어야 한다. '국어 사용 기능'은 교사가 가르치지 않아도 스스로 터득해 가는 경우도 있지만 '우리말을 아름답게 가꾸어 쓰는 능력'은 스스로 터득할 수 없지 않은가!

국어 교육에 관심이 많은 교사라 하더라도

"선생님, 국어 공부를 어떻게 해야 하나요? 책을 많이 읽는 것은 빼고요."

라는 질문을 받는다면 한참 어리둥절할 수밖에 없다. 책 많이 읽는 것 빼라는 단서까지 붙여 놨으니 말이다.

국어 공부 잘하는 방법을 어찌 말로 할 수 있을까마는 그래도 해 본다면

첫째, 좋은 글을 많이 읽히는 것이다. 내용뿐만 아니라 글(교과서의 예문) 자체가 아름다워야 한다.

둘째, 많이 생각해야 한다. 읽은 내용을 시간을 두고 곰곰이 생각해 보아야 한다. 그리고 글이나 말로 표현해 본다.

셋째, 국어와 관계되는 폭넓은 경험을 쌓는다. 책뿐만 아니라 영화나 연극, 음악, 춤 등등 모든 경험은 '창의적 국어 사용 능력'과 관계가 된다.

특히 교사들은 국어 교육에 대한 굳은 신념이 있어야 한다. 그것은 바로 '국어는 민족 정신을 담는 그릇이다'라는 것이다. 이러한 신념으로 국어 교육에 임한다면 '기능'만을 기르는 절름발이식의 국어 교육을 하지는 않지 않겠는가!

2. 창의적 국어 사용 능력

'어 다르고 아 다르다', '말 한마디로 천냥 빚을 갚는다'는 등의 속담에서 보듯이 적절한 언어 사용이 인간 생활의 질 향상에 중요한 요소임에 틀림이 없다. 그러므로 국어과 교육 과정에서 학습자의 '창의적 국어 사용 능력 향상'을 국어 교육의 궁극적 목표로 설정하고 있다.

매일 이루어지는 국어과 수업은 결국 창의적 국어 사용 능력을 향상시키는 데 있으

므로 차시마다 이러한 목표를 염두에 두고, 꾸준히 수업을 진행해야 하나 '창의적'이
라는 의미를 정확히 파악하지 못한 경우가 있어 안타까울 따름이다.

일반적으로 생각하는 '창의적'이란 말의 뜻은 '남다르고 독특하며 새로운'이 아닌
가 한다. 그래서 교사들이 국어과 교육의 목표를 '남다르고 독특하며 새로운 국어
사용 능력 향상'에 두고 수업을 진행한다면 어떻게 될 것인가?

'창의적'이란 말의 뜻은 과학과, 사회과, 수학과, 국어과에서 모두 사용할 수 있으나
그 뜻에 있어서는 각 교과마다 다른 데 있지 않을른지.

아침 등교길에 친구나 선생님을 만났다 하자. 여러 가지 인사말이 있을 수 있다.
인사를 하는 학생이나 받는 사람에 따라 여러 상황이 전개될 수 있다. 상대가 되는
인물에 따라, 상대되는 인물과 나와의 관계에 따라, 상대방의 상태에 따라, 인사하는
학생의 현재 심리적 상태나 물리적 상태에 따라, 주변 환경에 따라 각각 적절한 인사가
달라질 수 있다. 그러나 이러한 상황은 정해져 있지 않고 수시로 변화하고 있다.

한 장의 편지를 쓴다고 하자. 편지를 쓰는 상대에 따라, 목적에 따라, 편지를 쓰는
시간이나 장소에 따라 그 내용은 달라질 수 있다. 어떠한 기본적 양식은 있을 수
있으나 규격화된 틀은 있을 수 없다.

어떤 말을 한다거나 글을 쓴다거나 모두, 상황을 고려하여 말이나 자기의 목적을
성공적으로 달성하기 위해 적절히 사용하면 된다. 그러나 이러한 상황은 갑자기 전개
되기 때문에 신속하게 판단하여 적절히 대응해야 한다.

여기서 중요한 점은 상황과 목적이다.

(목적)멀리 시골에 계시는 부모님께 편지를 하여 용돈을 얻고 싶다. (상황) 그러나
부모님은 항상 나에게 용돈을 너무 많이 쓴다고 꾸중을 하신다. 이러한 상황을 염두에
두고, 편지를 잘 써서 부모님을 감동시켜 용돈이 왔다면 '창의적 국어 사용자'라 할
만하다.

길거리에서 친구를 만나 등을 탁 치며 '야, 정말 오랜만이다'라는 짧은 인사가 정중
하게 고개 숙여 인사하며 '정말 만난지 오랜만이네'라는 인사보다 훨씬 더 친근감이

느껴지고, 두 사람의 사이가 더 가까워졌다면 이 또한 창의적 국어 사용 능력자이지 않겠는가. 그러나 어떤 경우에는 반갑게 인사하는 것보다 의례적인 인사가 필요한 경우가 있고, 그럴 때는 위의 후자처럼 인사할 경우도 있을 수 있다.

어떠한 문학 작품을 끝까지 다른 사람보다 빨리 읽고, 글을 쓴 작자의 의도를 정확히 파악한 후 자기의 생활과 견주어 이해하고, 다른 각도에서 비판적으로 생각하며, 그 문학 작품에서 즐거움과 감동을 느끼고, 자기의 인격 도야에 도움이 될 수 있다면 이 또한 창의적인 국어 사용자가 아닐른지.

이러한 여러 가지 사례에 비추어 '창의적'이라는 말을 잘게 부수어 보면 '독창성, 유창성, 융통성, 다양성'으로 나누어지지 않을까 생각한다.

독창성이란 새롭고 남다른 생각이나 표현을 의미하고, 유창성은 신속하고 논리적임을 의미한다. 융통성이란 상황의 변화에 적절히 대응하며, 남의 의견을 여러 각도에서 긍정적 또는 비판적으로 판단하는 능력을 말한다. 다양성은 하나의 상황에 따른 여러 종류의 표현이나 이해의 방법을 말한다. 이렇게 볼 때 국어과에서의 '창의적'이란 '독창성, 유창성, 융통성, 다양성'을 모두 포괄하는 의미로 정의되지 않을까 생각한다.

그렇다면 창의적 국어 사용 능력을 기르기 위해서 수업을 어떻게 진행해야 할까?

수업을 할 때는 발표도 하지 않고 참여를 하지 않는 듯이 보이지만 자기들끼리 놀 때는 어느 누구보다도 적극적이고, 자기 의사를 잘 표현하는 경우를 종종 볼 수 있다. 수업 시간에 규격에 맞게 발표를 잘 하는 어린이도 실제 상황에서 선생님에게 다가와 자기의 의사 표현을 제대로 하지 못하는 경우를 많이 보아 왔다.

책을 읽고 독후감을 쓴다든지, 이야기를 시켜보면 잘하지 못한다 해서 읽기 능력이 길러지지 않은 것으로 오해해서도 안 된다. 표현을 하지 못할지라도 어느 누구보다도 감상 능력이 뛰어난 경우도 있기 때문이다.

이러한 문제들이 모두 교실 수업 상황과 관련된다.

교사의 수업 진행 방식 즉, 허용적이냐 아니냐, 학생들을 공평하게 대하느냐 아니냐 등과 학생들 상호간의 수업 분위기 즉, 상호 협조적이냐 경쟁적이냐, 학생 집단간의 갈등이 있느냐 없느냐 등과 많은 관련이 있지만 특히 학생들의 언어 상황과 유사한 상황을 조성해 주지 못한다든지 너무 규격화하여 교실 위주의 언어 상황이 되었을 경우 창의적인 국어 사용 기능은 좀처럼 길러 질 수 없다는 것이다. 자기가 아는 대로 말을 해 보고 싶고, 글로 써서 다른 사람에게 읽게 해보고 싶은 욕망이 가득하도록 해 주고, 친구들끼리 활동할 때는 실제 언어 상황과 유사하도록 모든 여건을 조성한 후 수업을 진행했을 때만이 창의적인 국어 사용 능력자들을 길러낼 수 있을 것이다. 이러한 면에서 역할놀이 또는 소집단 중심의 언어활동도 좋은 방법이 아닌가 생각한 다.

3. 부분적 접근 방식의 교육 과정 구성

교육 과정에서 국어과는 '창의적 국어 사용 능력 향상' 이라는 목표를 달성하기 위하여, 듣기, 말하기, 읽기, 쓰기, 국어 지식, 문학 등 6개 영역으로 내용 체계를 구성 하였고, 각 영역별 지도 요소를 세분화하여 지도되도록 난이도나 흥미를 고려하여 국민 공통 기본 교육 과정 10단계에 적절히 배열하고 있다.

(예) [1-읽-(4)]   글을 정확하게 소리내어 읽는다.

1학년 읽기에서 '글을 정확하게 소리내어 읽는 능력'을 기르도록 제시하고 있는 바, 다른 학년 어디에도 이러한 내용을 다시 공부하도록 하고 있지 않다. 즉, 국민 공통 기본 교육 과정 10단계(10년) 중 1단계(초등 학교 1학년)에서 낱말, 구절, 문장을 정확하게 발음하며 읽는 능력이 완성되기를 기대하고 있다. 그러므로 이 때 교육 과정에서 요구하는 능력이 길러지지 못하면 일생을 통해 그 능력을 의도적으로 교육 받지 못하는 결과를 초래하게 되는 문제점이 발견된다.

이러한 문제점이 있음에도 불구하고, 교육 과정에서는 부분적인 접근법(국어과 교과 목표를 세분한 하위 요소들을 학년 단계에 맞추어 1~2회씩 지도하두록 교육 과정 전반에 걸쳐 분산 배열하는 방식)에 의한 교육 과정 내용 목표를 구성하게 된 것은 학교 교육은 국어 사용의 원리만을 터득시킨 후, 숙달이나 발전은 관련 교육 과정

이외의 국어과 수업이나 실제 생활을 통해 이루어지기를 기대할 수밖에 없기 때문이 아닌가 생각한다.

그러나 한 번의 지도로 교육 과정에서 요구하는 능력이 길러질 수 있다고 믿는 교사는 그리 많지 않으리라. 필자의 경험으로도 학급의 모든 학생들에게 어떤 능력을 길러 주는 데는 3번 이상 반복 지도가 필요함을 알 수 있었다. 특히 짧은 시간(하루나 이틀 사이)에 여러 번 반복하는 것도 중요하지만 2, 3개월 또는 한 학기 정도의 시간 간격을 두고 반복하여 지도해 준다면 교육 과정에서 요구하는 능력이 성공적으로 습득될 것으로 생각된다.

그래서 교육 과정이나 교과서에서는 단 1회(2~3시간)에 지도하도록 되어 있으나 나선형적인 반복 지도가 되도록 매 차시 수업을 진행하는 교사 나름대로의 의도적인 노력이 요구된다. 그렇게 하기 위해서는 교사가 각 학년에서 요구하고 있는 내용(목표)을 전체적으로 파악할 필요가 있다.

예를 들어 1학년 읽기에서는 ‘문장 부호의 쓰임에 유의하며 읽기, 글을 정확하게 소리내어 읽기(낭독), 대강의 내용을 파악하며 읽기, 책을 즐겨 읽는 습관 갖기’등이 목표임을 파악하고, 매 시간을 통합적으로 지도하는 능력이 있어야 한다는 것이다. 그 시간의 중점 목표는 ‘글을 정확하게 소리내어 읽기’지만 ‘문장 부호의 쓰임’을 제대로 알지 못하면 글을 정확히 소리내어 읽기 역시 어렵지 않겠는가. 그러므로 글을 정확히 소리내어 읽기를 지도하면서도 문장 부호에 유의하며 읽도록 함께 지도 하자는 것이다.

이러할 경우 전체적인 지도보다는 개개인의 부진 요인을 발견하여 개인적으로 지도 하는 것이 좋으리라 생각된다. 즉, 본시의 차시 목표는 전체 지도-소집단-개별 지도의 과정을 거친다 하더라도 관련된 목표의 지도는 개인의 부진 요인을 파악하여 집중 지도하자는 것이다.

또한 <읽기>에서 지도한 내용과 유사한 내용이 <말하기·듣기>나 <쓰기>에 서 다시 나온다면 그 부분에서 반복 지도를 하는 것도 좋은 방법이 될 것이다.

초등 학교 전 학년의 지도 내용을 위계적으로 파악하여 지도한다면 더없이 좋으리라 생각되지만, 그럴 수 없다면 한 학년의 내용이라도 파악하고, 교과서를 중심으로 관련 목표를 표시하여 의도적으로 지도하는 것이 부분적 접근 방식에 의해 구성된 현 교육 과정의 문제점을 보완하는 좋은 방법이 아닐까 생각한다.

단, 교육 과정 구성의 의도를 잘 살리기 위해 주어진 시기에 지도해야 할 내용을 철저히 지도해야만 한다.

4. 통합적 지도

제5차 교육 과정까지는 국어 교과서를 한 권으로 편찬하여 지도하도록 하다가 6차 교육 과정에 들어오면서 <말하기·듣기> <읽기> <쓰기>로 교과서를 분권하였다. 그 후 4~6학년은 말하기, 듣기, 쓰기를 하나의 책으로 합하여 표현 중심의 <말하기·듣기·쓰기> 교과서와 이해 중심의 <읽기> 교과서 등 2권이 되었다.

이는 국어 교과서를 한 권으로 편찬하여 지도하도록 한 결과 말하기, 듣기, 쓰기 영역의 지도가 소홀히 되고, 읽기나 국어 지식 위주의 수업이 진행되는 문제점을 보완하자는 의도였다. 그 결과 각 영역별 지도의 시간 배당에 있어서는 어느 정도 그 효용성이 인정되고, 효과를 거두고 있으나, 언어 활용의 특성상 말하기-쓰기, 쓰기-말하기, 읽기-쓰기, 쓰기-읽기 등 언어 활동이 복합적으로 이루어진다는 점에서 교과서를 분권하고, 그에 따라 수업을 진행하는 데 있어서 국어과 수업의 효율성에 의문을 제기하는 교사들이 늘어나고 있다.

국어과 교육에 관심이 많은 교사들은 영역별 통합 수업을 권장하고 있다. 그러나 영역별 통합 수업에는 많은 어려움이 뒤따르고 있다. 교과서를 재구성하는 문제, 시간 안배 문제를 비롯하여 평가 문제, 수업의 효율성에 대한 신념, 매년 담임 학년이 바뀌어 전문성이 결여된다는 점 등 교사 개인만의 노력으로는 해결하기에 어려움이 많다. 그러므로 우선 국어과 지도 전반에 대한 이해를 바탕으로 학년별 내용이나 목표를 확실히 인지하고, 융통성 있는 지도의 방법을 택해서 신념을 갖고 실천해 본다면 영역별 통합 수업에 의해 수업의 질이 향상되리라 기대된다.

(예) 3학년 교육 과정 내용을 살펴보면 다음과 같이 듣기, 말하기, 읽기, 쓰기, 국어 지식, 문학에서 각각 유사한 내용(목표)을 지도하도록 하고 있다.

[3-듣-(3)] 내용의 연결 관계를 파악하며 듣는다.

[3-말-(3)] 원인과 결과가 드러나게 내용을 전개하여 말한다.

[3-읽-(4)] 내용의 연결 관계를 파악하며 글을 읽는다.

[3-쓰-(4)) 원인과 결과가 드러나게 글을 쓴다.

[3-국-(3)] 이어주는 말의 기능을 안다.

[3-문-(2)] 작품에서 사건이 전개되는 과정을 파악한다.

이의 지도를 위하여 교과서에서는 다음과 같이 교재를 구성하고 있다.
- 3학년 1학기 <말하기·듣기> 셋째 마당 : 원인과 결과를 생각하며 듣고, 내 생각을 분명하게 말할 수 있다.
- 3학년 1학기 <읽기> 셋째 마당 : 내용의 연결 관계를 생각하며 글을 읽을 수 있다.
- 3학년 1학기 <쓰기> 셋째 마당 : 일이 일어난 원인과 결과가 드러나게 글을 쓸 수 있다.
- 3학년 2학기 <읽기> 둘째 마당 : 이야기를 읽고, 이야기의 흐름을 안다.

모든 국어과 수업이 요소별 통합 수업을 하는 것이 바람직하지만 자칫 잘못하면 한쪽 요소의 지도에 편중될 염려가 있으므로 7차 교육 과정에서 영역별 지도 시간을 적절히 안배하고 있다는 것은 앞에서 설명한 바와 같다.

물론 말하기, 듣기나 읽기, 문학에서의 원인과 결과 학습이 내용이나 방법 면에서 상이한 점이 많지만 통합하여 수업을 진행한다면 수업의 효율성을 높일 수 있을 것이다.

예를 들어, <말하기·듣기> 시간에 원인과 결과의 의미, 사용 예, 문장이나 글에서의 역할을 알고 말해 본 후, <읽기>에서 글을 읽고, 원인과 결과의 문장이나 사건의 전개에 대해 찾아 공부하며, 그런 지식을 바탕으로 <쓰기>에서 원인과 결과가 잘 드러나는 글을 쓰도록 한다면 같은 시간에 학생들의 활동 시간이 많아져서 수업의 효과가 높아질 것이다.

또는, <읽기>의 예문을 중심으로 수업을 진행하되 글을 읽은 후 원인과 결과의 의미를 파악하여 말해 보게 하고, 글에서 찾아 사건의 전개 과정에 원인과 결과가 어떤 역할을 하는지 체험하도록 하며, 그 내용을 중심으로 글을 요약하는 활동 또는 겪은 일을 써보게 하는 활동을 시키면 교육 과정에서 의도하는 목표에 더 효과적으로 접근할 수 있을 것이다.

위의 예와 같이 원인과 결과의 학습이 내용의 연결 관계, 사건의 전개 과정과 밀접한 관련이 있으므로 이런 점을 고려하여 통합적으로 지도한다면 수업의 성과가 클 것이다.

5. 교실 수업과 언어 상황

국어과 수업의 궁극적 목표는 실제 생활에서의 창의적인 국어 사용자를 길러 내는 데 있다 하겠다. 그러나 매일 국어과 수업을 하다 보면 교실에서 이루어지는 활동에 파묻혀서 언어 상황을 망각하고 수업에 임하는 경우가 많다. 앞에서도 언급이 되었지만 교실의 수업 상황에서는 능숙한 것 같으나 실제 생활에서는 그렇지 못한 경우, 교실 상황에서는 능력이 부족한 듯한데 자기들끼리는 잘 하는 경우도 허다하다. 그러므로 수업 역시 언어 상황을 중시한 활동이 될 때만이 수업의 효율성이 증대될 것으로 생각한다.

우리에게 주어진 수업 시간에 국어 사용 능력의 원리를 터득시키고 이를 숙달시키기까지는 많은 제약이 뒤따른다. 그래서 가급적 수업 시간에 원리도 터득시키고, 숙달 시키는 방향으로 학습은 전개하되 숙달이나 활용은 학교 생활 전반 또는 가정, 사회 생활과 연계하도록 지도하는 것이 바람직하다고 본다. 그러나 원리 터득에 중점을 둔 수업을 진행하다 보면 언어 상황을 소홀히 할 염려가 있다. 이러한 점에 관심을 갖고 수업을 진행하도록 노력하여야 한다.

언어 상황을 중시한 수업을 하기 위해서는 우선 허용적인 분위기가 되어야 하겠다. 교사와 학생들간 또는 학생들 상호간에 실수나 미숙함을 허용하는 분위기가 되어야 한다. 실수의 경험이 많을수록 언어 경험의 폭은 커진다. 전체 학생 앞에서는 나서서 표현하지 못하나 혼자 또는 친한 친구와는 아주 훌륭하게 표현하는 경우가 바로 허용적인 분위기와 관련이 된다.

다음으로는 언어 상황과 유사한 학습 상황을 마련하여 수업을 진행하면 좋겠다. 역할놀이나 소집단별 활동을 중시하고, 학생들 스스로 활동 계획을 수립하여 활동하도록 자율성을 부여한다.

또 한 가지 고쳐져야 할 점은 음성 언어 중심으로 수업이 진행되고, 학생들의 능력 역시 음성 언어 중심으로 평가된다는 점이다. 가시적으로 나타난 결과만 보고 학생들의 능력을 판단하거나 그런 방향에서 수업을 진행해서는 안 되며 학생들의 머리 속에서 이루어지는 사고 활동을 중요시해야 한다는 점이다.

특히 가정이나 사회적 활동과 연계한 학습 활동이 이루어지도록 하기 위하여 각종 대회, 인터넷 서신 교환, 일기 쓰기, 부모님과 이야기하기 등의 프로그램을 개발하여 활용하는 것이 좋겠다.

6. 사고의 과정(내언)을 중시하는 국어과 수업

직접 교수 수업 유형 중 시범보이기 부분에서 무엇을 시범보이느냐에 대해 많은 논란을 했던 생각이 난다. 결국은 사고의 과정을 시범보인다는 것이었는데 이것이 그리 쉬운 일은 아니다. 예를 들어 원인과 결과를 생각하며 글읽기의 경우, 읽기의 이러한 학습 능력이 길러져 있는 성인의 머리 속에서 일어나고 있는 사고의 과정을 학생들에게 시범을 보임으로써 수업 목표에 도달되도록 해야 한다는 것이다. 체육 시간의 행동이나 사고의 결과를 시범보이는 것처럼 수업을 진행하는 것은 국어과 수업의 원리에 적절치 못하다. 그러므로 학습 문제를 제시하고, 학습 방법을 안내함에 있어서 사고의 과정을 안내해야 하나 학습 순서를 학습 방법과 혼동하는 경우가 허다하다.

더욱 강조하고 싶은 것은 국어과 수업은 머리 속에서 이루어지는 내언의 과정에 관심을 갖고 진행해야 한다는 점이다. <쓰기> 시간의 경우 글을 쓸 때 머리 속에서 이루어지는 사고의 과정 즉, 목적에 따른 소재의 선택, 소재의 배열, 글의 짜임, 문장의 구성 등에 대해 자세히 안내하여 이러한 경험을 많이 하도록 함으로써 글쓰기의 능력이 길러지도록 수업을 진행해야 한다. 그러나 이러한 과정을 무시한 채 글을 쓰도록 하고 그 결과에만 관심을 갖는 것은 바람직하지 못하다. 학습의 결과인 외언은 빙산의 일각이라 생각하고 보이지 않는 부분에 관심을 갖는 국어과 수업이 되었으면 한다. 물론 외언이란 내언의 결과이기는 하나 외언을 중시하다 보면 내가 가르치지 않았거나 자연적인 성장과 교실에서 수업의 결과를 혼동하게 된다.

그러므로 시범보이기, 학습 방법 안내, 평가 기준 안내, 평가 결과 처리 등에 있어서 결과보다는 내언의 과정을 중시하는 수업이 되도록 해야 하겠다.

7. 스키마와 텍스트

"선생님, 삽과 괭이가 뭐예요?"

"포크레인으로 파면 쉬울텐데 왜 삽과 괭이로 파요?"

이러한 질문이 나왔다면 교사는 어떻게 대처해야 할까?

2학년 2학기 둘째 마당 '농부와 세 아들'을 읽히고, 내용을 파악하려는데 이러한 질문이 나온다면 내용 파악에 앞서 학생들의 스키마(배경 지식) 형성에 시간을 할애해야 한다.

도시에서만 살아 온 아이들에게는 괭이와 삽의 용도에 대해 적합한 스키마가 형성되어 있지 않기 때문에 텍스트를 이해하는 데 어려움이 있을 수 있다.

"삽과 괭이는 좁은 땅을 파 일구기 위한 농기구란다. 시골에서는 농부들이 삽이나 괭이를 가지고 땅을 파고 거름을 넣어 곡식이 잘 자라도록 한단다." 라는 내용으로 삽과 괭이의 용도와 효율성에 대해 설명(시청각 자료 활용)을 한 후 내용 파악에 들어갈 필요가 있다.

그러나 농촌에 사는 학생들에게는 이러한 설명이 필요 없다. 삽과 괭이를 사용해 보았거나 용도를 잘 알고 있기 때문이다. 이와 같이 학생들이 잘 알고 있는 즉, 스키마가 형성되어 있는 텍스트일 경우 수업의 효율성이 향상될 수 있다는 것이다.

6차 교과서에서 '농부와 세 아들' 이야기가 3학년에 실려 있었는데, 7차 교과서에서는 2학년에 실려 있다. 여기서는 포도밭으로 표현된 것이 그때는 곡식 밭으로 표현되어 있었다. 이야기의 마지막 부분 즉, 아버지가 말씀하신 보물이 과연 무엇이었는지를 깨달았다는 부분을 학생들이 이해하도록 하기 위해서는 산출물인 포도와 곡식 중 어떤 것이 더 학생들의 스키마와 근접할 것인지 살펴보아야 한다.

자식들이 땅을 열심히 파헤친 결과 포도가 많이 열렸다. 요즈음 아이들은 포도가 곡식에 비해 더 소중하게 느끼고 있다면 포도밭으로 바꾼 것이 잘 한 일이라 생각된다. 이 역시 글을 이해하는 데 필요한 스키마의 적절성 여부를 설명해 주고 있는 것이다.

이 부분 지도에 있어 곡식이 많이 열린 것이 보물이라는 부분에서 학생들이 이해하기 어려워 수업에 어려움을 겪었던 생각이 난다. 그래서 필자는 옛날 어려웠던 시절에 곡식이 없어 굶주릴 때 금덩이보다 곡식이 더 소중했었음을 예를 들어 얘기해 준 후 수업을 진행했었다.

더더욱 시 교재에서는 학생들이 감각적으로 감동을 받아야 하므로 학생들의 스키마를 도외시한 텍스트나 수업은 있을 수 없다. 교사의 경험이나 어떤 이야기를 통해서 시의 이해에 필요한 이야기를 감동적으로 들려주어서 학생들이 그 장면을 상상하고, 가슴으로 이해하도록 해야 할 필요가 있다. 그러므로 읽기 교과서에서는 많은 삽화를 제시하고 있다. 다음에 또 설명이 되겠지만 각 단원의 처음 두 쪽에 걸쳐 도입 삽화를 제시하고 있는데, 이 삽화를 활용하여 스키마를 형성시켜 줌으로써 수업의 효율성을 높이도록 해야 한다. 이야기 사이사이에 제시된 삽화 역시 마찬가지다.

스키마의 형성 여부에 따라 수업의 질이 좌우될 수 있으므로 교과서의 텍스트를 학생들에게 맞게 재구성한다거나 수업에 들어가기 전에 미리 학생들에게 스키마를 형성시켜 주어야 한다.

8. 교과서 명과 영역별 지도

국어과 지도 영역과 교과서명의 관련성을 잘못 이해하여 수업 목표 달성에 저해요인이 되는 경우도 있다. 이러한 사례가 발생하지 않도록 하기 위해서는 교과서 명과 영역별 지도 내용이나 목표의 관련성에 대한 이해가 필요하다.

듣기, 말하기, 읽기, 쓰기, 국어 지식, 문학 이렇게 6대 영역을 지도함에 있어서 교과서를 <말하기·듣기> 또는 <말하기·듣기·쓰기>, <읽기>, <쓰기>로 만들었다. 1, 2, 3학년은 3권으로, 4, 5, 6학년은 2권으로 편찬하였다.

주로 듣기와 말하기, 쓰기, 국어 지식은 <말하기·듣기> 또는 <말하기·듣기·쓰기>, <쓰기> 교과서에서 지도하고, 읽기와 문학은 <읽기>교과서에서 지도하도록 편찬되었다.

그러나 모든 교재가 다 이렇게 편찬된 것은 아니므로 그 상관 관계를 잘 파악하는 것도 수업의 효율성을 위해 반드시 필요한 것이다.

(예1) <쓰기> 교과서를 통해서 국어 지식과 문학적인 목표를 지도하는 경우

　　　쓰기 2 - 2, 둘째 마당, 이야기가 재미있어요

　　　교육 과정 목표 : [2-국-(2)] 문장 안에서 꾸며 주는 말의 기능을 안다.

　　　　　　　　　　　[2-문-(2)] 이어질 내용을 상상한다.

(예2) <읽기> 교과서를 통해서 읽기와 문학적인 목표를 지도하는 경우

　　　읽기 6 - 2, 다섯째 마당, 소중한 만남을 기억하며

　　　교육 과정 목표 : [6-읽-(2)] 다양한 표현의 의미를 알아보며 읽는다.

[6-읽-(7)] 다양한 읽을거리를 찾아 읽는 태도를 지닌다.
[6-문-(7)] 가치있는 작품이나 영상 자료 등을 선별하여
읽는 태도를 지닌다.

9. 교과서 구성 체제

제6차 교육 과정이 시작되면서부터 구성 주의 학습 이론과 언어 기능 교수 모형(국어과 교사용 지도서 35쪽 그림 참조)을 근간으로 국어과 교과서가 편찬되었다. 노명완 교수를 중심으로 한 학자들이 제시한 직접 교수의 원리에 의해 모든 국어과 수업이 진행되었다.

설명하기, 시범보이기, 질문하기, 활동하기로 이어지는 직접 교수 원리는 '원리 및 전략에 대한 체계적인 설명, 시범, 질문, 학습자의 독자적인 연습, 자기 점검과 평가 과정의 유기적인 관련성을 지도할 수 있게 구안된(국어과 교사용 지도서 38쪽) 수업 유형이라는 점에서 국어 사용 능력의 신장에 효과적이었기 때문이다. 그러나 심미적, 정서적인 학습을 요구하는 문학적인 교재나 일부 이해 중심 수업에서는 비효율적이라는 비판도 있었으나, 6차와 7차 교과서는 이러한 원리를 근간으로 하여 교과서를 제작하였다.

즉, 도입 학습, 원리 학습, 적용 학습, 평가 활동, 보충 학습, 심화 학습의 과정(교사용 지도서 49쪽 표 참조)을 거치면서 교육 과정에서 의도하는 '창의적 국어 사용 능력'이 향상되도록 교과서가 구성되어 있다.

6차 교육 과정에서 행해졌던 직접 교수법 일변도의 지도 방법에 대한 비판을 수용하여 7차 교육 과정에서는 교사용 지도서 제3부에 국어과 교수·학습 유형과 지도 방안을 다양화하여 제시하고 있다.

어떤 교수·학습 유형으로 수업을 진행하든지 학생들이 원리를 파악한 후 적용의 기회를 제공하고, 평가하여 보충 또는 심화 학습을 진행하도록 한 교과서 구성의

원리를 이해하고 수업을 진행하는 것이 바람직하겠다.

다음에 또 설명을 하겠으나 수업의 진행은 차시별 지도보다는 소단원(주제)별 학습이 진행되도록 해야 할 것이다. 각 차시를 수업 단위로 생각하여 수업을 진행하는 일이 없도록 노력할 일이다.(제2부에서 자세히 설명함)

10. 교과서별 학습 순서

앞에서 언급된 바와 같이 언어 활동이 통합적으로 이루어진다는 점을 감안 할 때 수업 역시 영역별로 통합하여 이루어지는 것이 좋겠으나 교과서가 분책되어 있는 현실에서 어떤 순서로 교과서를 활용하느냐 하는 것도 수업의 효율성 향상 측면에서 중요한 과제일 수 있다.

이에 대해 광주교육대학교 목포부설초등학교에서는 다음 표와 같은 지도 순서를 제시하고 있다.

대단원 체제	말하기 · 듣기	읽기	쓰기
	1소단원→2소단원 →한걸음 더	1소단원→2소단원 →한걸음 더	1소단원→2소단원 →한걸음 더
소단원 체제	말하기 · 듣기 1소단원→읽기 1소단원→쓰기 1소단원→말하기 · 듣기 2소단원→읽기 2소단원→쓰기 2소단원→말하기 · 듣기 한걸음 더 →읽기 한걸음 더→쓰기 한걸음 더		
	말하기 · 듣기 1소단원→읽기 1소단원→쓰기 1소단원→말하기 · 듣기 2소단원→말하기 · 듣기 한걸음 더→ 읽기 2소단원→읽기 한걸음 더 →쓰기 2소단원→쓰기 한걸음 더		

위에 제시된 대단원 체제와 소단원 체제는 각기 특성을 가지고 있어 이 특성을 이해 한 후 교육 과정의 목표 및 교과서 편제를 참고하여 어떤 순서로 지도하는 것이 우리 학생들의 실태에 비추어 더 효율적일 것인지 판단하여 지도하여야 하겠다.

대단원 체제의 장점으로는 같은 영역의 수업이 9시간 동안 계속됨으로 인해 학생들

의 사고가 계속 이어져서 전시 학습과 본시 및 후속 학습의 연결이 용이하나, 단점으로
는 같은 내용을 계속 반복함으로 인해 학생들이 지루함을 느끼고, 시간의 간격을
두고 지도함으로 인해 지도 후 일상 생활에 적용하면서 다음 학습을 또 진행하여
원리 파악과 심화가 이루어지는 기회가 적어진다는 점이다.

소단원 체제는 대단원 체제의 장점과 단점을 바꾸어 생각하면 되겠다.

이러한 장단점에 비추어 종(소단원간)과 횡(교과서 또는 영역간)간의 학습 목표 및
교재 내용의 연관성을 판단하여 지도 순서를 정하는 것이 좋으리라 생각된다.

<u>(예1) 읽기 3-1, 둘째 마당, 마음으로 보아요(지도서 125쪽)</u>

1소단원은 시 감상 교재, 2소단원은 이야기 감상 교재이며, 시 낭송을 들으며 장면
을 떠올리고, 시에서 말하는 이의 마음을 생각하며 시 듣고, 노래하듯 시를 낭송하고,
느낌을 살려 낭송하도록 한다. 2소단원에서도 인물의 마음을 생각하며 이야기를 듣고,
생각이나 느낌을 말하고 인물의 성격을 파악하며, 그 인물의 성격을 살려 소리내어
읽기 활동을 한다. 쓰기는 1소단원과 2소단원을 이어서 대단원 체제처럼 수업을 진행
한다.

즉, 1소단원 말하기·듣기(2시간)→1소단원 읽기(3시간) → 2소단원 말하기·듣기
(2시간) → 한걸음 더(2시간) → 2소단원 읽기 → 한걸음 더(2시간) → 1소단원 쓰기(2
시간) → 2소단원 쓰기(2시간) → 한걸음 더(2시간)의 순으로 진행한다.

<u>(예2) 읽기 3-1, 셋째 마당, 생각하는 생활(지도서 185쪽)</u>

이 단원은 인과 관계를 중심으로 언어 활동을 하도록 구성되어 있는 바, 인과 관계
와 이어주는 말의 관계가 밀접하다는 점에 유의하여 말하기, 듣기, 쓰기에서는 인과
관계를 강조하고, 읽기에서는 이어주는 말을 강조하여 학습하도록 교과서가 편찬되어
있다. 그러므로 수업 진행에 있어 이어주는 말을 먼저 학습한 후 인과 관계에 맞게
듣고, 말하고, 쓰는 활동을 하는 것이 효율적이겠다. 대단원 체제로 수업은 진행하되
읽기→말하기·듣기→쓰기 순이나, 말하기·듣기→쓰기→읽기 순이 효율적이라 생
각된다.

11. 기초 · 기본 학습 방법 지도

학년 초 새 학급을 맡고 수업을 진행하다 보면, 어쩐지 힘이 들고, 힘들인 것에 비해 효과는 적다고 느낄 때가 있다. 수업 시간 이외에도 교실이 소란스럽고, 수업 역시 교사의 의도대로 진행되지 않아서 애를 먹게 된다.

이는 감독과 운동 선수 사이에 호흡이 잘 맞지 않는 것과 흡사하지 않을까 생각한다. 감독의 표정이나 몸짓, 간단한 말 한마디로 그 의도를 파악하지 못하여 경기가 매끄럽게 진행되지 못하는 경우와 같다. 교실에서 수업을 함에 있어서도 교사의 눈빛, 고개의 끄덕임 등에 의해 학생들은 자기의 생각이나 행동에 대해 다시 생각해 보거나 긍정적인 강화를 받게 된다. 선생님이 말하지 않더라도 지금 내가 해야할 일을 알고 있다면, 또 앞으로 선생님이 이렇게 하실 것이라고 짐작할 수 있다면 수업의 효과는 그만큼 향상될 것임에 틀림이 없다. 교사 역시 학생 개개인의 상황을 효과적으로 판단할 수 있다.

그러므로 학년 초 새 학급을 맡게 되면 맨 먼저 학교 생활 전반에 걸친 기초 · 기본 학습 방법에 대한 지도가 필요하다. 여기서는 습관적으로 몸에 배어서 반사적으로 행동해야 할 기초적인 학습 방법과 상황에 따라 학생 개개인이 창의적으로 적용해야 할 기본적인 학습 방법으로 나누어 설명하고자 한다.

가. 기초적 학습 방법

효율적인 수업을 위해 학생들이 걸음을 걷거나 숨을 쉬듯이 반사적으로 행해야 할 내용으로 학교 전체적으로 통일하여 계속적으로 지도할 필요가 있다.

(예시)

(1) 교실에 들어오면 책가방에 있는 책과 공책을 꺼내어 책상 속에 가지런히 정리한다. 책은 왼 쪽 공책은 오른 쪽에 정리한다. 책가방은 못에 걸거나 다른 곳에

집중 관리한다.

(2) 수업 중 책상 위에는 왼 편에 책, 오른 편에 공책을 펴 두고, 연필 한 자루만 꺼내어 책 사이에 끼워 둔다. 필통은 책상 속에 둔다.

(3) 한 시간의 수업이 끝나면 다음 시간에 공부할 준비를 완료한 후 화장실에 다녀 온 후 휴식을 취한다.

(4) 발표를 할 때는 친구들이 많은 쪽으로 향하고, 친구들을 골고루 보면서 말한다.

이 외에도 집필 자세, 글씨 쓰는 자세 등 학생들의 개인적인 특성이나 창의성을 필요로 하지 않으면서 전체적으로 통일하면 수업의 효과가 향상될 수 있는 내용들을 선정하여 철저히 훈련한다.

나. 기본적 학습 방법

수업의 본질과 관련하여 학습하는 방법에 관한 기본적인 능력을 길러 주어야 한다. 어느 정도 숙달이 되면 학생 개개인이 창의적으로 적용해야 할 학습 방법으로서 교과별 특성까지 고려하여 지도하면 좋겠다. 특히, 기본 학습 방법은 습관화되어 관습적으로 생각 없이 행동하는 경우 수업의 흥미나 사고 활동을 저해할 염려가 있으므로 어느 정도 숙달되면 형식에서 탈피할 수 있도록 발전적인 2차 지도가 요구된다.

(예시)

(1) 발표시 거수 요령 : 찬성 의견, 다른 의견, 보충 의견, 질문 등의 손가락 표시 등

(2) 발표시 의견 말하는 요령 : 결론을 먼저 말하고 이유나 근거 대기, 말의 끝을 정확히 맺기 등

(3) 토의 방법 : 사회 보는 요령, 발표의 순서, 의견을 수정하거나 종합하는 요령 등

(4) 공책 사용 방법 : 공책에 쓸 내용, 관리 등

(5) 집단 편성 및 활동 요령 : 역할놀이, 물레방아 학습, 짝꿍과 말하기 등

기본 학습 방법의 지도 요령에 대해서는 다양한 자료가 제시되어 있으므로 그런 자료들을 찾아 학급이나 교사의 취향에 맞게 적절히 재구성하여 활용하면 좋겠다. 단, 기초적 학습 방법은 철저히 습관화시키고, 기본 학습 방법은 초보적인 단계에서는 형식을 강조하되, 그 단계를 넘어서면 학생들이 창의적으로 활용하도록 발전적인 지도가 요망된다.

12. 목표 · 내용 · 방법 · 평가의 일관성

"선생님, 지금 무슨 수업을 하셨어요?" "국어과요." "아니, 교과를 묻는 게 아니라 학생들에게 무엇을 가르치려 했냐는 말이요."

교직 경력 2년째 되던 어느 날, 장학 지도 차 교실을 순방하신 장학사님께서 수업이 끝나자 필자를 불러 대뜸 물어보신 말이다. 수업 도중에 교실 뒷편의 학생에게 무슨 말인지 하고 나가시더니 수업이 끝날 즈음하여 다시 들어오셔서 물어오신 질문이다.

수업의 기초적인 원리도 몰랐던 나는 장학사님의 질문이 무엇을 뜻하는지 몰랐고, 장학사님이 가신 후 교감선생님으로부터 학습 목표에 대해 설명을 들은 후에야 그 질문의 의도를 알아차렸었다. 그러나 학습 목표의 중요성에 대해 절실감을 갖게 된 것이 교직 경력 20년이 넘어선 지금이니 이를 어쩌랴.

선생님이 오시는 줄도 모르고 어딘가로 황급히 걸어가는 아이를 붙잡고,

"애야, 어디 가니?"

"몰라요."

이 정도 되면 선생님으로서의 어떤 역할도 그 학생에게 도움이 될 수 없으리라. 목표가 있어야 방법도 있고 내용도 있으며, 그에 대한 평가를 실시할 수 있지 않겠는가.

"과학실에 실험 기구 가지러 가고 있어요."

"그래? 과학실 가려면 뒷문으로 나가야 한다. 지금 저 쪽에서 공사를 하고 있어. 천천히 조심해서 다녀 와."

가끔은 목표를 명확화 하지 않고 수업에 임하는 경우가 있다.

공문서 처리에 아침 청소, 손님 안내까지 하다가 시작 시간이 돼서야 교실에 들어 와서

"무슨 공부해야 하니?"

"국어요."

"응, 그래 국어책 펴라. 어디냐?"

"58쪽이어요."

이 정도 되면 무어라 말을 하겠는가?

물론 목표에서 평가까지의 일련의 과정은 여러 개가 아니고 하나의 연속되고 반복되는 과정이지만 교사는 우선 목표를 인지해야 한다. 교육 과정에서 요구하는 목표를 생각하면서 학급 어린이들의 실태나 주위 상황에 따라 목표를 수정해야 한다. 목표 수정은 내용, 방법과 어우러지면서 수정될 수밖에 없다. 내용과 방법이 적합하지 않으면 목표에 도달할 수 없으므로 그에 따라 목표가 수정될 수밖에 없다는 말이다. 결국은 목표 도달에 적합한 내용과 방법이어야 한다는 것을 의미한다.

일단 목표가 잡히면 내용을 선정해야 한다. 국어 교과서가 제시되어 있기 때문에 교과서 내용을 중심으로 수업을 진행해야 하지만 목표가 수정되었으므로 그에 따른 보조 교재나 자료가 필요한 것이다. 예문이나 시범 자료를 목표에 맞게 선정하거나 구상해야 한다. 이 역시 수업 방법과 맞물려서 방법에 따라 교재를 재구상하고, 교재에 따라 방법을 결정하는 유기적인 작업이 필요하다. 즉, 방법과 내용이 상호 보완적이어야 한다는 점이다. 이때 내용과 방법의 결정에 있어 중요할 점은 목표 지향적이어야 하지만 학생의 흥미를 유념해야 한다는 것이다. 목적성과 흥미성을 적절히 조화시키는 노력이 요구된다.

이러한 작업이 끝나면 평가 방법의 결정이다. 평가 시기, 평가 방법, 평가 도구를 결정함에 있어서 역시 처음에 세워 둔 목표와 일관성을 유지해야 한다. 평가 후 평가 결과의 활용에까지 염두에 둔 평가 계획이 세워지면 좋겠다. 이러한 평가의 전반적인 계획을 수업 전에 학생들에게 미리 안내하는 것도 바람직하며, 수업 진행 전반에 걸쳐 평가의 방법을 교사가 생각하면서 지도에 임하는 것도 필요하다 하겠다.

<u>(예) [2-문-(2)] 이어질 내용을 상상한다.</u>

구분	단 계	지도 방법
1단계	목표의 명료화 단계	상상의 질적 정도에 따라 여러 수준이 가능하므로 학생들의 상태에 따라 목표의 범위를 명확히 할 필요가 있다. 즉, 단순히 인과 관계에 맞게 상상하는 수준인지, 인과 관계를 의도적으로 창작해 가면서 해야 하는지, 인과 관계라 해도 단순 인과 관계인지 복합적 인과 관계인지를 명확화 한다.
2단계	내용 결정 단계	위와 같이 설정된 목표에 도달하기 위해 교과서에서는 2학년 2학기 둘째 마당에서 지도하도록 교재를 구성해 놓고 있다. 교사는 이 교과서의 내용이 위에서 설정한 목표 달성에 적합한지 분석해 보아야 한다. 교과서에서는 이어질 내용을 상상할 때에 주의할 점 알기(1차시), 일이 일어난 차례를 생각하며 이야기 읽기(2, 3차시), 이야기를 읽고, 뒷부분에 이어질 내용을 상상하기(4차시), 이야기를 읽고 가운데 부분에 들어갈 내용 상상하기(5, 6차시)로 제시하고 있다. 이 부분에 4편의 이야기를 제시하여 목표를 달성하도록 하고 있으나 2, 3차시와 5, 6차시의 자료는 2시간씩의 분량으로 부족하다고 판단되므로 다른 내용의 보완이 필요하다. 아울러 이 내용이 목표 달성에 적합한지도 세심하게 분석해 볼 필요가 있다. 다음에 설명하는 수업 방법과도 유기적인 관계를 갖도록 한다.
3단계	수업 방법 결정 단계	이러한 목표와 내용을 가지고 어떻게 수업을 진행하면 학생들이 흥미를 갖고 참여하여 목표에 접근하겠는지 생각해 본다. 수업 모형이나 과정을 결정하고, 자료 활용, 학습 집단 편성, 활동 프로그램 고안 등에 심혈을 기울여야 한다. 교사용 지도서를 참고하는 방법도 바람직하기는 하나 교사 자신의 의도에 의해 지도되도록 하는 전문성이 요구된다.
4단계	평가 단계	설정된 목표에 따라 평가의 방법을 결정해야 한다. 평가는 학생들의 학습 과정 및 학습 결과, 교사가 의도한 수업의 전 과정 및 성과에 대한 평가이므로 수업 중에 실시하는 과정 평가 및 형성 평가에 관심을 가져야 한다. 즉, 학생들이 소집단 활동을 할 때, 또는 발표시 인과 관계에 따라 적절히 이어질 내용을 상상하는지 관찰하고 체크한다. 총괄 평가는 각 단원별로 실시하되 <한 걸음 더> 부분의 수업 내용을 활용하고, 더 필요할 경우는 다른 방법을 활용해야 한다. 이렇게 하여 실시한 평가 결과를 분석하여 보충 학습(학생 개인지도, 재지도), 심화 발전 학습 지도의 기초 자료로 활용하고, 교사 자신의 수업 방법 개선에도 활용해야 한다.

13. 교과서의 재구상

종래의 교과서 관에 대해 많은 비판이 행해지고 있다. 즉, 교과서를 가르치지 말고 교과서로 가르치라고 한다. 종래에는 교육 과정은 팽개치고 교과서를 가르치는 사례가 많았나 보다. 교과서 내용을 충실히 가르치고 -심지어는 내용을 샅샅이 외우는 경우까지- 평가 역시 교과서와 한 자도 다르지 않게 실시하였었다. 이제는 이러한 교육 방식에서 벗어나야 한다고 한다. 그러나 어설픈 지도 방식보다는 종래의 방식이 그래도 더 효과적이 아니겠느냐는 한탄 속에는 종래의 방식대로 교과서를 가르치지도 않고, 그렇다고 교과서를 국어과 학습 원리에 맞게 적절히 가르치지도 못하는 현실을 개탄하는 소리일 것이다.

여기서 가장 흔히 쓰는 말이 '교과서를 재구성하여 가르쳐라'이다. 자기 학급 학생 실태에 맞게 재구성하는 교사의 능력이 필요하다는 말이다. 그러나 현장에서는 이러한 요구가 무리임에 틀림이 없다. 교재 연구조차도 제대로 할 시간이 없고, 그럴 만한 교사의 전문성도 부족하다. 자료도 미흡하다는 점은 충분히 이해가 간다.

환자가 병원에 찾아왔다. 의사는 여러 가지 방법으로 진찰을 한다. 처방을 하고 약을 조제해서 준 후, 며칠 후 다시 오게 한다. 환자가 다시 오면, 자기의 처방이 잘 되었었는지 점검해 본다. 그리고 잘 되었으면 그약을 또 주고, 잘못 되었을 경우 다른 방법으로 처방을 한다. 이와 같이 진단-처치-평가를 전문적인 식견으로 행하기 때문에 환자가 믿고 자기의 몸을 맡길 수 있다. 진단도, 처방도, 평가도 하지 못하고, 남이 지어 놓은 약만을 팔고 있다면 누가 그를 전문가로 존경할 것인가?

마찬가지로, 교사가 전문가로서 대접을 받기 위해서는 우선 교육 과정을 편성하고, 교재를 제작하고, 교육 과정을 운영하고, 적절히 평가하여 학생과 학부모들로부터 인정을 받아야 한다. 다른 누구도 할 수 없는 작업을 교사만이 할 수 있다는 인식을 심어 주어야 한다. 그러나 교육 과정을 전면적으로 편성한다거나 재구성하기는 어렵다. 자기 학교나 학급 학생 실태를 고려하여 삽입한다거나 약간의 수정을 가하는 정도이다.

교사는 교과서 활용에 좀 더 융통성을 발휘할 수 있고 발휘해야만 한다. 역시 교과서는 가장 본이 되는 자료임에 틀림이 없다. 그러나 문제가 되는 점은 교과서의 횡적 연결과 종적 연결이 미흡하다는 점이고, 읽기에서는 예문이 불충실한 점, 말하기·듣기·쓰기에서는 학생들의 지역적 차이를 고려하지 못했다는 점이다. 이러한 점에 유의하여 재구성하지 않고, 그대로 수업에 활용한다면 전문성이 없는 의사가 환자에게 기 조제되어 있는 약을 일률적으로 투여하는 것과 같다고 하겠다.

일부 교사들은 교사들이 교육 과정을 편성하고, 운영할 능력이나 시간이 없고, 한다 해도 효율성이 적으므로 교육청에서 또는 장학사들이 모두 작업을 하여 배부해 달라고 한다. 그러나 이는 약을 모두 조제해 주면 돈을 받고 팔기만 하겠다고 하는 것과 같아서 진단하고 처방하고 조제하여 약을 먹이는 전문성을 포기하고, 스스로를 단순 노동만 하는 장사치로 생각하는 바와 다르지 않다. 요즈음 일부 교사들은 어느 회사에서 제작한 컴퓨터 프로그램을 구입하여 한 시간 내내 클릭만 하면서 수업을 했노라고 만족해하는 경우가 있다 한다. 게다가 그냥 책을 보고 가르치는 것보다 이런 방법이 훨씬 효율적이라고 장담을 하니 어처구니없는 일이다. 그래서 초등 학교 학생들은 고등 학교만 나오면 누구나 가르칠 수 있다거나 학교 선생님보다 학원 강사가 훨씬 잘 가르친다는 말이 나오고 있는 현실이 아닌가 생각한다.

교과서를 재구성 할 수 있어야 한다. 자기가 가르치고 싶은 대로 - 물론 교육 과정을 정확히 이해해야 한다는 전제가 필요하지만- 교과서를 재구성하여야 한다. 목표를 분석해 보고, 학생 실태와 견주어 적절한 지도 방법을 연구해 보면, 교재의 내용 중 재구성해야 할 필요가 있는 곳이 보이게 된다.

그런 연후에 재구성 작업에 들어가는데 재구성 역시 전면적인 개편은 어려울 것이므로 지도의 수준 조절, 지도 순서 조절, 텍스트의 양과 내용의 조정 등의 면에서 교사 자신만의 의지대로 교과서를 재구성하면 좋겠다.

14. 목표와 흥미

박병학 교수는 "재미없는 수업은 지루이고 지루함은 학습자에 대한 고문 행위이다."라고 하였다. 성인들 역시 흥미 없는 이야기를 듣다보면 졸음이 오는 경우가 있다. 눈을 비벼 봐도 졸음은 쏟아지고 시간은 가지 않아 지루한 적이 한 두 번이 아닐

것이다. 그러나 흥미 있는 일을 하다보면 시간 가는 줄 모르게 되고, 밤을 새는 경우도 있다. 학생들 역시 마찬가지다. 운동회나 소풍 등 재미있는 행사가 있으면 새벽부터 일어나 잠을 설치게 되고, 가슴이 뛰고 학교에 가고 싶어진다. 그러나 매일 하는 공부는 지루하고 싫증이 난다. 선생님께서 학생들의 흥미를 고려하여 자료도 만들고, 흥미 있는 게임들을 동원하여 수업을 진행하면 그래도 즐겁게 참여하는데, 칠판과 책만 가지고 가르치다 보면 학생들은 수업이 싫어지기 마련이다.

그러나 한편으로 흥미만 강조하다 보면 목표 의식이 희미해지는 경우가 있다. 무엇인가 열심히 하기는 했는데 얻어진 결과는 없다. 학생들이 열심히 활동은 한 것 같은데 평가를 실시하면, 성적이 매우 낮다. 특히 활동 중심 수업이라 해서 여러 가지 활동을 하다보면 시간은 부족하고, 수업의 목표와 관련한 정리를 소홀히 하게 된다. 활동만 하였지 무엇을 하였는지 모르고 수업이 끝나게 된다.

목표 중심의 수업을 보면 교사들만 활동하고 학생들은 조용히 있을 뿐이고, 흥미 중심의 수업을 보면 학생들이 활동은 많이 하나 초점이 없다. 흥미 있으면서 목표에 접근하는 수업을 설계하고 실천하기 위해 노력해야 한다.

흥미가 있으면서도 목표에 도달하기 위해서는 활동 프로그램이 독창적이고, 참신해야 한다. 매일 하는 것처럼 습관적으로 수업을 하면 학생들의 흥미는 물론 목표 달성에 실패하게 된다. 그리고 시간 계획이 치밀해야 하며, 수업 진행 도중에 항상 목표 의식을 갖고 학생들의 활동을 관찰·지도해야 한다. 잘못된 방향으로 가고 있으면 바른 방향으로 가도록 지도해야 한다.

자료를 준비해야 한다. 학생들이 만지고 조작하는 가운데 학습 목표에 도달되도록 개별화 자료를 제작하거나 준비해야 한다. 아울러 학생들 스스로 수업 계획을 세워서 활동하도록 하는 것도 바람직하겠다. 그러나 이렇게 되기까지의 기본적인 능력을 기르기 위해 교사의 많은 노력이 요구된다. 물론 흥미 있으면서 목표에 접근하는 수업이 최선의 수업이지만 흥미 없는 수업은 학생들의 소중한 삶의 한 부분을 낭비하고 있다는 마음가짐으로 수업에 임했으면 한다. 수업은 학생들의 삶을 위한 준비 기간이 아니라 삶의 한 부분이기 때문이다.

15. 교사의 발문

수업이란 결국 교사의 발문과 학생의 응답, 학생의 질문과 교사의 응답에 의해 이루어진다고 해도 과언이 아니다. 교사가 명확하고, 목적적인 발문을 함으로써 수업이 재미있으면서도 효과적일 수 있다.

수업을 참관하다 보면 다음과 같이 바람직하지 못한 발문들이 목격된다.

① 군더더기가 많이 붙어 학생들이 발문의 요지를 파악하기 어려운 발문

② 단순히 "예"를 강요하는 발문(그렇지요? 알았지요? 등등)

③ 학생들에게 생각할 기회를 주지 않고 즉시 답하게 하는 발문

④ 교사와 학생 사이에 1문 1답식 발문

습관적으로 이러한 발문이 이루어지는 경우가 있는데, 자기의 수업을 녹음하여 들어 본다든지, 동료 교사들에게 보여 주어 지적을 받고 스스로 고치려는 노력이 없다면 수업에 투입하는 노력에 비해 그 효과는 적을 수밖에 없을 것이다.

바람직한 발문의 방향에 대해 이야기해 본다면

① 학생들의 수준을 생각하며 그에 알맞은 발문을 하되, 군더더기가 없도록 간결하게 하고, 학생들의 생각을 지켜보면서 힌트를 주어 학생들이 자기 생각을 정리하는 데 도움을 주도록 한다.

② 몸짓, 눈짓, 표정 등 비언어적 의사 소통 방법을 활용한다.

③ 교사가 발문을 한 후 학생들이 생각할 수 있는 기회를 제공하되 교사가 발표를 시킬 때까지 손을 들지 않고 자기 생각을 정리하고 입 속에서 말하는 연습을 하도록 한다.

④ 교사의 발문에 대해 학생들이 다양하게 답하여 서로 의견을 교환하는 기회를 제공하는 발문을 한다.

특히, 교사가 발문을 하고 학생이 답을 하면, 다른 학생들은 그 학생의 답을 듣고, 그에 대해 자기 생각과 견주어서 발표하도록 유도한다. 흥미를 유발하기 위한 발문은 간단하게 답할 수 있도록 하되, 수업의 본질적 활동에서의 발문은 학생들의 생각이

한 방향으로 모아지도록 단계적으로 발문하며, 결론을 내리지 않아야 할 내용에서는 학생들의 생각이 확산되도록 하며 답을 다양화시키도록 발문을 전개한다.

16. 소단원별 시간 배당 및 재구상

국어과 수업의 일반적 흐름을 보면, 국어 사용 기능의 원리를 터득시키기 위해 원리를 파악한 후 적용 연습을 하고, 보충·심화·발전 과정을 거치도록 하고 있다. 이러한 과정을 위해 소단원별로 2~3시간을 배당하였는 바, 1시간 정도를 원리 파악에 배당하고, 1~2시간을 적용 연습에 활용하도록 하고 있다. 그러나 실제 수업을 진행하다 보면 원리 파악 단계에 많은 시간이 필요한 경우도 있고, 어떤 경우는 원리 파악 단계를 줄이고 적용 단계를 늘릴 필요가 있으며, 또 어떤 경우는 원리 파악보다는 적용 연습을 통해서 원리가 파악되는 수도 있다. 교과서나 지도서에 배당된 시간에 얽매이지 않고, 이러한 특성을 잘 살펴 필요한 부분에 많은 시간을 할애하여야만 수업의 효율성을 높일 수 있다. 한형식 교장은 이러한 시간 조절을 '급소 학습'이라 하여 중요시하고 있다.

(예) 말하기·듣기·쓰기 4-2, 셋째 마당, 소단원2, 깨닫는 즐거움

소단원명	주요 학습 내용 및 활동	
	말하기·듣기·쓰기	읽기
1.하나씩 따져 보며	내용 생략	내용 생략
2.깨닫는 즐거움	4차시(교과서 66, 67쪽) • 우리 반 신문에 실을 기삿거리 정하기 5-6차시(교과서 68 ~ 72쪽) • 우리 반 신문에 실을 기사의 내용 정리하기 • 우리 반 신문에 실을 기사를 쓰고, 고쳐 쓰기	4차시 • 모양이 바뀌는 낱말을 국어 사전에서 찾는 방법 알아보기 5-6차시 • 낱말 사이의 관계에 대하여 알아보기
한 걸음 더	내용 생략	내용 생략

위의 내용과 같이 지도서에서는 3시간 전체를 신문 기사 쓰는 순서에 따라 시간을 배당하였다. 한 시간에 기삿거리를 정한 후, 2시간에 걸쳐 기사의 내용을 정리하고 기사를 쓰고, 고쳐 쓰고, 신문을 만들도록 되어 있다. 이러한 시간 배당의 타당성을 알기 위해 교육 과정의 목표와 교과서 내용을 살펴보기로 한다.

교육 과정 목표	교과서 내용
[4-쓰-(1)] 쓰기에는 과정이 있음을 알게 한다. [4-쓰-(2)] 주제에 알맞은 내용을 선정하여 글을 쓴다. [4-쓰-(6)] 알맞은 제목을 붙여 글을 쓴다.	(1차시) 윤진이네 반에서 만든 신문의 기사 내용 살피기→신문에 실을 기삿거리 정하기→기삿거리에 대해 자세히 조사하기 (2, 3차시) 신문 기사 읽고 어떤 내용이 들어 있는지 살피기→ 신문 기사의 내용을 찾아 정리하기→신문 기사 쓸 때의 주의점 알기→우리 반 신문에 실을 내용 정리하기→제목 붙이기→신문 기사 쓰기→ 고쳐쓰기→신문 만들기

(문제점 1) 교육 과정 목표에서는 쓰기의 과정을 터득시키는 데 중점을 두면서 주제에 맞게 쓰고, 제목도 효과적으로 붙일 수 있는 능력을 기르도록 요구하고 있다. 그러나 교과서에서는 쓰기의 과정을 나열하여 원리 터득 학습 단계를 생략한 채 적용 중심 학습만 하도록 하고 있다.

(문제점 2) 1시간에 기삿거리 정하는 학습을 하도록 하고 있으나 이는 40분 동안 수업을 진행하기에는 내용이 적다.

(문제점 3) 2차시 첫 부분에 들어있는 <신문 기사 읽고 어떤 내용이 들어 있는지 살피기→ 신문 기사의 내용을 찾아 정리하기>는 1차시 첫 부분에서 공부해야 할 내용으로 이 부분은 국어과 수업의 원리상 어색하다.

(문제점 4) 1차시를 공부한 후, 2, 3차시를 연차시로 수업하도록 하고 있으나 이는 2차시에 우리 반 신문 내용에 실을 기사의 내용을 정리할 시간적 여유가 없다. 2차시가 끝난 후 가정학습으로 기삿거리를 정하도록 하여 시간을 주어야 한다.

(문제점 5) 3차시에 우리 반 신문을 컴퓨터로 정리하도록 하고 있으나 시간이 부족하며, 꼭 컴퓨터로 해야 할 필요가 없다. 다음에 글씨 바르게 쓰기를 학습해야 하므로 더더욱 시간 여유가 없다.

이런 문제점들을 감안하여 다음과 같이 재구상하여 보았다.

교육 과정 목표	교과서 내용
[4-쓰-(1)] 쓰기에는 과정이 있음을 알게 한다. [4-쓰-(2)] 주제에 알맞은 내용을 선정하여 글을 쓴다. [4-쓰-(6)] 알맞은 제목을 붙여 글을 쓴다.	(1, 2차시 연차시) • 신문 기사 읽고 어떤 내용이 들어 있는지 살피기→신문 기사의 내용을 찾아 정리하기→신문 기사를 쓰는 과정 알기→신문 기사 쓸 때의 주의점 알기 • 윤진이네 반에서 만든 신문의 기사 내용 살피기→신문에 실을 기삿거리 정하기→기삿거리에 대해 자세히 조사하기(가정 학습) (3차시) • 우리 반 신문에 실을 내용 정리하기→제목 붙이기→신문 기사 쓰기→ 고쳐쓰기→신문 만들기

※ 재구상 중점

① 1차시에 쓰기의 과정에 대한 원리 터득에 중점을 두어 지도함

② 교과서 66, 67쪽을 1차시에 활용함

③ 1, 2차시를 연차시로 활용하여 원리 터득 시간을 증가시키며 2차시 이후 가정학습의 기회를 줌

④ 3차시 시간의 여유를 주어 학급 신문 만드는 시간을 늘려 줌

⑤ 학급의 형편에 따라 개인별 기사를 큰 종이에 붙여 신문을 만들 수도 있고, 조별로 손으로 써서 만들 수도 있으며 컴퓨터로 작성하게 할 수도 있음

위의 내용처럼 정상적인 과정을 거치는 것이 좋겠으나, 쓰기의 과정에 대한 원리를 터득하는 데 시간과 노력을 경주하여 중점 지도하고, 실제로 신문을 만드는 과정은 학생들끼리 수업 이외에 적용의 기회를 주는 것이 급소 학습의 주요 골자이다.

17. 교수·학습 유형

학습자가 어떤 과제에 부딪쳤을 때, 과제를 해결하기 위해 머릿속에서 이루어지는 사고의 과정에는 일정한 패턴이 있을 수 있다. 과제의 성격에 따라 사고의 과정이 각기 다르기 때문에 교수·학습에서 이렇게 서로 다른 유형의 사고 과정을 하나의 모형으로 제시하고 있다.

예전에 교수·학습 모형이라고 부르던 것을 제7차 교육 과정 지도서에서는 유형이라 이름지어 제시하고 있다. 모형이나 유형이나 모두 학생들이 학습을 해 나갈 때, 머릿속에서 이루어지는 사고 과정을 중심으로 수업의 패턴을 제시하고 있다는 점에서는 같은 용어로 정의할 수도 있다. 그러나 모형을 유형이라 바꾸어 부르는 이유는 수업을 진행함에 있어 꽉 짜여진 틀에 얽매이지 말고 유연성과 융통성을 발휘하라는 의도가 아닌가 한다.

도형에 비유하여 설명한다면 모형은 직선이나 사각형에 비유할 수 있고, 유형은 곡선이나 원에 비유할 수 있겠다. 수업을 진행함에 있어서 구부러져 가기도 하고, 가다가 되돌아오기도 하는 곡선처럼 수업을 진행하라는 의도로 보면 되겠다.

지도서에는 일곱 가지의 교수·학습 유형을 제시하고 있다. 어떤 것은 예전의 모형을 제시했는가 하면, 어떤 것은 학습의 기법을 유형으로 제시하고 있다. 이것이 바로 학습 유형을 적용함에 있어 경직되지 말고 유연하게 활용하라는 뜻이라 할 수 있겠다.

지도서에는 일곱 가지만 제시되고 있으나 이러한 유형을 참고하되 교사의 의도에 따라 다른 어떤 유형이든지 적절히 사용할 것을 당부하고 있다. 이 유형에 얽매어 수업을 진행한다면 또 다른 부작용이 발생할 우려가 있기 때문이다.

현장 수업에서 유형에 대해 잘못 인식하고 있는 점을 들어 본다면,

첫째, 학생들이 학습하는 사고 과정임에도 불구하고, 교사가 지도하는 순서나 방법으로 오인하는 경우

둘째, 하나의 과제를 해결하는 일련의 과정임에도 불구하고, 40분 단위의 한 시간 전체를 한 학습 유형에 의해 시간을 안배하여 적용해야 한다고 생각하는 경우

셋째, 학습 주제의 특성을 잘못 파악하여 적절하지 못한 교수·학습 유형을 억지스럽게 적용하려 하는 경우 등이 있다.

교수·학습 유형을 수업에 활용하여 효과를 거두기 위해서 유의할 점을 들어 본다.

첫째, 교사가 학습 유형대로 수업을 진행하려 하지 말고, 학생들의 사고 과정의 흐름에 따라 수업을 진행한다. 즉, 학생들의 사고 방식이나 학습의 진도를 따라가며 수업을 진행한다.

둘째, 시간을 기준으로 교수·학습 유형을 적용하지 말고, 학습 과제 중심으로 적용한다. 교수·학습 유형의 한 과정을 생략할 수도 있고 반복할 수도 있다. 한 시간에 2가지 이상의 유형이 혼용될 수도 있다.

셋째, 차시별 특성과 학습 과제별 특성에 적합한 교수·학습 유형을 적용한다. 예를 들어 문학 교재에는 반응 중심 학습 유형을 적용하고, 원리 학습에는 문제 해결 학습 유형을 적용하는 것 등이다.

수업 유형의 적용에서 논란을 빚는 부분이 수업 유형을 매 차시마다 적용함으로써 발생되는 문제이다. 국어과 교재는 과제 중심으로 구성되었는데, 수업 유형은 매 차시별로 적용하려 하다보니 어쩐지 어설프고 명쾌하지 못하다.

예를 들어, 2학년 2학기 <읽기> 첫째 마당의 목표를 보면 '글을 읽고, 중요한 내용을 간추릴 수 있다.'로 제시되고 있다.

이런 목표를 달성하기 위하여 소단원 1에 설명문을 제시하면서 첫째 시간에 '글의 내용을 간추리는 방법 알기' 둘째, 셋째 시간에 '중요한 내용 간추리기'를 공부하도록 하고 있다.

여기에 직접 교수 유형을 적용한다면 매 시간마다 설명하기-시범보이기-질문하기-활동하기의 과정을 반복해야 한다.

그러나 과제 중심 즉, 중요한 내용 간추리기라는 3시간 분의 학습량을 하나의 과제로 본다면 첫째 시간에는 설명하기-시범보이기, 둘째 시간은 질문하기-활동하기, 셋째 시간은 활동하기로 수업을 진행할 수 있다.

여기에 문제 해결 학습 유형을 적용한다면 첫째 시간은 문제 확인하기-문제해결 방법 찾기를, 둘째 시간에는 문제 해결하기를, 셋째 시간에는 문제 해결하기와 일반화하기로 수업을 진행하면 된다.

이렇게 수업을 진행하는 데 대하여 일부 교사들은 한 시간의 수업 진행의 패턴에 대해서 의문을 제기하고 있다. 즉, 매 시간마다 [문제 확인하기-문제 해결 방법 찾기-문제 해결하기-일반화하기]가 반복되고 있지 않느냐 하는 것이다. 그러나 이는 다른 교과와는 달리 국어과의 교재 구성이 과제(주제) 중심으로 되어 있다는 것을 간과한 것이라 생각된다.

이를 보완하는 방법으로 매차시의 수업 진행은 우리의 전통적인 수업 유형이라 할 수 있는 [도입-전개-정리]를 제안한다. 이렇게 하여 차시별 수업 과정은 [도입-전개-정리]로 하고, 수업 유형은 직접 교수 유형이나 문제 해결 학습 유형 등 과제(주제) 해결에 알맞은 유형을 적용하자는 것이다.

이 내용은 <제2장, 차. 본시 수업 계획>에서 도표로 설명하고 있으므로 참고하기 바란다.

그러나 모든 소단원이 다 단일 과제로 된 것은 아니므로 이를 잘 파악하여 적용해야 한다.

18. 영역별 지도 중점

국어과 지도에 있어 영역별 통합 지도가 가장 바람직하기는 하나 교과서까지 별책으로 편찬되어 있는 현실에서는 영역별로 지도하는 방법에서 벗어나기 어려운 실정이다. 그러므로 각 영역별 특성을 고려한 수업이 되어야겠으나 현실은 그렇지 못하다. 이런 경우의 예를 들면 다음과 같다.

- <듣기> 수업에 있어 듣는 쪽의 수업보다는 말하기 중심 수업으로 흐르는 경우
- <말하기> 수업에서 자기가 해야 할 말을 메모하여 말하도록 해야 하는데, 글로 써서 읽고 있는 경우

- <문학>과 <읽기>의 특성을 구분하지 못하거나 지나치게 분석적 수업을 진행하는 경우
- <글쓰기>에서 쓰는 방법이나 사고의 과정보다 써 놓은 결과만을 중시하는 경우
- <글씨 쓰기>에서 기계적인 연습에 의해 바르고 보기 좋은 글씨를 쓰도록 강요하는 경우
- <국어 지식>의 지도에 있어 반복 연습을 강요하는 경우

각 영역별로 수업에 있어 유의할 점을 들어 보면 다음과 같다.

① 〈듣기〉

정확히 듣기뿐만 아니라 비판적으로 듣기(자기 생각과 견주어 듣기)까지 지도하여야 하며, 특히 메모하면서 듣는 습관을 갖도록 한다. 정확히 듣기는 들은 내용을 다른 사람에게 전달하는 기회를 제공하여 정확히 듣도록 하고, 비판적으로 듣기에서는 이유와 근거를 정확히 제시하도록 한다. 듣기는 가급적 말하기와 통합하여 수업을 진행하도록 하지만 말하는 활동 보다 듣는 활동에 중점을 두고 활동하도록 학생들의 관심을 유도할 필요가 있다. 즉 학습 문제 제시 및 학습 문제 명료화 단계, 듣는 기준 제시에 의해 학생들이 말하는 것보다 듣는 활동에 관심을 갖고 활동하도록 한다. 자칫 잘못하면 남의 말을 듣기보다는 자기의 말로만 끝나는 학습이 되어버릴 염려가 있다.

② 〈말하기〉

대부분 그림보고 말하기, 그림을 보고 자기 경험을 상기하여 말하기 등으로 구성되어 있다. 이러한 경우 친구들의 의견을 듣고 비판적으로 말하기와 자기 경험을 상기하여 견주어가며 말하도록 하는 것이 좋다. 특히 유의해야 할 점은 자기가 할 말을 책이나 공책에 메모하여 말하도록 구성되어 있는데, 이 때 간단히 중심 낱말 몇 개씩만 메모하여 말해야 하나 긴 문장으로 쓰고 있기 때문에 정해진 수업 시간도 부족하게

되고 결국 말하는 시간이 아니라 글로 써서 읽는 학습이 되고 마는 경우가 허다하다. 반드시 메모하여 보면서 말하되 처음부터 보면서 하지 말고 말하다가 말이 막힐 경우만 얼른 보아 참고하면서 실제 언어 상황에서 말하는 것처럼 지도해야 한다. 이 때 듣는 사람의 반응을 살피는 것이 중요하다. 다른 영역도 마찬가지지만 말하기에서는 특히 실제 언어 상황처럼 하도록 수업을 진행해야 한다.

녹음기를 활용하여 자기가 말한 내용을 녹음하고 들어 보면서 교정하고, 친구들이 말한 내용도 함께 듣고 서로 평가해 가면서 말하도록 하는 것도 좋은 방법이다. 학생들이 수업 시간에 수시로 가서 녹음할 수 있도록 장소를 마련하고 활용 방법도 미리 지도하는 것이 좋다.

③ 〈읽기〉

읽기는 정확하고 효과적인 국어 사용의 원리와 작용 양상을 익혀 다양한 국어 자료를 비판적으로 이해하는 데 교육 과정의 목표가 있다. 이러한 목표에 도달하기 위해서는 글을 전체적으로 파악하고, 단원의 목표와 관련하여 분석적으로 이해하며, 글의 표현 양식이나 표현의 목적에 따라 통합적으로 이해하는 원리를 학생들이 익히며, 이렇게 익혀진 원리에 따라 적용 연습을 하도록 지도해야 한다. 그러나 읽기 수업에서의 발견되는 문제점으로는

- 목표 의식이 없이 관습적인 내용 파악이나 주제 파악 중심으로 수업을 진행하는 경우
- 교과서에 제시된 삽화를 소홀히 취급하는 경우
- 교과서에 제시된 내용 파악을 위한 자료(하늘색의 책 표시로 제시된 발문)를 과제로 제시하여 학생들이 답을 적어 온 후 발표하는 방법으로 지도하는 경우
- 학습지를 만들어 학생들이 풀어보게 하고 채점하는 식으로 지도하는 경우
- 예문에서 얻을 수 있는 가치적인 목표에 치중하여 수업을 하거나 이런 가치 목표를 너무 소홀히 취급하는 경우 등을 들 수 있겠다.

읽기 수업은 글의 내용을 정확히 파악한 후 자기의 경험과 견주어 비판적으로 이해하고, 아름다운 표현이나 정서적 가치를 감각적으로 느끼며, 자기의 경험을 확대해 가는 방법을 터득시키는 데 목적이 있다고 볼 때, 위의 문제점들이 수업에서 나타나지 않도록 하는 방향에서 수업을 진행하도록 해야 하겠다.

<원리 요약 부분의 활용>

읽기 교과서의 소단원 첫 머리에 원리 요약 부분이 제시되어 있다. 이 내용은 학생들이 스스로 공부하는 데 도움을 주고 교사들이 지도하는 데 있어서도 지도의 방향을 결정하도록 하는 역할을 하고 있다. 그러나 이 부분의 적절한 활용에 대해 교사들이 많은 어려움을 토로하고 있다.

이 부분을 지도하는 시기, 지도하는 방법 등이 그것이다. 국어과 학습 지도의 일반 원리인 도입-원리-적용-평가-보충·심화의 과정에 비추어 학생들에게 수업의 필요성이나 중요성을 강조할 때, 원리를 설명하거나 시범보일 때, 학습 정리를 할 때 이 내용을 활용하는 것이 좋겠다. 특히 수업 설계 과정에서 목표와 내용, 방법, 평가의 계획을 수립하는 자료로 활용해야 한다.

④ 〈글쓰기〉

글쓰기는 국어과 교육 중 가장 높은 수준의 사고를 요하는 활동이다. 자기가 이미 알고 있는 지식을 활용하여 새로운 지식을 창출하는 과정이라 할 수 있다. 써 놓은 글을 보면 국어과 교육에서 바라는 모든 목표에의 접근 정도를 측정할 수 있을 정도로 국어과 교육의 종합적 과정이라 할 수 있다. 그러나 수업 현장에서의 활동을 분석해 보면 다음과 같은 문제점들이 발견된다.

· 글쓰는 과정별 기능에 대한 지도 없이 글을 쓰게 하는 경우
· 써 놓은 작품만을 중시하고, 머릿속에서 이루어지는 사고의 과정 지도에 소홀한 경우

· 교과서에 제시된 순서에 따라 학생들이 스스로 해결하도록 하고 결과물만 평가하
  는 경우
· 퇴고의 과정을 소홀히 하는 경우
· 수업의 정리 단계에서 정리 및 평가를 소홀히 하는 경우

위에서 제시한 문제점들을 파악하여 학생들에게 글쓰는 각 단계의 기능들을 길러 준 후 글을 쓰게 하고, 친구들과 돌려 읽어보고, 작품을 고쳐 쓰면서 목표에 도달할 수 있도록 많은 시간을 할애해야 한다. 특히 강조하고 싶은 점은 글을 쓰게 하고 작품 자체를 중시한 학습을 전개하는 것보다, 글을 쓰는 과정 중 학생들의 머릿속에서 이루어지고 있는 사고의 과정에 관심을 갖고 시범을 보이고, 질문하는 과정을 통해 글쓰는 원리를 터득할 수 있도록 해야 한다. 쓰기의 목적 중 하나가 글을 잘 쓰는 기초 기능의 습득도 중요하지만 글쓰는 과정에서 사고력이 배양되고, 새로운 지식이 창출되어 삶의 폭이 넓어지도록 배려하는 것이 더욱 중요함을 인식하고 수업을 진행해야 한다.

시간 배당에 있어 퇴고의 과정에 많은 시간을 할애하여 고치고 또 고치면서 학습 목표에 도달할 수 있도록 한다.

⑤ 〈글씨 쓰기〉

"선생님, 우리 아이는 글씨 쓰기 시키지 마세요. 글씨 예쁘게 쓰지 않아도 좋아요. 컴퓨터가 있으니까요."

어느 학부모가 선생님께 전화를 걸어 해 온 내용이다.

글씨 쓰기 시간에 공부도 잘하는 한 학생이 글씨를 너무 난잡하게 쓰고 있기에 오후에 남겨 두고 지도를 했던 모양이다. 이 아이가 집에 가서 자초지종을 말하자 어머니가 화를 내면서 전화를 한 것이다.

일부 교사들 역시 컴퓨터가 있는데 글씨 쓰기를 특별히 지도할 필요가 있느냐고

말하는 경우도 있다.

이는 글씨 쓰기의 진정한 목적을 모르기 때문이 아닌가 한다.

글씨 쓰기의 목표는 글씨를 바르게 쓰게 하는 것을 넘어서, 우리 글의 짜임 및 형태를 파악하게 하고, 훌륭함 및 아름다움을 느껴 소중히 여기게 하기 위해 이루어지는 교육 활동이라는 점을 간과해서는 안 된다.

교실에서 이루어지는 글씨 쓰기의 문제점은 다음과 같다.

· 모범 글자를 보면서 무조건 많이 쓰게 하는 경우

· 글씨 쓰기를 과제로 제시하는 경우

· 교사는 글씨 쓰는 방법에 대한 지도도 하지 않고 학생들끼리 쓰게 하고, 검사나
　평가만 하는 경우

잘 쓴 쓰는 자형을 고려해서 쓴 글씨이다. 우리 문자는 자형이 있다. 네모 모양, 마름모 모양, 세모 모양 등이 그것이다. 이러한 문자의 모양을 지도함으로써 학생들이 자형에 따라 고르게 글씨를 쓰도록 해야 한다. 너무 많이 쓰게 하면 손에 힘이 빠지거나 싫증이 나서 더욱 글씨를 난잡하게 쓰게 되므로 이런 일이 없어야 한다. 숙제로 제시하면 집중력이 떨어지고, 자세가 흐트러져서 이것 역시 글씨를 난잡하게 쓰는 요인이 된다. 특히 저학년에서 글씨 쓰는 자세에 관심을 가져야 하며, 글씨를 많이 써야 할 과제 제시가 글씨 쓰기에 악영향을 미치게 됨에 주의해야 한다. 아울러 글씨 쓰기는 글씨 예쁘게 쓰는 기능을 넘어서 정서적인 요인이 중요함을 인식한다.

⑥ 〈국어 지식〉

언어에도 규칙이 있다. 어느 정도 변화하고는 있으나 규칙의 근간은 변하지 않는다. 그러므로 국어 지식 영역에서 가르쳐야 할 내용이 바로 국어 지식이다. 국어를 사용하다 보면 자기도 모르게 이러한 규칙을 터득하게 된다. 교사들은 이러한 규칙을 학생들이 빨리 터득할 수 있도록 수업을 진행해야 한다.

교과서에서는 말하기, 듣기, 쓰기에서 지도하도록 구성하고 있다. 그러나 한 시간에

두 가지 목표를 달성해야 하므로 어려움이 있다. 특히 국어 지식 쪽이 소홀히 되는 경우가 많다. 수업 진행 역시 국어 지식의 요소별 지도에 치중하는 경우가 많은데, 언어 상황에서의 사례 중심으로 원리를 터득하게 하는 것이 바람직하다.

(예) 말하기·듣기 2-2, 넷째 마당, 아름다운 꿈을 가꾸어요(69쪽)

학습 문제 : 받침이 있는 말을 정확하게 발음하여 봅시다.

학습 활동1 : 받침있는 낱말의 발음 원리를 터득시키기 위해 교과서에 제시된 <곰이>, <넘어요> 이외에도 같은 유형의 낱말을 제시하면서 학생들이 발음해 보도록 하거나 교사가 발음하여 들려주면서 규칙성을 발견하도록 지도해야 함

학습 활동2 : 시범을 보이면서(교사 또는 시청각 매체) 정확히 발음하도록 지도하고, 반복 연습에 의하여 숙달시킴

학습 활동3 : 받아쓰기 등의 활동을 통해 평가·숙달·재지도

⑦ 〈문학〉

문학 영역은 인간의 정서적·심정적 수업 영역이어서 다른 영역과 또 다른 특성을 지니고 있다. 그래서 6차 교육 과정에서 직접 교수법을 문학 영역에 적용하는 데 많은 의견과 논란이 있었다. 정서적·심정적 수업에서 설명하고, 시범보이고, 질문하고, 활동하는 단계를 거치는 것이 과연 효율적이겠는가 하는 의문이었다. 많은 교사들이 이 점에 관해 부정적인 견해를 피력하였다. 그래서 7차 교육 과정에서는 이러한 점에 유의하여 다양한 교수·학습 유형을 적용하도록 권장하고 있다. 많은 문제점을 내포하고는 있지만 교사용 지도서에 7가지 유형을 소개하고 있다.(지도서 제3부)

문학 영역 지도에 있어 중요한 점은 학생들에게 감동을 주어야 한다는 것이다. 학생들에게 감동을 주려면 교사가 먼저 감동을 해야 하고, 교사 자신이 감동했던 방식을 생각하며 학생들에게 감동의 힌트를 주어야 한다. 학생 개개인의 경험에 견주

어 비판하고, 감상할 때까지 힌트를 주면서 참고 기다려야 한다. 특히 문학 감상에서는 스키마가 중요하므로 학생들의 스키마 형성에 대한 성공 여부가 수업의 성패를 가름할 수 있다.

(예) 읽기 3-1, 넷째 마당, 우리들의 꿈(96쪽)

학습 문제 : 겪은 일과 관련지으며 시를 낭송하여 봅시다.

이 제재는 시나 이야기를 읽을 때, 자기의 겪은 일과 관련지어 읽음으로써 문학 작품을 깊이 있게 감상하는 능력을 기르고자 하는 제재이다.

잘못된 학습 활동 : 단순한 실수의 경험 즉, 방귀를 뀐 경험, 잘난 척 했던 경험, 일기에 관한 잘못된 경험 등을 중심으로 학생들의 경험을 상기시키면서 학습을 전개하는 경우

좋은 학습 활동 : 말하는 이의 마음을 느끼기(감상) 위하여 '좋아하는 친구(특히 이성) 앞에서 실수했던 경험'을 중심으로 학습을 전개하되, 교사의 경험이나 간접 경험을 학생들에게 들려주는 등(시청각 매체 활용)의 활동을 통해 자기가 좋아하는 이성 친구 앞에서 실수를 하였을 때의 심정을 실감있게 느끼도록 수업을 진행 함

19. 시 교재 지도

시 교재 지도는 어렵다. 수업 공개 단원을 선택할 때나 장학 지도를 받을 때, 시 교재로 수업을 하는 경우는 극히 드물다. 아주 쉬운 듯 하면서도 어려운 게 바로 시 교재 지도가 아닌가 한다.

우리가 학교 다닐 때의 시 수업을 떠 올려 본다. 미리 어려운 낱말이나 비유 상징에 대해 공부해 오게 하거나, 지은이나 시대적 배경 등을 알아오게 하고 이에 대해 설명하거나 시의 형식에 대해 낱낱이 외우던 기억이 지금도 생생하다. 지금까지 남아 있는 것은 암송을 철저히 했던 기억뿐이다.

시 교재를 비롯한 문학적 교재는 감각적 교재이다. 주제나 제재를 몰라도, 지은이나 낱말의 뜻을 정확히 몰라도, 읽으면서 감동을 받으면 된다. 시 교재의 모든 활동은 결국 시를 읽고 가슴 깊이 감동을 받게 하기 위한 것이라 생각하면 된다. 감동을 받기 위해서는 시를 정확히 이해해야 하고, 감동적으로 이해하기 위해서는 장면을 상상하며 읽는다든지, 자기의 경험과 견주어가며 읽는 활동이 필요하다. 그러므로 교사는 학생들로 하여금 시의 내용과 관련된 경험이나 사전 지식을 적절히 활용하도록 하는 것이 시 교재 지도의 방법임을 잊어서는 안 된다. 더 욕심을 낸다면 교사 자신이 그 시를 읽고 감동해야 하며 자기가 감동한 방식을 활용하여 학생들도 감동하도록 이끌어가야 한다.

모범 낭송을 들려주고, 재미있는 여러 가지 방법으로 낭송하는 기회를 많이 주어야 한다. 시청각적 매체를 동원하여 학생들이 그 장면을 생생하게 그려보게 하며, 그 시 속에 흠뻑 빠지도록 해야 한다. 특히 암송시키는 것이 좋다. 암송하는 도중에 어느 순간 감동을 받게 되고, 그 감동이 가슴 속에 영원히 남아 삶을 풍부하게 한다.

시 감상 지도를 통해서 다른 사람들의 삶과 자신의 삶을 되돌아 보고, 더 아름답고 가치있는 삶의 방식에 접근하도록 해야 한다. 지금은 어려서 그 단계까지 못 갈지 모르지만 이러한 소중한 경험은 살아가는 동안 어느 곳에서 문득 다시 나타나 그 사람을 새로운 곳으로 인도하게 된다.

(예) 읽기 3-2, 둘째 마당, 소단원1, 더불어 사는 삶

수업목표 : 분위기에 어울리게 시를 읽을 수 있다.

첫째 시간 : 분위기에 어울리게 시를 읽기 위해서는 떠오르는 생각이나 느낌을 살려 읽어야 하고, 글에 나오는 사람이 누구인지, 성격은 어떠한지 글에 나타난 말은 어떠한지 알아보며 읽는다는 것을 체득하게 한다.

둘째 시간 : 첫째 시간에 배운 방법으로 시를 낭송하고, 서로의 느낌을 말하게 한다.

① 은행잎과 편지를 소재로 동기유발하며 시적인 분위기 속으로 이끌기

② '은행잎 편지' 낭송 들려주기(녹음이나 교사 낭송으로 감동적으로 2회 정도 들

려주기, 이 때 학생들은 눈을 감고, 은행잎이 시냇물에 떠서 내려가는 정경을
상상하도록 함)

③ 은행잎이나 편지에 얽힌 교사 자신의 추억이나 동화를 감동적으로 이야기 해주
어 학생들이 시적인 분위기 속으로 빠져들도록 함

(은행잎이 물 위에 떠내려가는 것과 편지를 보내거나 받을 때의 경험, 좋아하는
친구가 이사를 갔는데 보고싶은 마음을 전할 수 없어 애태우는 마음, 보고싶은
친구와 어울려 지내던 추억을 상상하도록 하여 분위기 조성 : 교사 자신이 감동
하여야 함)

④ 다시 모범 낭송을 들려 줌(학생들은 앞에서 이야기 된 분위기 속으로 빠져들게 함)

⑤ 글에 나오는 인물, 성격, 글에 나타난 내용을 파악할 수 있도록 분절식 발문을
하고 학생들이 답하게 함

⑥ 다 함께 노래하듯이 여러 가지 방법으로 낭송함

⑦ 학생 1-2명을 지명하여 분위기에 어울리게 낭송하도록 하고, 교사가 수업 목표
와 관련지어 평가해 줌

⑧ 분위기에 어울리게 시를 낭송하는 방법을 정리해 줌

※ 2차시 역시 1차시에 공부한 방법으로 분위기를 살려 낭송하게 하되, 시를
이해하는 차원에서 1차시의 방법을 활용함

20. 글씨 쓰기, 국어 지식 수업의 시간 배당

글씨 쓰기는 쓰기 교과서에서, 국어 지식은 말하기·듣기 교과서에서 주로 지도하
도록 하고 있다. 수업을 진행함에 있어서도 한 시간에 2가지의 서로 다른 목표를
가지고, 수업을 진행해야 한다. 짧은40분이라 하더라도 2개의 단위로 생각하여 수업
을 진행해야 하나 40분 단위에 얽매어 2가지의 목표를 1단위로 수업을 진행하다 보면
형성 평가나 정리를 한꺼번에 해야 하는 어려움이 따르고, 글씨 쓰기나 국어 지식

수업이 소홀히 되는 등의 문제점이 발견된다. 특히 시간이 부족하여 가정 학습 과제로 제시하는 사례가 발생된다.

수업량이 적고 배당된 시간이 짧다해서 중요하지 않은 것은 없다. 교과서라는 그릇에 담다 보니 현 교과서의 체제를 따랐을 따름이다. 이러한 취지를 살려 수업 진행에 만전을 기해야 교육 과정에서 바라는 성과를 거둘 수가 있다.

소단원이 2시간으로 구성되었을 경우 2차시 마지막 부분에 제시된 글씨 쓰기나 국어 지식 수업에 약 15분 정도를 배당하고, 소단원이 3차시로 구성되었을 경우 2, 3차시를 연차시로 진행하여 65분과 15분으로 나누어 시간을 배당한다. 수업의 흐름은 2개의 단위로 생각하여 말하기·듣기나 쓰기 수업의 내용에 따른 <도입-전개-정리>, 글씨 쓰기나 국어 지식의 <도입-전개-정리>로 수업을 진행한다.

<u>(예) 말하기·듣기·쓰기 5-2, 첫째 마당, 마음 속의 울림</u>
수업 목표(1) : 시나 이야기에서 찾은 인상적인 표현에 대하여 말하거나 쓸 수 있다.
수업 목표(2) : 겹받침 <ㄳ>, <ㄵ>, <ㅀ>, <ㅄ>이 들어 있는 말을 정확하게
            발음할 수 있다.
[소단원1. 시의 여운]
  1차시 : 시를 읽고, 인상적인 표현 찾기
  2, 3차시 : 시를 바꾸어 쓰고, 인상적인 표현 찾아 말하기
[소단원2. 환한 웃음]
  1차시 : 이야기를 듣고, 인상적인 표현 찾기
  2, 3차시 : 이야기를 읽고, 인상적인 표현을 찾아 바꾸어 쓰기
            겹받침 <ㄳ>, <ㄵ>, <ㅀ>, <ㅄ>이 들어 있는 말을 정확하게
            발음하기

※ 2, 3차시를 연차시로 운영하되 65분과 마지막 15분으로 나누어 수업을 진행하도록 함, 국어 지식 수업은 별도의 단위로 인식하고 수업을 진행함

21. <한걸음 더> 지도와 평가 학습

제6차 교육 과정과 제7차 교육 과정의 가장 두드러진 차이점이 수준별 교육 과정을 지향하고 있다는 점이다. 교육 과정 내용에 기본 과정과 심화 과정의 기준을 제시하고 있으며, 단위 목표에 도달하지 못한 학생들은 보충 과정을 거치도록 하고 있다. 이러한 취지를 살리기 위하여 교과서에서는 <한걸음 더>라는 난을 제시하고 있다. 이는 한 단원이 끝나면 <되돌아보기>를 거쳐 그 단원의 성취 목표의 도달도를 평가해 보고, 목표에 도달하지 못한 학생들은 보충 학습을 하도록 하고, 목표에 도달한 학생은 <더 나아가기>의 활동을 통해 심화학습을 하도록 하고 있는 점이다.

이 부분의 학습에서 논의의 대상이 되는 것은 <되돌아보기> 학습이다. 즉, <되돌아보기>학습 시간을 단순한 단원말 평가로 생각하여 학생들에게 학습지(또는 평가지)를 주며 풀어보게 하고, 채점을 하여 일정 수준에 도달하지 못한 학생을 보충 지도 대상으로 보는 수업을 진행하는 경우이다. 이는 학습 평가와 평가 학습에 대한 인식을 올바르게 하지 못한 결과로 여겨진다. 종래의 방식대로 한 단원이 끝나면 평가지를 나누어주고 평가를 실시하여 학생들의 학습 목표 도달 정도를 평가하여 피드백을 거치는 것이 학습 평가라면, 평가 학습은 평가를 통해 학습 내용을 정리하고, 목표 도달도를 측정하고, 피드백하는 일련의 과정을 포함하고 있는 개념이다.

그래서 <되돌아보기> 시간의 운영을 함에 있어서 다음과 같은 과정을 거치는 것이 타당하리라 생각된다.

① 전시간까지 배웠던 원리를 상기하고 정리하는 단계 → ② 이 시간 학습의 방법을 안내하는 단계 → ③ 과제를 해결하는 단계 → ④ 학생 상호간 또는 교사와 학생간에 과제 해결의 결과를 점검하는 단계 → ⑤ 보충 지도 또는 보충 지도의 근거를 마련하는 단계

특히, 평가 결과에 치중하여 수업을 진행하기보다는 지금까지 학습한 내용을 정리하고, 정리한 과정에서 몰랐던 학생들이 알게 하고, 그래도 모르는 학생을 선별한다는 의식을 갖는 것이 중요하다.

<u>(예) 쓰기 2 - 2, 둘째 마당, 이야기가 재미있어요</u>

교육 과정 목표 : [2-국-(2)] 문장 안에서 꾸며 주는 말의 기능을 안다.

【기본】 문장에서 다른 말을 꾸며 주는 말을 찾는다.

【심화】 문장에 꾸며 주는 말을 덧붙여 뜻이 자세한 문장을 만든다.

[문-2-(2)] 이어질 내용을 상상한다.

【기본】 이야기나 극본의 일부분을 읽고, 다음에 이어질 이야기를 상상하여 말한다.

【심화】 이야기나 극본을 끝까지 읽고, 줄거리의 흐름에 유의하며 이어질 이야기를 상상하여 말한다.

학습 목표 : 꾸며주는 말을 넣어 이어질 내용을 쓸 수 있다.

수업 진행 요약 :

① 전시 학습 내용 정리

- 꾸며주는 말의 역할과 종류(예를 들어 정리)

- 꾸며주는 말 사용의 효과성과 적절성

- 이어질 이야기 상상하는 방법(인과 관계 중시)

② 이 시간 학습의 방법을 안내

- 36쪽의 내용을 읽고, 꾸며주는 말을 넣어 이어질 이야기를 써 봅시다.

- 학습 순서와 방법 안내

③ 과제를 해결하는 단계(평가 학습)

- 36쪽의 내용을 읽고, 이어질 이야기 상상하기(인과 관계를 생각하며)

- 이어질 내용 쓰기

④ 학생 상호간 또는 교사와 학생간에 과제 해결의 결과를 점검하는 단계

- 친구와 바꾸어 읽고, 교정해 주기

- 교사는 꾸며주는 말과 이어질 이야기의 적절성에 대해 지도

⑤ 보충 지도 또는 보충 지도의 근거를 마련

- 보충 지도가 필요한 학생 선별

- 보충 지도 대상 아동 사전 지도(과제 제시 포함)

<더 나아가기> 부분의 학습은 되돌아보기 학습의 결과 기본 목표에 도달한 학생을 대상으로 지도하는 부분이다. 이 부분은 과제를 2가지씩 제시하고 있으나, 교사의 노력에 의해 더 많은 종류의 과제를 제시할 수 있다. 그러나 제시된 과제를 전부 해결하게 하지 않고 학생들의 선택에 따라 학습하도록 하고, 더 할 수 있으면 더 하도록 유도한다.

그러나 이 부분의 지도 역시 소홀히 될 염려가 있다. 과제만 제시하고 교사의 역할 없이 학생들에게만 맡긴다든지, 반대로 교사가 일일이 개입하여 지도하는 방식은 바람직하지 못하다.

우리가 생각해 볼 수 있는 지도 방법으로는 학생들의 능력 수준에 따라, 집단을 편성하여 소집단별로 학습을 진행하게 하는 방법, 개인별로 해결 계획을 수립하여 해결하게 하는 방법이 있다. 어쨋든 학생들 자신이 지난 시간까지 배웠던 원리를 적용하고 심화하는 활동을 스스로의 계획에 의해 추진하고, 개인별 또는 집단별로 상호 평가해 보게 하는 활동을 하도록 학습을 진행하는 것이 바람직하다. 이때 평가 기준을 명확히 제시하여 이 기준에 의해 학생들이 스스로 활동하도록 하고, 교사는 보충 학습이 필요한 학생들에게 적절한 자료를 제작하여 직접 지도함으로써 보충 학습을 병행해야 한다.

제7차 교과서에서 특이한 부분이 <쉼터>인데 지도에 많은 교사들이 어려움을 호소하고 있다. 우선 이 부분을 지도해야 할 시간이 배당되어 있지 않은 점, 단원의 학습 내용과 상이한 <쉼터>의 내용에 거부감을 갖고 있는 점, 지도 자료가 없어 지도에 어려움을 겪는 점 등이다.

이 부분은 우리말의 아름다움이나 훌륭함을 근거로 통합적, 창의적 국어 사용의 기회를 제공하고자 제시되었으므로 학생들 스스로 해결해 보도록 하되, 교사가 관심을 보여주어 학생들로 하여금 그 중요성을 인식하도록 하면 좋겠다.

22. 차시 특성과 수업

오랜 동안 수업을 하다 보면, 같은 학년을 또 담임하게 되고, 같은 차시의 수업을 반복하게 되지만 수업의 진행 방법이나 내용 면에서 모두 다름을 느끼게 된다. 이는 학생, 수업 시기 등 학습 상황이 모두 다르기 때문이다.

차시별 학습의 진행 유형 역시 비슷한 듯하지만 내용을 자세히 살펴 보면 항상 다르게 진행되고 있음을 알 수 있다. 특히 국어과 수업에서 국어과 수업 원리와 교과서 편찬의 방향과 관련하여 차시별 수업 진행 방식에 대한 정확한 인식이 요구된다.

각 단원의 학습 내용에 따라 여러 가지 학습 유형을 적용하여야 하겠으나 각 단원 또는 소단원의 차시별 학습 특성을 파악하여 적용할 필요가 있다.

가장 큰 오류는 수업의 단위를 단원이나 소단원으로 보지 않고 차시로 보는 오류이다. 차시 차시의 목표가 합해져서 단원의 목표를 구성하기는 하나 교육 과정 목표 자체가 소단원이나 단원을 한 묶음으로하여 도달되도록 하고 있다는 점에서 단원 중심의 수업을 진행해야 한다. 즉, 도입-원리-적용-평가-보충·심화의 과정이 소단원 이나 대단원을 한 묶음으로 하여 진행되는 것인데, 각 차시마다 이러한 과정을 거치는 것으로 생각하여 수업을 진행하는 오류를 범하는 경우가 있다. 예를 들어 직접 교수법 에 의해 수업을 진행할 때, 한 단원을 단위로 하여 진행되어야 할 <설명하기-시범보이 기-질문하기-활동하기>의 과정을 각 차시마다 적용하는 사례가 있음을 볼 수 있다.

이러한 국어과 지도 원리에 비추어 다음과 같이 각 차시별 특성을 살려 수업을 진행함으로써 교육 과정에서 추구하는 목표에 좀 더 효율적으로 접근할 필요가 있다.

2시간으로 구성된 소단원의 경우 도입-원리 학습 1시간, 적용 학습 1시간으로 수업 을 진행하며, 3시간으로 구성된 소단원의 경우 적용 학습에 1시간을 더 배당한다든지, 원리 학습 시간을 좀 더 늘리고 적용 학습을 1시간 반 정도하는 등으로 수업을 진행한 다. 시간의 배당은 학습 과제의 난이 정도에 따라 결정하면 되겠다. 원리 파악이 어렵 다고 생각될 때는 앞 부분을 늘이고, 원리 부분이 단순할 경우는 적용 학습의 기회를 많이 주도록 한다.

　수업 진행의 방식에 있어서도 1차시는 도입 부분에서 학생들의 흥미 유발, 기초 학력 진단 등에 주력하되 2차시 이후의 도입 부분에서는 흥미보다 전시 학습 내용 상기에 주력한다. 학습 활동에 있어서도 1차시에는 교사 주도로 원리를 파악하게 하되 2차시 이후에는 학생들의 활동 중심으로 원리를 적용해 보면서 적용 능력을 신장시킨다. 정리 단계에서도 1차시는 학습 내용 즉, 원리의 정리를, 마지막 차시에는 원리의 터득과 적용 능력까지를 정리해 주어야 한다.

(예) 읽기 6-2, 둘째 마당, 살며 배우며
학습 목표 : 글의 짜임과 읽는 목적에 따라 글을 요약할 수 있다.
제1 소단원
　─1차시 : 글의 짜임에 따라 글을 요약하는 방법 알기
　　· 단원 도입하기(학습 목표, 교과서 내용, 학습 순서 및 방법 개요 등 파악)
　　· 교과서에 제시된 3가지 종류의 예문을 가지고 글의 짜임에 따라서 요약하는 방법을 터득시킨다.
　　· 원리 : 정보를 전달하는 글들은 '비교·대조', '원인과 결과', '시간이나 공간의 변화'에 따라 글이 조직되어 있으므로, 이러한 글의 짜임에 따라 글을 요약해야 한다.
　─ 2차시 : 글의 짜임에 주의하며 글을 요약하기
　　· 1차시에 학습한 원리의 터득 정도 파악하기
　　· 글의 내용 파악하기
　　· 글의 짜임에 따른 특성 파악하기
　─ 3차시 : 글의 짜임에 주의하며 글을 요약하기
　　· 글 요약하기
　　· 요약한 내용을 보면서 원리 심화시키기
　　· 정리 : 글을 요약할 때 글의 짜임에 유의하여 요약함
　　· 다양한 방법(새로운 예문 제시 등)에 따라 형성 평가 및 재지도

※ 2차시와 3차시는 연차시로 운영하는 것이 좋으나 학생들의 수업 집중력을 감안
하여 중간에 잠시 쉬었다가 계속하여 수업을 진행하면 좋겠음. 이럴 경우 위에
제시된 학습량은 차시별로 적절히 조절하여 수업을 진행함

23. 과제 제시

과제는 차시와 차시의 수업 내용을 연결해 주는 역할과 함께 한 시간 수업의 효과를
증대시켜 주는 중요한 수업의 일부분이라 할 수 있다. 그러므로 과제를 적절히 제시함
으로써 수업을 성공적으로 이끌 수 있는 것이다.

그러나 매일 이루어지는 모든 수업에서 과제를 제시한다는 것이 그리 쉽지만은
않은 것이 사실이다. 과제가 학생들에게도 부담이 되지만 과제를 제시하고 사후에
지도까지 해야 하는 교사에게도 부담이 되므로 이러한 점들을 고려하여 적절한 과제
제시가 필요하다고 본다.

과제의 내용에 따라 복습 과제와 예습적 과제로 나누어 보자. 복습 과제로서는
수업 시간에 학습한 내용을 반복하여 상기해 봄으로써 기억을 돕는 과제, 수업에서
학습한 원리를 활용하여 적용하는 과제로 분류할 수 있으며, 예습적 과제로서는 다음
시간의 학습 목표를 도달하는 데 필요한 기초적인 기능을 익혀주는 과제, 전시 학습과
후속 학습의 가교 역할을 기대하는 과제, 다음 차시의 학습의 기초 자료를 수집하는
과제 등으로 나누어 볼 수 있다. 이처럼 과제 제시의 목적을 확실히 인식하여 과제를
제시하되 가급적 예습적 과제 중심으로 과제를 제시하고, 복습 과제는 학습 훈련을
통해 과제를 제시하지 않더라도 스스로 찾아서 복습하는 습관을 길러 주는 것이 바람
직하다.

예습적 과제 중 <다음 시간의 학습 목표를 도달하는 데 필요한 기초적인 기능을
익혀주는 과제>는 한 단원이 끝나고 다음 단원이 시작되기 전에 제시하는 것이 좋겠
다. 과제 제시의 방법으로는 학생들이 스스로 과제를 파악하며, 해결 방법을 찾아내도

록 하면 좋다. 아울러 과제의 뒷처리를 적절히 함으로써 과제의 중요성을 학생들이 인식하도록 해야 한다.

　과제를 제시하는 유형으로 보아 바람직하지 못한 경우의 예를 들면
　① 수업이 끝나면서 즉흥적으로 제시하는 과제
　② 반복적인 연습만을 강요하는 과제
　③ 학생 스스로 처리할 수 없는 과제(어렵거나 양이 많은 과제)
　④ 다음 시간의 학습 내용을 미리 제시하는 과제
　⑤ 수업에 활용하지 않고 검사로 끝나는 과제

　특히 과제를 제시하고, 과제를 해결하고, 과제 내용에 대해 교사가 지도하는 일련의 과정 역시 교실에서 이루어지는 수업의 일부분으로 생각하는 자세가 요구된다.

24. 판서 및 학습장 사용

　판서란 수업의 요점 또는 사고의 과정을 문자로 표시하여 학생들의 인지 과정을 돕는 중요한 활동이다. 그러나 판서하는 것이 마치 기억 위주의 잘못된 일로 생각하여 매우 소홀히 되는 현실이 안타깝다. 판서는 칠판뿐만 아니라 ICT 자료 활용 등 다양한 방법을 활용하는 것은 좋으나 어떤 회사에서 기 제작된 내용을 그대로 활용하는 것은 지양해야 한다.

　단원명은 단원이 시작되는 차시에만 적는다. 다른 시간에는 소단원명과 학습 문제를 적는다. 학습 목표를 학습 문제인 양 제시하는 경우가 있으나, 학습 문제 또는 공부할 문제를 적는 것이 좋다. 학습 순서, 활동 방법, 정리한 내용이나 요점을 정성스럽게 칠판에 정리하도록 해야 한다.

　판서를 할 때, 글자의 크기, 필순, 행간이나 글자체, 글씨 쓰는 위치 등에 유의하여야

한다. 칠판 이외의 자료를 활용하여 판서하는 경우도 마찬가지다.

학습장 사용 역시 아주 중요한 수업의 과정으로 보아야 한다. 교사가 제시한 판서의 내용은 물론 수업 시간에 이루어지는 활동을 원활히 하기 위한 사고의 내용을 메모하는 역할과 학습의 요점을 정리하는 역할을 하도록 해야 한다. 그래서 학년초에 학습장 쓰는 방법을 안내해서 1년 동안 정리에 관심을 갖도록 유도해야 한다. 한 달에 한 번 정도 검사를 하고 지도하여야 한다. 첨부할 내용이 있으면 오려서 풀로 붙이게 하고, 중요한 부분에 색연필로 표시하는 등 정성이 배어 있는 학습장이 되도록 해야 하겠다.

쓰기 시간 같은 경우는 자기가 쓴 글을 컴퓨터 워드를 활용하여 예쁜 문서로 작성한다. 그림도 그리고 색도 칠하여 전시하기도 하되, 공책에 잘 붙여 둔다.

한 달에 한 번 정도 잘 쓴 학습장 전시회를 하여 다른 학생들의 잘 쓴 학습장을 보고 배우게 하면서 보상을 하는 방법도 좋다.

25. 평가 및 결과 활용

"저 배우는 참 예쁘다."

"누구는 누구보다 월급이 많다."

"누구는 사람이 참 싹싹하고, 예의바르다."

"이 길로 가는 것이 저 길로 가는 것보다 낫다."는 등

우리는 생활 속에서 많은 평가를 실시하고 받으며 살아간다. 그러나 수업에서의 평가와 다른 점은 비계획적이며, 기준이 불명확하고, 평가의 결과 활용이 없다는 점이다.

평가란 수업의 모든 과정을 포괄하는 최고도의 교육 활동이며, 정신 활동이다. 평가는 최후의 교육 활동이 아니라 최초의 교육 활동이며, 모든 교육 활동을 이끌고 나아가는 기관차와 같은 것이다

"선생님, 시험 봐요? 시험보지 말아요."

"평가하지 맙시다. 평가는 교육에 있어 역기능이 너무 많습니다."는 등 요즈음에는

평가가 실종되어 가고 있다. "평가의 역기능 때문에 평가를 하지 말자."는 것은 "구더기 무서워 장을 담그지 말자."는 말과 무엇이 다르겠는가?

평가라 하면 어떤 내용을, 언제, 어떤 방법으로 실시하며, 그 결과 처리는 어떻게 하고, 활용은 어떻게 할 것인가가 구체적으로 정해져서 실시되어야 한다. 수시로 실시하여 그때그때 활용까지 끝내버리는 형성 평가의 경우가 아니고는 전체적인 계획에 의해 실시해야만 효율적이다. 국어과에서는 한쪽 영역에 부진한 학생은 다른 부분에서도 부진한 경우가 대부분이기 때문에 교사가 학생들의 기초 학력을 대부분 파악하고 있으나, 그렇지 않은 경우를 생각할 필요도 있다. 형성 평가, 총괄 평가 역시 국어과는 언어 상황이라는 특성이 있으므로 수행 평가 방식이 효율적이며, 생활 장면이나 그와 유사한 장면을 선정하여 평가하는 것이 좋겠다. 쓰기 영역의 평가는 평가 척도표를 만들어 작품 평가로 실시하며, 말하기, 듣기는 실제 언어 상황을 중시한다. 읽기의 경우는 지필 평가와 수행 평가를 병행하여 적절히 실시해도 좋겠다. 그러나 우려되는 점은 수행평가를 실시한다는 명목 하에 평가의 객관성이나 타당성이 부족하거나 비계획적 주마간산적 평가가 실시되는 현상이다.

교과서의 <되돌아보기> 부분을 잘 활용하는 것도 평가를 쉽게 하면서도, 효율적인 방법이 될 수 있다.

특히 중요한 것은 평가 결과의 활용을 고려한 평가이다. 학생들의 학습 결과만을 파악해 보는 평가가 아니라 평가 결과를 잘 활용하여 학생들의 성장 발달을 돕는 방향으로 실시해야 한다는 점이고, 학생들의 평가만을 위한 평가(서열을 매긴다든지, 학습을 채찍질하기 위한 평가, 평가만 하고 보충 지도를 하지 않는 평가)는 하지 않는 것보다 못하다는 것이다.

국어과 평가에 있어 원리 파악의 정도 평가와 원리의 적용 기능의 평가 비율의 적정화를 통해 국어과 수업이 교육 과정에서 의도한 대로 진행되도록 해야 하겠다. 국어과 수업이 원리를 터득시키고, 원리의 적용 기회를 제공함으로써 실제 언어 상황과의 교량 역할을 해야 한다는 점을 감안할 때, 평가 역시 이러한 활동이 얼마나 잘 이루어졌는지 평가하는 것이 바람직하다 하겠다.

26. 어휘력 확충과 한자

초등 학교 6학년 때였다. 그 때는 시간마다 시험을 보았다. 매국노의 반대말을 쓰라는 국어과 시험 문제가 있었다. '愛國者'를 써 놓고, 혼자 해석해 보았다. '나라를 사랑하는 놈.' 者의 뜻을 배울 때 '놈 者'자로 배웠으므로 나라를 사랑하는 사람으로 놈 者를 쓰는 것은 어쩐지 어색하여 愛國人이라고 썼던 기억이 난다. 물론 그 문제는 틀린 것으로 채점되었다.

또 어느 시간에 선생님께서 우리 나라의 소금처럼 알갱이가 아니라 소금이 바윗덩이처럼 되어 있는데 이 소금 이름을 무엇이라 하는가 물으셨다. 소금은 鹽이니 바위 같은 소금은 바위 巖을 쓰면 되겠다 생각하여 巖鹽이라 하여 칭찬 받았던 일이 생각난다.

국어과 기초 학력 중에서 우선적으로 생각해야 할 것이 어휘력이 아닐 수 없다. 물론 어휘력은 특별한 지도가 없이도 성장하면서 자연스럽게 습득되는 능력이다. 그러나 학생들의 생활 환경에 따라서 학생들 간에 많은 차이가 생길 수 있다. 더욱이 요즈음에는 텔레비전을 비롯한 시청각 매체의 영향으로 어휘력의 습득이 쉽다고 생각되기도 하나 어휘의 의미가 왜곡되거나 피상적으로 습득되는 경우가 많다.

이러한 영향으로 교사들은 학생들의 어휘력이 풍부한 것으로 생각하고 수업을 진행하지만 실제로 학습과 관련하여 어휘력이 극히 부족함을 알게 된다. 예전에는 어휘력 확충에 많은 관심을 갖고 있었으나 요즈음의 교실에서 어휘력 확충에 대한 관심이 극히 낮은 것으로 파악되고 있다.

어휘력을 확충하기 위하여 수업에서는 학생들이 어휘 자체에 관심을 갖도록 하고, 단어의 개체적인 의미와 문장 속에서의 의미를 관련지어 파악하도록 하고, 국어 사전을 항상 가까이 두고 찾아보는 습관을 기르는 것이 좋다. 특히 우리 국어는 한자어에 근간을 두고 있는 경우가 많으므로 활용도가 높은 한자어의 쓰임을 중심으로 어휘력 확충에 노력해야 한다.

예를 들어, 學이라는 말은 배우거나 공부한다는 뜻이 들어 있음을 학생들이 알고

있다면, 學塾이라는 낱말이 나왔을 경우 공부하는 것과 관계되는 단어임을 짐작하게
될 것이다. 그러나 鶴이라는 말은 배운다는 뜻이 아니고 날짐승의 이름임을 알려
줌으로써 자연스럽고 흥미있게 어휘력이 확장될 수 있다.

어휘력 지도의 시기는 읽기 시간의 교과서 예문을 중심으로 교사의 직접 지도하는
방법이 있겠으나, 전적으로 교사의 지도만으로 어휘력이 신장될 수는 없다. 그래서
가장 효과적인 것이 독서이고, 독후감을 쓴다든지 일기를 쓰게 하는 것도 좋다. 아침
자습 시간이나 방과 후 또는 여가 시간을 활용할 수 있도록 교사가 연간 계획을 수립하
여 지도한다면 더욱 효과적이리라 생각된다.

더 효과적인 방법은 학생들의 성장 발달과 관련된 어휘력 수준을 점검하여 각 학년
에서 꼭 습득해야 할 어휘 또는 필수 어휘를 추출할 필요가 있겠다. 학년별 필수
어휘 추출은 국어과에 관심을 갖고 있는 교사들이 책임지고 만들어야 할 과제가 아닌
가 한다.

27. 시청각 자료 및 ICT 활용 수업

자료를 적절히 준비하여 수업을 진행하면 학생은 물론 교사 역시 재미있고, 시간
가는 줄 모르는데, 자료 없이 수업을 하게 되면 수업 시간 내내 모래를 씹듯이 무미건
조하고, 수업 시간 40분이 그렇게 길게 느꼈던 경험을 교사라면 누구나 겪었으리라
생각된다.

자료는 제2의 교사이다. 학생들의 흥미와 수준을 고려하여 교수 자료를 준비하고,
학생들이 사용할 학습 자료를 투입하면 교사의 활동이 많지 않더라도 수업의 질은
향상된다. 또한 학생들은 재미있어 하고, 열심히 참여하게 된다.

국어과는 다른 교과에 비하여 비교적 적은 자료로도 큰 효과를 거둘 수 있다. 교수
자료로는 흥미를 유발시키고, 학습 문제를 안내하는 자료, 학습 내용을 정리하는 자료
가 있겠는데, OHP, 실물 화상기, 확대 삽화, 파워포인트, 녹음기, VCR 등을 활용하면

좋겠다.

학습 자료로는 학생들의 개별 활동과 조별 활동에 필요한 자료로써 인쇄 매체, 녹음 자료, 그림 자료, 학습지, 에듀넷 등의 인터넷 자료 등을 적절히 활용하면 좋겠다.

사용에 있어서 가장 손쉬우면서도 많은 문제점을 갖고 있는 것이 학습지이다. 학습지의 질, 활용 시기, 사후 처리에 있어 학습의 효율성보다는 교수의 용이성에 초점이 맞춰져 있는 경우를 흔히 볼 수 있다.

말하기 시간에 학생들에게 자기의 생각을 메모하여 발표하도록 나누어 준 학습지가 글을 자세히 써서 학생들 앞에서 읽고 끝나 학습의 본질과 거리가 먼 학습지가 되는 경우를 많이 본다.

읽기 시간의 학습지는 학생들에게 사고를 유발할 수 있도록 하는데 활용해야 하나, 학습지를 나누어주고, 문항별로 답을 쓰게 하여 친구들과 바꾸어 발표시킨다든지, 채점하게 하는 방식으로 수업을 진행하는 경우도 있다.

교과서가 학습장의 역할을 겸하도록 편찬되어 있으므로 교과서를 잘 활용하도록 하고, 꼭 필요하다고 생각되는 경우에 한하여 학습지를 제작하여 사용하도록 해야 하겠다.

시청각 매체는 교육의 효율성 면에서 아주 큰 효과를 나타낼 수 있으나 그 활용 방법에 대하여 많은 연구가 필요하다. 흥미 유발이나 학습 문제 제시 자료는 활용 즉시 제거하고, 수업 시간 내내 학생들이 참고할 내용은 가급적 전자 매체보다는 괘도나 소칠판을 사용하도록 한다.

요즈음 첨단 매체로 각광을 받고 있는 ICT 활용 수업에 많은 관심과 연구가 필요하다. ICT 활용 수업이 ICT 수업이 되는 경우, 수업의 본질을 잊어버리고 ICT 활용 자체에 매달리는 경우, 수업 목표 도달을 위한 자료로 활용해야 하나 자료의 내용 자체에 시간을 허비하는 경우 등이 문제점으로 지적되고 있으나 활용 방법에 대해 연구한다면 어떤 자료보다도 훌륭한 자료라 여겨진다.

교사는 교육 과정을 편성하고 운영하는 주체이다. 학생들의 실태를 정확히 파악하여 목표를 정하고, 목표에 따른 효과적인 내용과 방법으로 지도한 후 평가를 실시하여 학생들의 성취 정도뿐만 아니라 자신의 학습 방법의 적절성을 반성해 보아야 한다. 그럼에도 불구하고 일부 교사들은 ICT 활용 수업이라면서 어느 회사에서 개발한 수업 프로그램을 활용하여 그 프로그램대로 순서를 밟아 가는 수업을 진행하고 있어 보는 이들로 하여금 가슴 아프게 한다. 이러한 수업을 진행하면서 의문을 제기하면 "훌륭한 회사에서 전문 인력들이 연구에 연구를 거듭하여 만든 자료인데 우리보다 못하겠냐?" 고 답한다.

남이 만든 수업 프로그램을 그대로 밟아 가는 수업은 교사이기를 포기한 행위가 아닐른지? 교사가 아닌 어느 누구라도 그런 수업은 진행할 수 있기 때문에.

그러한 자료라도 프로그램을 사전에 점검하여 교사 자신의 수업 계획의 어느 부분에서 필요한 경우 적절히 활용하는 지혜가 요구된다.

28. 삽화의 활용

초등 학교 학생은 피아제(Piaget)의 인지 발달 단계로 볼 때, 구체적 조작기에 해당된다. 특히 저학년 학생은 구체적인 활동을 통해서 사물을 직관적으로 보며 자기 중심적 사고의 경향이 강하고, 주관적인 것과 객관적인 것을 잘 구별하지 못하고 상상과 사실을 혼동하는 특성이 있다.

이러한 특성에 비추어 볼 때 구체물을 통해 지도하는 것이 가장 좋겠으나 저학년 국어과 수업에서는 아동들의 경험과 유사한 삽화를 매체로 하여 사고를 자극하도록 교과서 내용을 구성하고 있다.

교과서의 단원 구성에 있어서 삽화의 다양성을 강조하고 있다. 6차 교육 과정 이전까지 교과서의 삽화는 대체로 수채화 일변도였다. 그런데 학습 내용에 관계없이 수채화 일변도의 삽화를 제시하는 것은 학생들의 발달 단계에 적합하지 않다는 점을 고려하여 6차 이후의 교과서에서는 삽화 형식 및 채색 기법에 있어 다양성을 강조하고 있다. 즉, 학습 내용에 따라 사실적인 기법, 회화적인 기법, 추상적인 기법 등을 다양하게 도입하고 있다.

교과서의 삽화는 교과서의 글과 같거나 더 중요한 구실을 하고 있다. 그러므로 교사들이 삽화를 어떻게 활용하느냐에 따라 교육의 질이 달라질 수밖에 없다. 이에 대해 교육부는 '교과서의 그림 자료 및 사진 자료는 목적에 맞게 창의적으로 활용해야 한다. 교과서에 제시된 그림 또는 사진 자료나 학습 활동을 위한 예시 자료는 학생들의 사고를 촉진시킬 수 있게 활용하고, 학생 자신들의 언어를 창의적으로 구사하게 하는 자료로 활용해야 할 것이다' 라고 말하고 있다.

가. 삽화의 종류

(1) 사용 방법을 중심으로
   (가) 내용 삽화 : 삽화 내용 자체를 중심으로 수업을 전개해야 할 삽화
   (나) 예시 삽화 : 삽화의 내용은 하나의 예시이므로 삽화의 내용과 유사한 아동 개개인의 경험을 살려 수업을 전개해야 할 삽화
   (다) 보조 삽화 : 교과서에 있는 문자 자료의 내용을 좀 더 잘 이해하게 하거나 스키마를 형성시켜주기 위해 보조 자료로 제시된 삽화
(2) 교과서 구성 방법에 따라
   (가) 도입 삽화 : 각 단원 제 1, 2면에 제시된 삽화로써 학습 동기 유발, 스키마 형성, 단원의 목표 탐색을 위한 자료로 활용될 삽화
   (나) 원리 학습 삽화 : 주로 1차시 용 삽화로써 원리를 설명하기나 시범보이는 자료로 사용될 삽화
   (다) 적용 학습 삽화 : 주로 2차시용 삽화로써 활동하기에서 사용하며 1차시에 터득된 원리를 적용해 보는 학습에 이용되는 삽화
   (라) 정리·확인 학습 삽화 : 각 단원의 맨 마지막 페이지에 제시된 삽화로써 한 단원에서 익혀야 할 학습 방법 요소의 학습 정도를 파악하고, 원리를 정착시키기 위해 사용되는 삽화

나. 삽화의 활용 방법

　말하기·듣기 교과서는 단원의 도입면 2쪽, 각 소단원 별로 4쪽 또는 6쪽으로 구성되어 있으며, 1주 2시간 학습에 적합한 내용으로 조직되어 있다. 2개의 소단원이 끝나면 평가 학습 면(되돌아보기), 심화 학습 면(더 나아가기), 쉼터로 구성되어 있다.

(1) 도입면 삽화의 활용

　단원명에 대한 이야기를 하여 단원 전체의 내용을 예상한 후 도입면 삽화를 중심으로 수업을 진행한다. 삽화의 내용에 대한 발문으로 시작하여 점차 단원의 학습 목표에 접근할 수 있도록 힌트를 주어가며 발문을 한다. 단원 전체의 학습 목표를 인지하고, 학습 계획을 수립하는 자료로 활용한다.

　(예시) 2학년 1학기 (말하기·듣기) 첫째 마당, 친하게 지내요

　　　① 4쪽 삽화 활용

　　　— '친하게 지내요'를 보면 어떤 생각이 듭니까?

　　　— 은희와 민수는 무슨 말을 주고 받았을까요?

　　　—친구와 이야기 할 때 기분이 좋으려면 어떻게 말해야 할까요?

　　　② 5쪽 삽화 활용

　　　— 웃어른을 만났을 때 어떻게 인사해야 할까요?

　　　— 친구가 아파 누워 있을 때 어떻게 인사해야 할까요?

　　　— 지금부터 '첫째 마당'에서는 어떤 공부를 해야 할까요?

(2) 원리 학습 삽화의 활용

　원리 학습은 삽화를 통하여 학습 방법을 터득시켜 주고, 아동들이 얼마나 알고 있는지 파악해 보는 자료이다. 그러므로 처음에는(시범보이기 단계) 교사 주도에 의해 內듣의 과정이나 쌨듣의 모범을 보여 준다. 오류 경향이 높은 경우는 오류의 시범을 보일 수도 있다. 여기서 터득된 학습 방법을 가지고 어린이의 활동을 늘여서 다시

학습을 하며(질문하기) 교사의 질문 또는 아동의 질문을 받아 가면서 학습 방법이 확실히 터득되도록 돕는다. 아울러 학습 방법 터득의 정도(개인차에 의한)를 파악하여 활동하기 지도의 자료로 활용한다.

(예시) 2학년 1학기 (말하기·듣기) 첫째 마당, 친하게 지내요

6쪽의 삽화를 확대하여 붙이거나 또는 책을 보면서 (내용삽화)

— 영수와 윤미에게 무슨 일이 일어났습니까?

— ①번 그림은 두 사람이 어떻게 하는 그림입니까?

— ②번 그림은 두 사람이 어떻게 하는 그림입니까?

— 두 그림 중 어떻게 하는 것이 좋겠습니까?

(3) 적용 학습 삽화

적용 학습 삽화는 원리 학습에서 터득된 학습 방법을 가지고 적용해 봄으로써 학습 방법이 확실히 정착 되도록 하기 위한 삽화이다. 활용의 방법은 원리 학습 삽화와 유사하다. 예시 삽화일 경우는 삽화를 통해서 자기의 경험이 되살아나도록 지도한다. 다음과 같이 내용 삽화일 경우는 그림이 학생 자신이라고 생각하도록 하여 수업을 진행한다.

(예시) 2학년 1학기 (말하기·듣기) 첫째 마당, 친하게 지내요

8쪽의 그림을 확대하거나 실물 화상기로 보여 주면서

— 두 어린이가 무엇에 대하여 이야기하고 있습니까?

— 남자 어린이가 무어라고 했나요?

— 이 때, 나라면 어떻게 말해야 할지 생각해 보세요.

(4) 정리·확인 및 발전·심화 학습 삽화

'한걸음 더'의 '되돌아보기'를 중심으로 진행하는 수업에 활용하는 삽화로써 지금까지 공부한 학습 방법에 대하여 정리하고 그 정착도를 확인하며 발전시키는 단계이다. 이 때는 삽화를 통하여 지금까지 공부한 내용을 정리하고, 발전·심화의 동기를

부여한다.

<u>(예시) 2학년 1학기 (말하기·듣기> 첫째 마당, 친하게 지내요</u>

　　14쪽 삽화를 제시하며

　　— 지금까지 우리가 공부한 내용을 생각하며 그림의 어린이가 어떻게 말하

　　　고 있는지 생각해 보세요.

　　— 지금의 그림이 어떤 경우인지 생각해 봅시다.

　　— 이럴 때 어떻게 인사를 해야 할까요?

다. 삽화 내용 파악의 단계적 훈련 방법

2학년 2학기 (읽기) 첫째 마당, 자세히 살펴보아요

4쪽 도입 삽화

(1) 사실 표현 : 그림에 나와있는 것 모두 말하기

　　　　　"그림에는 무엇 무엇이 있는가?"

(예시)

T. 어떤 것들이 있습니까?

　C. 어미닭과 병아리, 집, 장독, 마당이 있습니다.

T. 또 무엇을 볼 수 있습니까?

　C. 담장과 나무도 보입니다.

(2) 관계 표현 : 두 가지 이상을 관계지어 말하기

　　　　　"○○과 **은 어떤 관계에 있는가?"

(예시)

T. 어미닭과 병아리는 무엇을 하고 있습니까?

C. 먹이를 보면서 무엇을 먹을지 이야기하고 있습니다.

(3) 사고 표현 : 숨어 있는 내용을 생각하여 말하기
(예시)
T. 어미닭은 어떤 말을 하고 있을까요?
  C. 아무거나 먹으면 안 된다고 이야기하고 있습니다.
T. 그 말을 듣고 병아리들은 무슨 생각을 했을까요?
  C. 어떤 것을 먹으면 좋을까 하고 생각하고 있어요.

(4) 심정 표현 : 자기의 마음이나 느낌에 대하여 말하기
(예시)
T. 이 그림을 보면 어떤 생각이 듭니까?
  C. 병아리를 사랑하는 어미닭의 마음을 알 수 있습니다. 등등
(5) 종합 표현 : 위의 내용을 묶어서 말하기
(예시)
T. 그림의 내용을 이야기로 해 볼까요?
  C. 어미닭과 병아리들이 마당으로 나왔습니다. 마당 가운데 모이가 있었습니다.
    모이를 처음 본 병아리들이 어미닭에게 물었습니다. (이하 생략)

국어과 교육의 궁극적 목표는 '국어 사용 능력을 신장시키고, 국어에 관한 기본이 되는 지식을 가지게 하며, 문학의 이해와 감상 능력을 길러주는 데' 있다. 특히 '국어 사용 능력'을 강조하면서, 이 목표의 달성을 위하여 부분적 접근법에 의해 지도되도록 하고 있다.

초등 학교 특히 저학년 교재에서의 삽화는 문자 교재 보다 중요하다는 사실을 인식하고 학습 원리에 알맞도록 지도해야만 한다. <말하기·듣기>와 <읽기>, <쓰기>에 제시되는 삽화는 그 성질상 차이가 있으므로 이 점을 정확히 파악하여 적절히

활용해야 한다. 중요한 점은 삽화의 중요성을 인식하고, 삽화만 가지고도 수업을 진행할 수 있다는 점에 유의해야 한다.

29. 교실 환경

국어과의 교과 목표인 '창의적인 국어 사용 능력 신장'면에서 볼 때, 수업에서 실제 언어 상황처럼 분위기를 조성하여 학생들이 터득한 원리를 적용해 보도록 하여 목표에 접근시키는 것이 좋기 때문에 교실 환경 역시 이러한 활동을 할 수 있도록 구성하는 것이 바람직하다.

수업의 효율화를 위한 교실 환경을 위하여 학생들의 학습 누적물을 게시하거나 전시하여 학생들이 자기의 누적물 뿐만 아니라 친구들의 학습 누적물을 보면서 상호 평가하고, 반성하는 기회를 제공해야 한다. 이 때 교사나 학생들이 자기의 학습 누적물을 소중히 여기는 태도를 갖도록 하여야 한다.

글짓기 작품은 학생들이 손쉽게 읽을 수 있게 게시하고, 다른 누적물들은 시기별, 또는 내용별로 정리하여 학생들의 관심을 유도하도록 한다. 게시할 작품들은 교사가 지도한 흔적을 남겨 교사의 관심도를 표현하는 것이 좋다. 아울러 게시했던 작품들이 너무 오랜 기간 그대로 방치되지 않도록 수시 갱신한다. 학생들의 작품 내용의 우수성을 떠나서 모든 학생들의 작품이 골고루 게시되도록 배려한다.

교실 환경에는 터득된 원리 적용의 장을 마련하는 것도 아주 중요하다. 코너를 마련하여, 독서실, 녹음실, 비디오 방, 글짓기 방, 이야기 방 등 수업의 연장선상에서 통합적인 국어 사용 활동이 활성화되도록 해야 한다.

수업 시간 중에도 학습 진도가 빠른 학생들이 자유롭게 활용하도록 하고, 쉬는 시간이나 방과 후에도 친구들끼리 모여 재미있게 활용하도록 한다. 역할 놀이 활동이 통합적 국어 사용 기회로는 가장 적절하다고 생각되므로 수업 중뿐만 아니라 수시로 역할 놀이를 하도록 관심을 갖는다.

교실 공간 활용에 있어서도 시청각 기자재는 학생들의 눈높이를 넘지 않도록 하면 좋겠다. 소칠판이 있을 경우 이는 고정시키지 말고, 전면이나 좌우, 후면으로 이동하면서 변화를 준다. 학생들의 좌석 배치 역시 전면만을 향하도록 하는 것보다 방향의 다양화에 관심을 갖는다.

교사의 위치 역시 매 한 가지다. 소인수 학급이든지 교실 공간이 충분할 경우는 학생들이 바닥에 모여 앉을 수 있는 공간을 확보한다. 수업 중에도 조별로 모여 이동하면서 활동하는 기회를 제공한다.

교실 공간은 역동적으로 활용하는 데 있어 고정 관념을 탈피하도록 한다.

② 수업의 실제

수업이란 학교 교육의 핵심이 되는 활동이다. 다른 활동들은 수업을 위한 보조 활동 또는 수업에서 얻은 원리를 심화·발전시키는 장이다. 그래서 교사라면 수업을 잘 해야 하고, 수업을 잘하는 교사가 존경을 받으며, 학생은 물론 교사 스스로도 행복할 수 있다.

1년에 한 두 번 실시하는 교내 수업 연구를 할 때마다, 수업자는 큰 부담을 갖고 수업에 임하게 된다. 매일 하는 수업이지만 다른 선생님들께 보여 준다는 것이 큰 부담으로 작용하는 것이다. 또 한편으로는 평상시 교실에서 이루어지는 수업이 다른 선생님들에게 보여 주었을 때 바람직하지 못하거나 부족하기 때문이기도 하다. 결국은 평상시에는 수업을 소홀히 하거나 수업의 원리를 무시하고 진행 하다가 다른 사람 앞에서 원리에 맞게 하려고 보니 큰 부담이 되는 경우도 있다.

한 시간의 수업을 위하여 차시 목표를 확인하고, 학생의 수준을 진단한 후 수업안을 쓰고, 수업을 하게 된다. 이러한 일련의 과정이 매일 4시간 또는 6시간씩 이루어지기 때문에 차시마다 수업안을 작성하기 어렵고, 소홀히 되는 경우가 생긴다. 그러나 한편 생각해 보면 국어과 역시 특성에 맞는 수업의 패턴이 있으므로 그 패턴만 알고 수업에 임하면 적은 노력으로도 큰 효과를 거둘 수 있겠다. 차시 시작 전에 지도서나 참고 자료를 읽으면 국어과 수업의 패턴(원리)과 관련하여 어떻게 수업을 진행하고 자료는 무엇이 필요한지 파악할 수 있기 때문에 수업의 효율성이 제고될 것이다.

초임 시절, 아니면 해야겠다고 생각이 될 때, 1년만 열심히 노력하면 국어과 수업의 원리에 적합한 나름대로의 수업 패턴을 터득할 수 있을 것이다.

필자 역시 수업 연구를 통해서 교감선생님에게 지도를 받으면서 토론을 하고, 매 차시의 수업을 위해 전날 교재 연구를 하고, 당일 시작 전 쉬는 시간에 다시 확인한 후 수업을 실시하고 수업 중에도 틈틈이 메모를 하였으며, 동료들과 의견을 나누는 활동을 3년 정도 꾸준히 하였던 생각이 난다. 그리고 다른 지역에서 이루어지는 수업에 빠짐없이 참석하고, 다른 분들의 의견을 청취하였었다. 이 시기에 국어과 수업의 방법에 대해 어느 정도 자신감을 갖게 되었다.

이러한 과정을 한 번만 거치게 되면 30여 년 동안의 교사 생활이 항상 활기차고 자신감이 있으며, 학생들에게도 도움이 되리라 생각하면서 수업안을 작성하고, 수업을 하고, 수업 후 활동에 대해 이야기해 보고자 한다.

1. 수업안 작성

수업안이란 한 시간의 수업을 진행하고자 하는 설계이므로 구체적으로 잘 작성되어야 한다. 수업안이란 특별한 형식 없이 교사 나름대로 편리하게 작성하여 활용하면 되겠으나 질 높은 수업의 진행을 위해서 꼭 필요한 요소는 있을 것이므로 일반적으로 활용되고 있는 형식을 종합하여, 작성하는 요령이나 작성상의 유의점을 이야기해 보고자 한다.

가. 단원의 개관

국가에서 제시한 교육 과정 목표(제7차 교육 과정에서는 내용으로 제시)에 도달하기 위해 제작된 교과서의 한 단위인 대단원 또는 소단원 설정의 필요성, 목적을 밝히고, 그 단원의 목표와 관련하여 교과서 내용 구성을 개괄적으로 설명하는 부분이다.

수업안을 작성할 때 이 부분은 교사용 지도서 처음 부분에 제시된 '대단원의 개관'과 '대단원 교수·학습 계획', '소단원의 특성 및 차시 지도 계획'을 참고하는 것이 좋겠다. 이 부분만 읽어보면 한 단원에서 지도해야 할 목표, 내용, 방법, 평가의 방향이 잡히도록 하자는 것이다. 그러나 대부분의 교사들은 지도서의 '대단원의 개관' 부분만 그대로 이기하는 데 그치고 있는 실정이다.

교사용 지도서에 제시된 내용은 교과서 및 교사용 지도서의 수업안과 관련한 대단원의 개관이므로 수업안을 작성하는 교사는 자기가 작성하는 수업안에 대한 개관이 이루어지도록 한다.

이 부분은 수업자 자신이 단원에 대해 어느 정도 깊이있게 이해하고 있는지를 보여주고, 수업을 참관하는 교사에게 단원 전체의 수업에 대한 전반적인 방향을 제시해 주며, 단원 전체와 차시, 즉 전체와 부분의 관계를 밝혀 주는 부분이므로 이러한 방향에서 작성되어야 할 것이다.

바람직한 작성 방향으로는

① 지도서에 제시된 <대단원의 개관>, <대단원 교수·학습 계획>, <소단원의 특성 및 차시 지도 계획>을 두루 참고하여 수업할 교사 자신의 이야기로 재구성하고,

② 단원의 개관만 봐도 목표, 내용, 방법, 평가의 방향, 단원의 구조가 개관되도록 기술하며,

③ 수업안은 자기 학급 실태에 따라 목표나 내용이 결정될 것이므로 단원의 개관 부분도 수업을 진행할 교사 자신의 의도에 따라 재구상하여 기술하는 것이 바람직하겠다.

(예) 단원의 개관(말하기·듣기·쓰기 4-1, 넷째 마당, 오가는 정)

넷째 마당은 언어의 친교적 반응 및 표현 능력이라는 언어 사용 상황을 전제로 하여 표현 측면(말하기·듣기·쓰기)에서는 일상 생활의 언어 예절을 익혀 사용하고, 문장의 종류를 올바로 알고 쓰는 두 가지 상이한 내용으로 구성되었다. 그리고 이해 측면(읽기)에서 역시 목적에 따른 읽기 방법 알기와 이야기에 나오는 인물의 말이나 행동에 대한 내 생각을 말하기라는 제재로 구성되었다.

말하기 · 듣기 · 쓰기

1소단원에서는 예절 바르게 말하고 듣는 태도를 익히기 위하여 위로하거나 부탁 또는 거절의 말을 예절바르게 하도록 구성하고 있다. 그러므로 학생들이 여러 가지 상황에서 그 상황에 따라서 예절바르게 말하고 듣는 능력과 태도를 길러 주어야 하는데, 이 수업은 수업 이외의 언어 상황과 밀접한 관련을 갖고 있으므로 실제 언어 상황을 활용한 수업이 필요하다. 특히 우리 학교 학생들은 고마움이나 부탁, 거절에 대한 자기의 마음을 명확히 밝혀 표현하지 못하는 상태이므로 이러한 실태에 적합한 단원이다.

2소단원에서는 문장의 종류에 대한 학습은 언어 활동이 이루어지는 가운데 여러 종류의 문장을 적절하고 유창하게(창의적으로) 사용하는 능력을 기르는 데 초점을 두고, 문장의 종류를 알고 알맞은 문장을 사용하여 글을 쓰도록 구성하였다. 이의 지도에 있어서 딱딱한 이론 중심보다는 일상 언어 활동 상황을 중심으로 수업이 이루어지도록 하였다.

아울러 글씨 바르게 쓰기, 겹받침 <ㄺ>과 <ㄻ> 발음하기를 익히도록 하였다.

읽기

바람직한 읽기는 읽기 방법을 알고 글을 읽는 것이다. 읽기 방법을 알고 글을 읽는 학생들의 글에 대한 이해도가 목적 없이 글을 읽는 학생들보다 높은 것도 이러한 까닭이다. 그래서 1소단원에서는 읽는 방법에서 차이가 나는 정보 전달을 위한 설명문과 시, 친교의 글인 편지글을 제시하였다.

2소단원에서는 인물의 말이나 행동을 살펴보고, 내 생각을 말해 보는 활동을 함으로써 작품을 이해하는 능력을 향상시키고자 하였다. 그래서 이야기를 읽고, 이야기에 나오는 인물들의 말이나 행동에 대해서 각자의 생각을 말해보는 활동을 하면서 이야기를 깊이 있게 이해하도록 하였다. 토의 · 토론에 익숙하지 못한 학생 실태를 감안하여 음성 언어뿐만 아니라 글과 그림 표현을 병행하여 지도하는 것도 좋겠다.

※ 교과서의 내용을 재구성하였을 경우는 재구성의 필요성, 내용, 지도 방향 등을 단원의 개관에서 밝혀 두는 것이 좋겠다.

나. 단원의 목표

단원의 목표는 교과서 단원의 도입 부분(두 번째 쪽)에 명확히 제시되어 있으므로 이를 참고하여 기술하되 자기 학급의 실태에 비추어 교사 나름대로 수정한 목표가 제시되어야 한다. 가급적 구체적으로 제시하기 위하여 하위 목표(사고의 과정에 따라)로 쪼개어 제시하는 것도 좋겠다.

이때 교육 과정에서 제시한 목표와의 관련성을 분석해 봄으로써 교과서에 제시된 목표가 더 명확화 될 수 있으므로 반드시 교육 과정 내용(목표)을 참고하도록 한다. 특히, 【기본】 내용과 【심화】 내용을 확인하여 제시하는 것이 좋겠다.

(예) 단원의 목표(말하기 · 듣기 · 쓰기   4-1, 넷째 마당, 오가는 정)

말하기 · 듣기 · 쓰기
① 상대방에게 알맞은 말을 써서 예절바르게 말하고 들을 수 있다.
【기본】 상대방의 처지를 생각하며 위로하는 말을 할 수 있다.
　　　　상대방이 기분 나쁘지 않게 부탁하거나 거절하는 말을 할 수 있다.
※ 상대방의 처지를 생각하거나 상대방이 기분 나쁘지 않게 말하는 것이 교육 과정에
　서 제시하고 있는 '예절 바른 태도'라 생각하여 기본 목표를 이렇게 제시하였다.
【심화】 공식적인 자리에서 예절바르게 말할 수 있다.
　　　　웃어른이나 친척에게 예절바르게 말할 수 있다.
② 여러 종류의 문장을 사용하여 글을 쓸 수 있다.
【기본】 여러 종류의 문장을 보고 각 문장이 풀이하는 문장, 묻는 문장, 느낌을
　　　　나타내는 문장, 시키는 문장, 제안하는 문장 중에서 어떤 종류인지 알고,
　　　　글을 쓸 수 있다.
【심화】 풀이하는 문장, 묻는 문장, 느낌을 나타내는 문장, 시키는 문장, 제안하는
　　　　문장을 구분하여 그 차이를 알고, 글을 쓸 수 있다.

읽기

① 읽는 목적에 알맞은 방법으로 글을 읽을 수 있다.

【기본】 글은 쓰는 목적에 따라 여러 종류가 있음을 안다.

글의 종류와 글을 쓴 목적을 알고, 목적에 알맞게 읽을 수 있다.

글쓴이의 마음을 알고, 그 내용을 정리할 수 있다.

※ 교육 과정과 교과서의 내용을 참고하여, 목표를 수정하였음

【심화】 목적과 상황에 따라 방법을 달리하여 읽을 수 있다.

소리내지 않고 읽기, 소리내어 읽기, 필요한 정보만 찾아서 읽기, 내용을 자세히 읽기, 중심 내용만 찾아 읽기 등의 방법이 있음을 알고, 상황에 맞게 활용하여 읽을 수 있다.

② 이야기를 읽고, 인물의 말이나 행동에 대한 내 생각을 말할 수 있다.

【기본】 같은 상황에서 인물들의 말이나 행동을 비교할 수 있다.

이야기에 나오는 인물들의 말이나 행동을 보고, 그 인물들의 성격을 파악할 수 있다.

※ 인물의 성격을 파악하는 사고 과정에 따라 2 단계로 나누어 목표를 제시하였음

【심화】 이야기에 나오는 인물들의 성격에 대한 의견을 듣고 이를 활용하여 글을 읽을 수 있다.

다. 단원의 지도 계열

어떤 목표 지점을 찾아 갈 때 우리는 지도를 펼치고, 가고자 하는 곳의 위치를 찾게 된다. 목적지가 찾아지면 그 주위의 여러 지역에 대해 살피게 되고, 현재의 위치와 관련하여 목적지까지 가는 길을 가늠해 본다.

수업에 있어서도 이와 마찬가지가 아닌가 한다. 목표가 성해지면 학생들이 이와 유사한 학습을 언제 하였는지, 또 다음에는 언제 어떤 내용으로 할 것인지를 파악해야 한다. 꼭 본 단원과 동일한 목표뿐만 아니라 본 단원 지도의 기초·기본이 되는 학습

을 언제 얼마나 하였는지 파악하여야 한다. 그런 연후에 본 단원의 지도 방법과 수준을 정하고 그에 따른 내용도 정해지는 것이 바람직하다.

내용이 나선형으로 구성되어 1년 또는 몇 년에 걸쳐 반복하여 지도한다면 수업의 성과가 클 것이나, 교육 과정 자체가 부분적 접근법에 의해 편성되어 있어 어느 학년에서 단 한 번 지도로 그 목표가 달성되기를 기대하고 있다. 그러나 교과서의 구성 내용을 살펴 보면 어느 정도 이러한 단점이 보완되도록 되어 있다. 유사한 목표의 학습을 위하여 2~3회 정도 반복되어 지도되는 경우가 많다. 그래서 이러한 지도 계열을 정확히 파악하여 지도 계획을 세움으로써 수업의 효율성을 증대시켜야 할 것이다. 특히, 국어 사용 기능 자체가 통합적인 적용을 요구하고 있으므로 이러한 특성에 따라 주요 목표뿐만 아니라 관련 목표에 관심을 갖고 지도하는 지혜가 요구된다.

계열 파악에 있어서 목표 중심의 계열 파악과 아울러 내용 중심의 계열 파악도 중요하다. 예를 들어 2학년 때 편지 쓰기를 하였는데, 4학년에서 편지글이 나오면 이 역시 관련 계열로 인식하면 된다.

지도 계열을 제시할 때 단원과 지도 내용, 교과서 관련 쪽수 등을 자세히 기술함으로써 이 부분이 단원을 좀 더 넓은 안목에서 볼 수 있도록 하는 좋은 자료가 되도록 하며, 단원 목표나 실태 분석, 교재 연구, 단원의 지도 계획 등과 일관성이 유지되도록 한다.

(예) 말하기 · 듣기 · 쓰기   4-1, 넷째 마당, 오가는 정

지도 시기	말하기 · 듣기 · 쓰기	읽기
선수학습	3-1-1, 듣는 이의 흥미와 관심을 생각하며 말하기 3-1-1, 문장부호의 쓰임	2-2-3, 글쓴이나 인물의 의견을 생각하며 글읽기 3-2-1, 글을 읽고, 새로 안 내용 정리하기 3-2-4, 인물의 마음이나 생각을 알아보며 글읽기, 인물의 한 일 말하기
본학습	• 상대방에게 알맞은 말을 써서 예절 바르게 말하고 듣기 • 여러 종류의 문장을 사용하여 글 쓰기	• 읽는 목적에 알맞은 방법으로 글 읽기 • 이야기를 읽고, 인물의 성격 파악하기
후속학습		4-2-4, 이야기를 읽고, 인물의 성격 파악하기 5-2-2, 필요한 정보를 찾으며 글 읽기

라. 단원의 지도 계획

단원의 지도 계획은 단원 전체의 지도를 위한 조감도라 할 수 있다. 단원의 목표 달성을 위해 자료로 제공된 교과서의 내용을 중심으로 각 시간에 따라 지도할 내용과 순서를 정하여 제시함으로써 일목요연하게 파악되도록 작성한다.

지도서에 제시된 [대단원의 주요 학습 내용 및 활동] 내용을 참고하면서, 교과서 내용과 견주어 보고, 작성 방향을 결정한다. 이때 국어과 지도 원리(도입-원리-적용-평가-보충·심화)와 내용별 특성(정보 전달, 설득, 정서 표현, 친교), 학생의 실태, 지도 자료, 교사의 능력이나 흥미 등에 따라 지도 내용이나 순서, 방법을 결정한다.

각 차시별 학습 주제와 학습 순서를 고려하여 가급적 학생의 활동 내용을 구체적으로 쓴다. 시간 단위를 쓸 때 연차시로 진행해야할 경우는 '2~3차시'와 같이 표시한다. 이렇게 함으로써 전체적인 맥락 속에서 한 시간의 수업이 명확화 될 수 있다.

특히, <쉼터>의 내용은 교사가 직접 지도는 하지 않을지라도 교사가 내용을 파악하여 학생들의 활동이 효율적으로 이루어지도록 단원의 지도 계획에 넣어서 작성하면 좋겠다.

(예) <u>말하기·듣기·쓰기 4-1, 넷째 마당, 오가는 정</u>

소단원 명	주요 학습 내용	
	말하기·듣기·쓰기	읽기
1. 서로서로 도우며	<1차시> • 대단원의 개관 및 학습 내용 알기 -소단원1 : 친구의 마음 상하지 않게 말하기 -소단원2 : 여러 종류의 문장으로 말하기 • 말을 주고받을 때 지켜야할 예절 알기 -상대방의 처지를 생각하며 말하기 -상대방에 맞게 높임말 쓰기 <2차시> • 상대방의 처지를 생각하며 위로하는 말하기 -그림보고 위로의 말 생각하기 -위로하는 말하기 역할 놀이 <3차시> • 부탁하거나 거절하는 말을 예절바르게 하기 -부탁이나 거절할 때 말하는 요령 알기 -사례에 따른 부탁이나 거절하기 놀이하기 • 글씨 쓰기 -미안해, 고마워, 괜찮아	<1차시> • 대단원 개관 및 학습 내용 안내 -소단원1 : 은희가 글 읽는 목적은? -소단원2 : 두 사람의 생각의 차이점은? • 글을 읽는 목적에 알맞은 읽기 방법 알기 -설명문 읽는 방법 알기 -시 읽는 방법 알기 -글 읽는 목적에 따라 읽기 방법이 어떻게 다른지 말하기 <2차시> • 글을 읽고, 새로 안 내용을 정리하여 말하기 -기록문을 읽을 때 어떻게 읽어야 할 지 알아보기 -조사 기록문을 읽고, 새로 안 내용 정리하기 <3차시> • 글을 읽고, 글쓴이의 어떤 마음이 나타나 있는지 말하기 -읽을 때 어떻게 읽어야 할 지 알아보기 -편지글을 읽고, 편지를 쓴 목적 알아보기 -편지 쓰기
2. 함께하는 우리	<4차시> • 문장의 종류 알기 -문장의 종류 알기 -문장의 종류별 차이점 알기 -여러 종류의 문장으로 바꾸어 쓰기 <5차시> • 여러 종류의 문장을 넣어 글 완성하기 -문장의 종류별 용례 알기 -글의 내용에 적합한 내용의 문장 쓰기 <6차시> • 여러 종류의 문장을 알맞게 사용하여 편지 쓰기 -편지글 읽으며 내용 파악하기 -편지글의 내용을 대화체로 바꾸기 -자기가 쓴 문장의 종류 말하기 -대화체를 넣어서 편지 쓰기 • 겹받침 <ㄺ>과 <ㄻ> 정확하게 발음하기 -<ㄺ>과 <ㄻ>이 들어있는 낱말 발음 듣기 -겹받침의 발음이 달라지는 경우 알기 -<ㄺ>과 <ㄻ>의 발음이 들어 있는 문장 읽기	<4차시> • 이야기를 읽고, 이야기에 나오는 인물의 말이나 행동을 비교하기 -이야기 읽고, 내용 파악하기 -인물의 말, 행동과 성격의 관계 알기 -성격을 파악하는 방법 알기 <5~6차시> • 이야기를 읽고, 인물의 말이나 행동을 정리하기 -인물의 말과 행동에서 성격 파악하기 • 인물의 말이나 행동에 대한 내 생각 말하기 -파악한 성격에 대해 친구들과 이야기해 보기

소단원 명	주요 학습 내용	
	말하기 · 듣기 · 쓰기	읽기
한 걸음 더	<7차시 : 되돌아보기> -지금까지 배운 내용 정리 확인하기 -이야기 듣기 -말주머니 채우기 -가족놀이로 예절바르게 말하기 -여러 종류의 말을 서서 이야기했는지 알아보기 -학생들의 수준 파악하기 <8~9차시 : 더 나아가기> • 보충 학습 : 되돌아보기 결과에 따라 특별 지도 • 심화 학습 : 말하고 듣는 태도를 생각하며 만화 읽기, 태도에 대해 반성하고, 고칠 점 말하기, 선택하여 과제 해결하기	<7차시 : 되돌아보기> -지금까지 배운 내용 정리 확인하기 -글 읽고 내용 알기 -편지글 읽는 방법 정리하기 -연주의 어떤 마음이 잘 나타나 있는지 알기 -이야기 읽고 인물의 성격에 대해 자기 생각 적기 -학생들의 수준 파악하기 <8~9차시 : 더 나아가기> • 보충 학습 : 되돌아보기 결과에 따라 특별 지도 • 심화 학습 : -설명문 읽고, 내용 정리하기, 더 알고 싶은 자료 찾아 정리하기 -인물의 말과 행동을 생각하며 글 읽기 -인물의 말이나 행동이 어떻게 바뀌었는지 정리하기 -인물의 성격에 대해 내 생각 쓰기
쉼터	• 내가 태어난 해에 일어난 일 조사하기 -글 읽고, 글쓰는 방법 알기 -자기가 태어났던 해에 있었던 일 글로 쓰기	• 속담으로 제목 붙이기 -흥부전 읽고, 내용 파악하기 -이야기 내용에 따라 관련 있는 속담 찾아 쓰기

마. 교재 연구

교재 연구는 한 단원의 수업이 효율적으로 이루어지게 하기 위하여 수업과 관련되는 이론에 대해 고찰해 보는 작업이다. 한 단원의 목표를 달성하기 위하여, 관련된 이론들을 파악하여 수업에 적용함으로써 학생들이 좀 더 재미있고, 보람있는 학습 활동을 하게 될 것이다.

수업안의 교재 연구 난을 쓸 때 어떤 내용을 써야 할 시 막막할 때가 있다. 그래서 지도서에 나오는 참고 자료들을 비판 없이 옮겨 적음으로 인하여 불필요한 노력을 한 결과만을 초래하는 경우가 허다하다. 또 어떤 경우는 단원 전체의 교재 연구가 아니라 본시 한 시간분 중심의 교재 연구로 끝나는 경우도 종종 보게 된다. 특히 관련된 이론들은 그대로 이기하는 데 그치고 자기의 의견이 없다. 이론과 관련하여 자기 학급 그 단원에서 어떻게 해야 할 지를 밝혀 두는 것이 좋겠다.

수업안의 교재 연구 부분에는 단원의 내용을 포괄하도록 하되, 목표, 내용, 방법, 평가와 관련된 내용을 구성한다. 목표 부분에서는 필요성, 중요성, 상위 목표나 하위 목표와의 관련성, 실제 언어 상황과의 관계 등을 밝혀 주면 좋겠다. 내용 면에서는 교과서의 교재 내용을 점검하고, 내용 수준, 효과적인 활용 방법, 재구상 내용, 학생들에게 저항이 될 부분, 예문을 통한 가치 교육적 측면 등을 밝혀 준다. 방법 면에서는 적용할 교수·학습 과정, 학습의 형태, 학습자 조직 전략, 자료 확충 및 활용 방법 등에 대해 밝힌다. 평가 부분에서는 평가 방법 및 기준, 평가 결과 처리 및 활용 방안 등 관련 이론을 밝힌다.

교육 과정 해설서, 교과서, 교사용 지도서, 교육 관련 잡지, 기타 문헌 등을 참고하여 수업의 방향이 명확히 되고, 내용과 방법, 평가가 일관성있게 진행되도록 하는 데 도움이 되는 교재 연구가 요구된다.

(예) 교재 연구 부분은 그 다양성에 비추어 몇 개의 수업안에 제시된 사례의 개요만 예시해 본다.

▶ 3-1, 넷째 마당(사례)

— 본시 학습 목표 위주의 교육 과정 내용 분석

— 독자의 배경 지식을 활성화시키는 읽기 전 활동

— 국어 교과서에 실린 문학 교재의 적절성

— 다양한 학습 자료를 이용한 생동감 있는 수업

▶ 4-2, 둘째 마당(사례)

— 왜 가르치는가?

— 무엇을 가르치는가?

— 어떻게 지도할 것인가?

— 수준을 어떻게 나누어야 할까?

— 평가는 어떻게 하는 것이 효과적인가?

바. 실태 분석

수업안을 작성함에 있어 가장 중요한 부분이 바로 실태 분석이 아닌가 생각한다. 교육 과정에서 요구하는 목표 달성을 위해 교사가 맨 먼저 해야 할 일이 바로 학생들의 실태를 파악하는 일이다. 그 실태에 따라 수업의 방향이나 수준, 수업 방법이 결정되기 때문이다.

그러나 수업 현장에서 가장 소홀히 되는 부분이 이 부분이다. 학생들의 실태를 구체적으로 파악하지 않고, 평소 생각했던 결과를 의례적으로 제시하는 경우, 이번 단원의 목표 도달 정도를 알아보고 있는 경우, 실태를 평가하였으나 분석하여 대책을 제시하지 않는 경우 등이 자주 발견된다. 아울러 수업안을 보면, 본시 한 시간을 위한 실태 분석이 되는 경우가 허다한데, 단원 전체적인 목표 달성이 되도록 유의해야 한다.

바람직한 실태 분석이 되기 위한 기준을 제시해 본다.

① 본 단원의 목표 달성을 위한 기초·기본이 되는 능력이나 태도, 흥미, 환경 및 자료 실태 등을 알아본다.

② 평가 문항과 기준을 구체적으로 진술하여 타당성 있게 조사한다.

③ 조사한 결과를 목적에 맞게 분석하고 종합하여 대책을 수립한다.

④ 전체적인 경향 파악도 중요하지만 학생 개개인의 특성이나 능력 중심의 실태 분석이 되게 한다.

(예) 단원의 목표(말하기·듣기·쓰기 4-1, 넷째 마당, 오가는 정)

— 실태 분석 문항 예시—

① 예절과 관련된 언어 생활 실태는 어떤가?

② 문장의 특성에 따라 문장 부호를 적절히 사용하고 있는가?

③ 글의 특성에 대해 어느 정도 관심을 갖고 있는가?

   (설명문, 논설문, 편지글, 동화 등 문종별 특성)

④ 인물이 한 말과 행동을 찾거나 구분하여 요약 정리할 수 있는가?

⑤ 개인별 쓰기 습관 및 능력, 오류 경향

⑥ 개인별 발음 능력 및 오류 경향

⑦ 녹음기와 OHP는 잘 작동되고 있는가? 학생들은 조작 능력이 있는가?

   ― 결과 분석 및 지도 대책 ―

①항 결과 분석 : 웃어른에게는 예절 바르게 말하려고 노력하나, 친구들이나 형제 사이에 예절 바른 언어 활동이 부족하다.

   지도 대책 : 친구나 형제간의 언어 예절과 관련된 역할 놀이를 통해 지도한다.

④항 결과 분석 : 인물이 한 말과 행동을 찾거나 구분하여 요약하는 능력이 부족한 학생이 □□, ○○, △△이다.

   지도 대책 : 이는 수업 전에 미리 지도하며, 수업 중에도 관심을 가지고 지도한다.

⑦ 녹음기와 OHP는 잘 작동되고 있으나 조작 능력이 없는 학생이 5명이다.

   지도 대책 : 학생들의 활용을 요할 때 교사가 시범을 보여 주며 직접 지도한다.

사. 평가 계획

평가는 수업의 질을 결정하는 중요한 과정이다. 그러므로 목표와 일관성을 유지해야 하며, 수업의 전 과정에 걸쳐 이루어져야 한다. 평가는 학생들의 목표 지향성을 강화해 주며 교사로 하여금 수업의 질 관리에 도움을 준다.

그러나 일부 교실에서는 평가의 역작용을 우려한 나머지 평가를 소홀히 하는 경향이 있다. 특히 수행 평가가 강조되면서 수행 평가 이외의 평가는 하지 않아야 한다고 믿고 있다. 그러면 수행평가를 철저히 시행해야 함에도 객관성 결여 및 업무 부담을 핑계로 수행 평가를 기피하게 되었다. 특히 진단 평가나 형성 평가를 모두 수행 평가 방식으로 실시하려는 경향을 보이고 있어 많은 교육 관계자들의 염려의 대상이 되고 있다.

수업안에서 단원의 평가 계획은 형성 평가와 총괄 평가의 역할을 겸하고 있는 부분이므로 이러한 방향에서 평가가 이루어져야 한다. 특히 국어과에서는 되돌아보기를 통해 단원 평가를 하게 되므로 이 부분을 활용하여 평가하는 방법을 연구해야 한다. 그러나 이 부분만으로 부족하다고 생각되는 부분은 별도의 계획을 수립하도록 한다.

평가 영역, 평가 관점, 평가 기준, 평가 방법(평가 도구, 평가 시기) 등을 가급적 자세히 제시하여 차시별 평가 계획 수립의 근거가 되도록 한다. 특히 평가 결과를 활용하여 학생들의 보충 지도 또는 교사의 수업 방법 개선에 기여할 수 있도록 유의한다.

(예) 말하기 · 듣기 · 쓰기   4-1, 넷째 마당, 오가는 정

영역	평가 관점	평가 방법	비고

말하기 · 듣기 · 쓰기	◦ 내용에 알맞은 문장을 쓸 수 있는가?
	◦ 예절바르게 말하고 듣는가?
		◦ 형성 평가는 각 차시별 하위 목표 도달 정도를 관찰 및 학생 상호 평가에 의하여 실시한다.
		◦ 되돌아보기 활용
		-103쪽 2, 4번 문항
		  : 작품 평가
		-103쪽 3번 문항
		  : 관찰 평가
			◦ 평가 기준안 작성 활용

읽기	◦ 목적에 알맞게 글을 읽을 수 있는가?
	◦ 이야기에 나오는 인물의 말이나 행동에 대한 내 생각을 말할 수 있는가?
		◦ 형성 평가는 각 차시별 하위 목표 도달 정도를 간단한 지필 평가로 실시한 후 미 도달 학생은 대담을 통해 확인한다.
		◦ 되돌아보기 활용
		-109쪽 2번 문항
		  : 관찰 평가
		-111쪽 5, 6, 7번 문항
		  : 작품 평가
			◦ 평가 기준안 작성 활용

아. 자료 활용 계획

초등 학교 학생들의 발달 단계로 볼 때, 구체적인 학습 자료를 가지고 조작 활동을 하였을 경우 학습에 흥미를 느끼고 더 빨리 이해하게 된다. 자료가 없을 때는 빨리 싫증을 느끼거나 학습 집중도가 현저히 낮은 반면 자료를 주었을 때, 골똘히 생각하며

시간 가는 줄 모르고 활동에 집중하는 것이다. 그러므로 초등 학교 특히 저학년으로 갈수록 학습 자료가 더 많이 필요하게 된다.

학습 자료 못지 않게 교수 자료도 필요하다. 교수 자료를 적절히 활용하여 시범보이기나 사고 촉진 활동을 유도할 필요가 있다. 특히 자료를 제시하면 학생 전체의 시선이 자료에 쏠리게 되어 전체적인 설명이나 이해를 필요로 할 때 아주 적절히 활용된다. 특히 새롭고 학생들의 흥미 수준에 맞는 자료를 제시했을 때 더욱 효과가 높게 나타난다.

이 부분에서는 단원 전체적으로 필요한 자료와 자료 제작 방향, 활용 시기나 방법에 대해 개괄적인 안내가 요구된다. 특히 제작이나 수집이 필요한 자료에 대해 자세히 기술하는 것이 좋겠다.

학생들이 준비하는 데 시간이 필요한 자료는 미리 안내하여 준비하도록 한다.

특히 자료가 너무 많거나 정선되지 못한 경우, 조잡하거나 질이 낮은 경우, 사용법이나 시기가 적절하지 못한 경우, 자료 활용 후 수업 목표와 관련시키지 못한 경우 등의 사례가 발생하지 않도록 많은 연구가 요구된다.

(예) <u>말하기·듣기·쓰기 4-1, 넷째 마당, 오가는 정</u>

소단원 (차시)		주요 학습 내용	
		말하기·듣기·쓰기	읽기
1	1	·실물화상기(삽화 제시) ·ICT 자료(86쪽 만화 동영상) ·문장 카드(말을 주고 받을 때 지켜야 할 예절 정리 자료)	·실물화상기(삽화 제시) ·녹음기, 녹음 테잎(시 낭송)
	2	·실물화상기(삽화 제시) ·조별 문장 카드(위로하는 말의 예시문)	·단매 괘도(94쪽 예문 확대)
	3	·학생 개인별 카드(문제 상황 제시 자료)	·학습지(교과서 외의 예문) ·ICT 자료(학습한 원리 정리 자료)
2	4	이하	생략
	5		
	6		
한 걸음 더	7		
	8		
	9		

자. 지도상의 유의점

단원을 지도함에 있어서 교사들이 유의해야 할 내용을 적는다. 지도 내용(교과서나 보조 자료), 지도 방법에 있어 유의할 점에 대해 기술한다.

지도 내용에 있어서는 목표와 내용간의 관련성, 소단원간의 관련성, 예시문의 활용 방법에 대해 기술하고, 방법면에서는 교수·학습 유형의 적용, 각 단계의 지도 중점, 자료 활용, 수업 집단 편성, 학생과 교사의 역할 등 수업을 진행함에 있어 교사가 알아두면 도움이 될 내용이면 어떤 것이나 기술하는 부분이다. 특히 일반적이거나 피상적인 내용을 적는 것보다 자기 학급의 실태에 따라 특이한 상황을 중심으로 기술하는 것이 좋겠다.

(예) <u>말하기·듣기·쓰기 4-1, 넷째 마당, 오가는 정</u>

예절바르게 말하고 듣기는 원칙적이고 경직된 예절을 주입하기보다는 학생들이 다양한 언어 상황에서 말하고 듣는 활동을 해 보면서 예절 바른 말하기, 듣기가 되도록 한다. 특히 유의할 점은 상대방의 처지에 따라 그 사람의 입장을 이해하고 말하는 것이 가장 예절 바른 말이 될 수 있다는 점이다.

문자의 종류를 기계적으로 분류하기보다는 문자의 종류에 대한 학습은 실제 언어 상황에서 여러 종류의 문장을 사용하는 가운데 용법과 용례가 익혀지도록 경험 축적에 중점을 둔다.

읽을 글의 문종에 너무 치우치지 말고, 글을 읽는 목적에 따라 읽는 방법이 달라짐을 터득하게 한다. 결국 글을 읽는 목적에 따라 문종이 결정되는 것이지 문종에 따라 읽는 방법을 달리하지는 않는다. 그러나 문종의 특성에 대해 이해하는 것이 도서 선택에 도움을 줄 수 있다.

같은 예문을 가지고 서로 다른 목적으로 글을 읽게 하고 서로 비교하면서 목표에 접근할 수도 있다. 성격을 파악하는 것이 결국은 글을 가장 효과적으로 감상하기 위한 것이므로 이러한 방향에서 수업을 진행하되, 성격을 파악하기 위한 사고 과정 터득에 중점을 둔다.

차. 본시 수업 계획

이상과 같은 일련의 작업을 하는 가운데 단원 전체의 목표, 내용, 방법, 평가의 수업 전 과정이 정확히 이해됨으로써 차시별 수업이 각기 따로 동떨어지지 않고 유기적으로 이루어질 수 있다.

이러한 작업이 모두 끝나면 각 차시별 지도 계획을 수립하게 된다. 그 과정을 예를 들면서 설명하고자 한다.

(1) 체제별 수업 계획

　　(가) 목표 : 본 차시의 수업 목표를 쓴다. 단원의 목표와 학습 내용, 학습 방법을
　　　　　고려하여 제시한다.

　　(나) 예습적 과제 : 본 차시의 학습에 직접 관련이 되는 예습 과제를 제시했을
　　　　　경우만 제시한다.

　　(다) 단계나 과정 : 수업의 특성에 따라 단계나 과정을 쓰되 도입-전개-정리를
　　　　　원칙으로 한다.

(예1) 소단원 지도를 3차시로 나누어 수업할 때(직접 교수 유형 예시)

1차시			2차시			3차시		
도입	전개	정리	도입	전개	정리	도입	전개	정착
도입	설명하기	시범보이기	질문하기	활동하기				정착

(예2) 소단원 지도를 1차시, 2~3차시로 나누어 수업할 때(문제 해결 학습 예시)

1차시			2~3차시		
도입	전개	정리	도입	전개	정착
문제 확인	해결 방법 찾기		문제 해결하기	일반화하기	정착

※ 각 차시마다 <설명하기-시범보이기-질문하기-활동하기>를 반복하지 않는
　　다. 문제 해결 학습 역시 <문제 확인하기-문제 해결 방법 찾기-문제 해결하기-

일반화하기>를 반복하지 않는다. 이는 소단원 전체(학습 주제별)를 하나의 단위로 본 수업 유형으로 이해한다.

(예3) 한 소단원 지도에 2~3가지 수업유형을 혼용할 때

1차시			2~3차시		
도입	전개	정리	도입	전개	정착
직접교수유형			반응중심수업유형	역할놀이수업유형	정착

(라) 학습 요소 : 학습 요소는 가급적 교수·학습 활동 내용을 대변할 수 있는 내용으로 요약하여 쓴다.

(예) 말하기·듣기·쓰기 4-1, 넷째 마당, 오가는 정

과정 (시간)	학습 요소	교수·학습 활동	자료 및 유의점
전개	활동 하기	학습문제 해결하기 (5′)	·표현하는 방법에 따라 여러 종류의 문장이 있음을 알도록 한다. (장면이 담긴 자료를 제시한다) -그림 자료를 보고 어떤 상황인지 파악하기 -문장의 끝 부분을 정하여 상황에 알맞은 문장 만들기 -문장에 따라 부호의 쓰임이 다름 알기	(자)단매 패도 (유)여러 가지 문장에 알맞은 문장 부호를 써야 함을 주지시킨다.

※ 위의 경우 학습 요소를 <학습 문제 해결하기>보다는 <문장의 종류를 알고, 종류에 알맞은 문장 부호 넣기>로 제시한다.

(마) 교수·학습 활동 : 교사의 발문과 학생의 응답을 예상하여 쓴다. 교사의 신체적 활동은 ( )에 넣어 표시하고, 교사 발문과 학생의 활동 내용을 구별하여 적는다. 이 부분을 개조식으로 적을 수도 있고, TC안으로 작성할 수도 있다. TC안은 공개 수업 경험이 적은 교사나 수업 진행 방법 개선을 목적으로 할 때 작성하여 활용한다.

가급적 교사와 학생의 활동 내용을 구체적으로 예시하고, 형식적인 내용뿐만 아니라 사고 활동의 결과까지 제시한다.

예를 들어 '이야기를 들을 때의 관점을 알고 듣게 한다.'만 제시하지 말고, 구체적인 관점까지 밝혀 준다.

· 이야기를 들을 때의 관점을 알고 듣게 한다.

이야기를 들을 때의 관점
(관점1) 누가, 언제, 어디서, 무엇을, 어떻게, 왜 했는가?
(관점2) 이야기를 들은 나의 느낌은 어떤가?

이와 같이 제시한다.

내용을 구상할 때 가급적 활동 중심의 학습 활동이 되어, 학생들이 흥미있게 활동할 수 있도록 한다. 1차시는 교사의 활동이 많도록 하며, 2, 3차시로 갈수록 교사의 활동을 줄이고 학생들의 활동을 강조한다.

(바) 시간 : 시간을 반드시 표시해 준다. 가급적 시간 운영에 착오가 나지 않게 정확히 배당한다. 학급 실태나 차시별 특성에 따라 시간 배당은 다를 수 있으나, 도입과 정리는 5분씩, 전개 부분은 30분 정도 잡는다. 그러나 차시별 특성에 따라 처음 시간은 도입 부분을 많이 잡고, 끝 시간은 정리 시간을 많이 잡는다.

(사) 자료 및 유의점 : 자료에는 (자), 유의점은 (유) 등으로 표시한다. 유의점은 교수·학습 활동 내용에 쓰기 어려운 내용이나 교수·학습 활동의 중요한 맥이라고 생각되는 내용을 쓴다.

(2) 과정별 수업 계획

(가) 도입

'한 사람이 열 마리의 말을 물 가까지 끌고 갈 수는 있으나 열 사람이라도 먹기 싫어하는 말 한 마리에게 물을 먹일 수는 없다.'는 말이 있다. 一切唯心造라는 성어도 있다. 인간의 정신 세계의 위대함을 말하고 있다. 하고 싶어서 할 때와 하기 싫은데 할 때의 그 결과가 상이함을 우리는 체험으로 느끼고 있다. 그래서 도입 부분의 성공 여부가 학습의 효과를 좌우하는 것이다. 학생들이 호기심과 자신감, 그리고 필요성을 가지고 재미있게 학습에 임하도록 유도하는 부분이다.

① 동기 유발, 전시 학습 상기

허용적인 분위기에서 즐거운 마음으로 수업이 시작되고, 호기심을 갖고 알고자 하는 의욕이 충만할 때, 수업의 집중력이 지속되고 학습 효과가 증대된다. 이러한 면에서 단위 시간의 시작은 아주 중요하다.

교사의 몸가짐이나 표정, 어투, 자료의 활용, 발문의 내용 등이 적절해야 한다. 단정한 옷차림, 웃는 얼굴, 맑은 미소, 자신 있는 태도, 부드러운 말투, 시청각 기자재 이용, 가볍고 재미있는 발문, 좀 이상하거나 호기심을 자극하는 발문이 제시될 때 학생들은 학습 동기가 유발된다. 아울러 너무 길지 않고 간결하여야 하며 학습 문제와 관련이 있으면 더욱 좋다. 노래, 수수께끼, 역할극이나 인형극을 통해서 동기 유발에 성공할 수도 있다. 교수 자료 중심으로 흥미 있는 자료를 제시한다.

각 차시에 따라 도입의 방법을 다르게 적용하여야 한다.

단원이 시작되는 첫 차시는 단원명과 관련하여 도입하되 흥미 위주로 도입하여 전체를 개관하는 활동이 이루어지도록 하면서 학습 동기를 유발시킨다. 그러나 두 번째 차시부터는 전시 학습 내용을 상기하도록 하면서 동기를 유발시키는 것이 좋다. 즉, 단원의 시작 차시는 흥미 및 단원의 개관 위주의 도입, 두 번째 차시부터는 전시 학습 내용 상기를 통한 도입이 바람직하다고 본다.

② 학습 문제 제시

가급적 짧게 동기 유발이나 전시 학습을 상기시킨 후 학습 문제 파악을 위한 활동으로 이행되어야 한다. 동기 유발과 학습 문제 파악 활동이 유기적인 관련성을 갖고 이루어지도록 하되, 교과서의 내용이나 예습적 과제의 내용, 그리고 동기 유발이나 전시 학습 상기 시 이루어진 활동들에서 이 시간의 학습 문제를 짐작할 수 있게 한다.

학습 문제를 파악하는 방법을 학년초에 철저히 지도하여 학생들 스스로 학습 문제를 생각해 보는 기회를 주고, 교사는 어려운 대목에서 힌트를 주면서 학습 문제를 잡는다. 학생들 스스로 학습 문제를 잡았을 때 학습에 대한 흥미와 호기심이 증대되고, 한 시간 내내 학습의 방향이 바르게 진행된다.

　학습 문제는 학생들이 쉽게 이해할 수 있어야 하며, 수준이나 방법, 내용이 내포되어 있으면 좋다. 학습 문제는 칠판에 제시하되 문장식 또는 중심 낱말 기재식으로 제시할 수도 있다. 저학년의 경우 그림과 문장을 혼용할 수도 있다. 이 역시 학생들이 호기심을 갖고 주의를 집중하도록 제시해야 한다.

(예) 말하기·듣기·쓰기 4-1, 넷째 마당, 오가는 정(4/9)

과정(시간)	학습 요소	교수·학습 활동	자료 및 유의점
도입 (5′)	장미에 대한 생각·느낌 말하기	(장미꽃 한 송이를 예쁘게 포장한 통 속에서 꺼내면서) · 이 꽃을 보고, 생각하거나 느낀 점을 말해 볼까요? 　- C1, C2, C3 ---	(자)장미꽃이 든 통 (유)학생들의 의견을 학습 문제 쪽으로 접근하도록 유도한다.
	학습 문제 파악	· 친구들이 한 말이 어떤 문장으로 되어 있나요? 　- C1, C2, C3 --- · 이 시간에 어떤 공부를 하면 좋을까요? 　- C1, C2, C3 --- (교사가 종합하여 정리해 준다) ♠ <u>문장의 종류를 알아보고, 여러 종류의 문장으로 바꾸어 써 봅시다.</u>	(유)학습 문제를 파악하는데 저항을 느낄 경우 교과서를 참조하도록 힌트를 준다.

※ 4/9차시는 소단원의 도입 부분이므로 동기 유발 중심으로 수업안을 작성하였다.

(예) 말하기·듣기·쓰기 4-1, 넷째 마당, 오가는 정(5/9)

과정(시간)	학습 요소	교수·학습 활동	자료 및 유의점
도입 (5′)	문장의 종류와 문장부호	· 지난 시간에 무엇을 배웠나요? 　- 문장의 종류를 배웠어요. · (물음표를 칠판에 붙이고)이 문장 부호가 필요한 문장을 하나 만들어 볼까요? 　- 어디 가니? ※ 이런 과정으로 문장의 종류를 상기시킴	(자)문장 부호 카드, 자석 (유)문장의 종류에 대해 인지 정도를 파악한다.
	학습 문제 파악	· 집에서 해결해 온 과제를 친구들과 비교해 보세요. 　(짝끼리 비교한다) · 이 시간에는 무슨 공부를 할까요? 　- C1, C2, C3 --- (교사가 종합하여 정리해 준다) ♠ <u>여러 종류의 문장을 넣어 글을 완성해 봅시다.</u>	(유)지난 시간에 제시한 과제와 교과서의 내용을 통해 학습 문제에 접근한다.

※ 5/9차시는 지난 시간에 문장의 종류에 대해 공부를 했으므로 전시 학습 내용 상기와 예습적 과제 평가 중심으로 수업안을 작성하였다.

(나) 전개

① 학습 문제 명료화

제시된 학습 문제를 분석적으로 설명하여 무엇을 어떻게 공부할 것인지 학생들이 알기 쉽게 설명해 주는 과정이다. 용어의 뜻, 한 시간 동안에 도달해야 할 목표 수준, 공부할 내용, 공부하는 방법이나 순서, 평가의 기준 등을 예를 들어 알기 쉽게 설명한다.

(예) 말하기 · 듣기 · 쓰기 5-1, 다섯째 마당, 행복한 만남(5/9)

♠ 중요한 내용이 잘 드러나게 추천하는 글을 써 봅시다.

- 중요한 내용이란? : 상을 받을 사람과 추천하는 사람이 누구인가, 어떤 상을 받아야 하는가와 추천할 만한 행동이 무엇인지(육하원칙에 의해 써야 설득력이 있음), 추천하는 사람의 생각이나 느낌은 어떤지 하는 것

- 중요한 내용이 잘 드러나게 쓰면? : 추천하는 글을 읽으면서 '과연 상을 받을 만 하구나' 하고 누구나 긍정하게 된다.

※ 중요한 내용이 무엇이며, 중요한 내용이 잘 드러나게 쓰면 어떤 효과가 있는가를 설명한다.

② 학습 순서와 방법 알기

학습 문제를 해결하기 위하여 활동하는 순서나 방법을 자세히 안내한다. 앞으로 행해질 활동을 순서대로 설명하고 칠판에 적어 줌으로써 활동하는 가운데 이를 참고하면서 활동하도록 한다. 그러나 대부분 이 학습 순서와 학습 방법을 혼동하는 경향이 많다. 학습 방법이란 학생들이 학습 문제를 해결함에 있어서 머릿속에서 이루어지는 사고의 과정을 말하며, 학습 순서는 수업을 진행해 가는 활동의 순서로 이해하면 된다. 그러므로 학습 순서보다 학습 방법 쪽에 더 깊은 관심을 기울여야 한다. 물론

학습 방법이 학습 순서를 내포하고 있는 경우도 있어 순서와 방법을 명확히 나누기는 어렵다.

  학습 순서는 매시간 안내해야 하나 학습 방법이 단순한 사고의 과정일 경우 학습 순서와 섞어서 제시되므로 꼭 필요하다고 생각되는 경우만 학습 방법을 제시하고 예를 들어 설명한다. 이 방법이 직접 교수 유형에서는 시범보이기에 해당하며 문제 해결 학습 유형에서는 문제 해결 방법 찾기 부분이다.

(예) <u>말하기·듣기·쓰기 4-1, 넷째 마당, 오가는 정</u>

— 학습 순서 알기

♠ <u>문장의 종류를 알아보고, 여러 종류의 문장으로 바꾸어 써 봅시다.</u>(4/9차시)

> 가. 문장의 종류 알기
>
> 나. 여러 종류의 문장 만들기
>
> > 활동1 : 문장과 문장 부호 연결하기
> >
> > 활동2 : 문장 부호에 맞게 문장 만들기
> >
> > 활동3 : 글 읽으며 빈 칸 채워 만들기
> >
> > 활동4 : 한 가지 내용으로 5가지 문장 만들기

— 학습 방법 알기

♠ 상대방의 처지를 생각하며 위로하는 말을 하여 봅시다.<u>(3/9차시)</u>

> 가. 상대방이 어떤 처지에 있는지 생각한다.
>
> 나. 무슨 말을 하면 상대방에게 위로가 될 지 생각한다.
>
> 다. 내가 상대방의 경우라 생각하고 상대방의 반응을 살피며 말을 한다.

※ 예①은 학습 방법보다는 순서를 예시하는 것이 낫고, 예②는 학습 방법을 제시

해야 되는 경우이다. <읽기>는 학습 방법을, <말하기·듣기·쓰기>는 학습 순서를 제시하여야 하는 경우가 많다.

③ 중심 활동

수업이 시작되면서부터 지금까지는 중심 활동을 하기 위한 준비였다면 이제부터는 실제 활동을 통해 원리를 터득한다든지 원리를 적용하는 활동을 실제로 경험하는 과정이다.

이 부분은<말하기·듣기>, <읽기>, <쓰기>에 따라 약간의 차이가 있으므로 이에 유념하여야 한다.

제7차 교육 과정 정신의 하나가 학생의 체험을 중시한다는 점이다. 즉 학생 스스로 활동을 통해서 절차적 지식 습득을 강조하고 있다. 초등 학교 학생들의 발달 단계를 볼 때 구체적인 조작 활동이나 신체 활동을 하면서 학습하는 것에 흥미를 느끼게 된다. 그러므로 중심 활동 역시 학생의 활동을 중요시하고, 전체 학생을 대상으로 하는 설명은 가급적 줄여야 한다. 학생이 활동하도록 하면서 오류를 교정해 주고 올바른 방향으로 점진적으로 유도하면서 학습하도록 한다. 이 때 학습 활동이 창의적이고 흥미 있는 프로그램이면 좋다.

교사의 발문과 학생의 응답을 통해서 얻어질 수 있는 학습 내용을 예상하여 지도안에 적어 준다. 이렇게 함으로써 교사가 자기가 의도한 방향으로 학생을 이끌어 갈 수 있다. 그렇지 않으면 학생들의 응답에 전적으로 의존하게 되어 학생에게서 모범이 되는 응답이 나오지 않을 경우 수업의 초점이 흐려지게 된다.

전체적인 활동의 흐름은 <홀로 생각하기→짝이나 소집단별로 공부하기→전체 발표하기> 순으로 학습을 진행한다.

홀로 생각하기는 학습 과제 해결을 위해 학생 혼자 활동하는 과정이다.

짝이나 소집단별로 공부하기는 홀로 생각하기에서 나름대로 내린 결론을 가지고 짝이나 소집단에서 자기 의견을 상호 평가하고, 수정하는 과정을 말한다. 학습 과제가 어렵지 않은 것이면 짝끼리 간단히 발표만 해보도록 하고, 좀 난이도가 높은 경우는

4명 정도의 소집단에서 의견을 교환하면서 자신의 생각을 검증하거나 수정하는 활동이다.

이 때 평가 기준을 제시하는 것이 중요하다. 자기 평가나 학생 상호 평가가 계속적으로 이루어지도록 활동을 시작하기 전에 평가 기준을 제시한다. 칠판이나 단매 쾌도로 제시하여 이것을 보면서 활동하도록 한다.

전체 발표하기는 학급 학생 모두가 함께 발표를 하면서 각자의 의견을 한 방향으로 수렴한다거나 다양한 방향으로 확산시키는 활동이다. 이때 교사는 모범이 되는 사고의 과정 쪽으로 안내하면서 정리해 주고, 학생들이 자기화 하도록 조언하고 안내해 준다.

(예) 말하기·듣기·쓰기   4-1, 넷째 마당, 오가는 정(4/9)

과정 (시간)	학습 요소	교수·학습 활동	자료 및 유의점
전개 (30')	문제 해결하기	여러 종류의 문장 만들기 (7´)	· 주어진 낱말을 사용하여 여러 종류의 문장을 만들어보게 한다. -여러 종류의 문장이 들어 있는 글에서 문장의 종류 구분하기 -낱말 카드를 사용하여 문장을 만들고 문장의 종류 쓰기 -만든 문장을 여러 종류의 문장으로 바꾸어 쓰기 · 자기가 활동했던 내용을 모둠별로 발표하게 한다. -잘된 점, 고칠 점 이야기 -상호 평가하기 · 전체 토의하기 (2~3명을 선택하여 발표하고, 의견을 교환하게 한다.)	(자)학습지, 낱말 카드 (유)상호 평가에 있어 개인의 의견을 존중하고, 자기의 생각에 대해 이유나 근거를 밝히도록 한다. (유)남의 의견을 겸허히 받아들이고 자기의 의견을 수정한다.

학생들 전체가 일제히 같은 활동을 하는 것 보다 흥미나 수준에 따라 서로 다른 활동을 하게 하거나, 몇 가지 활동을 순환하면서 학습이 이루어지도록 계획하면 좋다.

활동 과제의 형태에 따라 분류해 보면, 단계형 활동 과제, 선택형 활동 과제로 나누어볼 수 있다. 단계형은 학습 문제 해결을 위한 활동이 쉬운 내용에서부터 어려운 내용으로 점차 상향되면서 이루어지는 형태이며, 선택형 활동 과제는 여러 과제를 병렬식으로 나열하고 학생들이 그 중 한 가지를 찾아서 해결해 봄으로써 학습 목표에 도달하는 과정이다.

(예1) 단계형 활동 과제

말하기 · 듣기 · 쓰기 4-1, 넷째 마당, 오가는 정(4/9)

과정(시간)		학습 요소	교수 · 학습 활동	자료 및 유의점
전개 (30′)	문제 해결 하기	문장의 종류 알기(7′)	(장면이 담긴 그림 자료 제시) · 그림을 보고, 어떤 상황인지 파악하기 · 문장의 끝부분을 정하여 상황에 알맞은 문장 만들기 - 풀이하는 문장, 묻는 문장, 감탄을 나타내는 문장, 시키는 문장, 권유하는 문장 · 문장 부호와 문장의 종류와 의 관계 알기 - 풀이하는 문장(.), 묻는 문장(?), 감탄을 나타내는 문장(!), 시키는 문장(.), 권유하는 문장(.) · 만든 문장 읽어보기	(자)삽화 단매 괘도, 낱말 카드 (유)문장의 종류에 따라 알맞은 문장 부호를 써야함을 알게 한다. (유)문장의 종류에 따른 억양을 함께 지도한다.

(예1) 선택형 활동 과제

말하기 · 듣기 · 쓰기 4-1, 넷째 마당, 오가는 정(4/9)

과정 (시간)		학습 요소	교수 · 학습 활동	자료 및 유의점
전개 (30′)	문제 해결 하기	여러 종류의 문장 만들기 (10′)	(활동 자리와 활동 방법을 안내함) (활동 자리1)문장 카드를 뽑은 다음 주사위를 던져 지시하는 대로 문장 만들기 (활동 자리2)생활 장면이 담긴 그림 카드를 보고, 상황에 알맞게 여러 종류의 문장 만들기 (활동 자리3)만화를 보고, 상황이 알맞게 말주머니에 들어갈 내용을 문장으로 쓰기	(자)문장 카드, 주사위, 그림카드 (유)한 가지 활동이 빨리 끝난 학생은 다른 활동을 할 수도 있다. (유)소집단별로 모여 놀이식으로 진행한다.

읽기의 지도에 있어 학습 순서와 방법을 안내하고, 학습 문제의 해결로 들어 갈 때 맨 먼저 해야할 일이 예문을 이해하는 일이다. 이 부분을 소홀히 하면 학습 문제 해결에 저항을 가져오기 쉽다. 그래서 이 부분의 지도를 위해 교과서에 < ~을 읽고, 물음에 답하여 봅시다.>라는 내용이 제시되고 있다. 그 내용은 예문을 이해하기 위한 중심이 되는 발문으로 구성되어 있다.

교사가 수업을 진행할 때에는 학생들의 실태에 따라 교사의 발문이 구체적으로 이루어져야 한다. 즉, 생활문의 경우 육하원칙에 따라 내용을 이해하도록 발문하고, 이야기일 경우는 소설 구성 3요소 즉, 인물, 배경, 사건에 따라 이해하도록 한다. 그 외 다른 종류의 예문은 그 예문의 특성에 맞게 발문하도록 한다.

아울러 삽화를 중요시한다. 삽화를 보면서 내용을 미리 짐작하여 말하도록 하고, 예문을 읽힌 후(낭독과 묵독 병행), 교사의 발문에 따라 내용을 파악하고, 학생들로 하여금 예문의 내용을 종합하여 줄거리를 말하게 한다. 이런 과정을 거친 후에 학습 문제 해결로 진행하도록 해야 한다.

<u>(예) 읽기   4-1, 넷째 마당, 오가는 정(5/9)</u>

과정 (시간)	학습 요소	교수·학습 활동	자료 및 유의점
전개 (30′)	문제 해결 하기	삼년고개의 내용 이해하기 (5′)	(99, 100쪽의 삽화 보며) · 삽화 보며 이야기 짐작하기 · 교과서 읽기 (3명을 지명하여 낭독시킨 후, 묵독하게 한다.) · 내용 파악하기 - 나오는 이는 누구누구입니까? - 어느 시대의 이야기입니까? - 어떤 일이 벌어졌습니까? - 할아버지가 삼년 밖에 살지 못한다고 말한 까닭은 무엇입니까? - 할아버지가 오래 살게된 까닭은 무엇입니까? · 줄거리 정리하기 - 줄거리를 이야기해 볼까요?	(자) 실물 화상기 (유)삽화를 활용하여 전체의 내용을 짐작하게 하고, 교사는 시대적 배경을 예를 들어 설명해 준다.

쓰기 수업에서 문제가 되고 있는 점은 글쓰기 전의 활동과 글쓰는 활동을 강조한 나머지 글을 쓴 후 퇴고하는 과정이 소홀히 되고 있다는 점이다. 일단 초고를 쓰게 하고, 소집단과 전체 토의를 거친 후 퇴고를 실시하고, 다시 소집단과 전체 토의를 실시하면서 작품을 다듬는 과정에서 글쓰는 원리를 터득하도록 계획해야 한다. 다시 강조하자면, 글쓰기 전 활동과 글쓰는 활동보다 퇴고하는 과정에 많은 시간을 할애하고, 퇴고의 과정을 2~3회 반복해 주자는 것이다.

　　(다) 정리·정착

　활동 중심의 수업에서 가장 소홀하기 쉬운 부분이 바로 정리 부분이다. 활동을 하다보면 정리할 시간이 부족한 경우가 있고, 학생 개개인의 수업 속도가 다르기 때문에 학생들의 활동이 모두 끝나기를 기다리다 보면 전체적으로 정리를 할 기회가 없는 경우가 있다.

　정리 단계를 소홀히 할 경우 꽃만 아름답게 피었을 뿐, 열매가 없는 것처럼 수업의 효과를 기대하기 어렵다.

　　① 재미있었던 점, 어려웠던 점

　전개 단계에서의 활동을 마무리하고, 정숙한 분위기에서 한 시간 학습한 내용을 반추하게 한다. 그리고 수업을 하면서 재미있었던 점과 어려웠던 점에 대해 발표하도록 한다.

(예) 중심 발문

— 지금까지 공부를 잘 해 주었어요.

　공부하면서 재미있었던 점과 어려웠던 점을 이야기해 보겠어요.

　가벼운 마음으로 학습 활동 내용을 회상하여 말하게 한다. 학년 초 교과별 학습 방법 훈련을 거쳐 이 부분의 학습 패턴을 학생들이 이해하고 있게 하면 좋다.

　　② 알게된 점(학습 내용 정리)

　학습 내용을 정리한다. 이때 교사가 발문하면 학생들이 활동이나 교재 내용에 대하여 물어보는 것으로 생각하여 발표함으로써 교사가 당황하는 경우를 많이 보아 왔다.

이때 학습 문제로 다시 돌아간다.

"이 시간 학습 문제는 무엇이지요?"

"그러면, 학습 문제와 관련하여 무엇을 알게 되었나요?"

이렇게 발문을 하여 학습 문제의 답이 오늘 배운 내용이라는 것을 알도록 한다.

교사는 학생들의 응답 내용을 개조식으로 칠판에 적어 주면서, 한 시간 학습에서 정리해 주어야 할 내용을 정서한다. 시청각 자료로 작성하여 준비해 두었다가 제시하는 것도 바람직하다.

(예) 중심 발문
— 그러면 이 시간에 무엇을 알게 되었나요?
  (학생들의 응답을 간추려 칠판에 적음)
— 이 시간 학습 문제는 ----이었지요. 이 학습 문제를 가지고 공부한 결과 우리는 (칠판
  에 적힌 내용을 가리키며) ---을 알게 되었어요.

학습 문제와 관련지어 가면서 정리를 하여 준다. 정리된 내용은 학습장에 적도록 한다. 정리하는 과정에서 학생들이 얼마나 알고 있는지 파악할 수 있으므로 형성 평가를 대신할 수도 있다. 이런 학습 활동이 시간마다 반복되면 학생들 역시 정리는 학습 문제와 관련짓고, 정리 내용은 평가의 답이 됨을 인식하게 된다.

③ 좀 더 알고 싶은 점

수업을 하면서 더 알고 싶었던 것에 대해 발표시킨다. 교사가 답하여 주지 말고 학생들이 답하도록 유도하고, 어려운 내용이 나오면 역시 교사가 약간의 힌트를 주어서 '우리 선생님은 알고 계시구나' 하는 암시를 준 후 과제로 제시하여 모든 학생들이 생각해 보는 기회를 제공한다. 학생의 질문에 대한 답이 중요한 것이 아니고 생각해 보는 그 과정이 바로 심도 있는 학습이 될 수 있기 때문이다.

그러나 이 시간 공부한 중심 내용과 관련하여 더 알고 싶다거나 이해가 부족한 학생에게는 즉시 지도하여 이해가 되도록 해야 한다.

> (예) 중심 발문
> ― 지금까지 ---것을 알게 되었는데, 공부하면서 좀 더 알고 싶었다거나 이해가 잘 안가
>   는 것이 있으면 발표하여 보세요.

④ 형성 평가

학습 과제의 성격에 따라 형성 평가의 문항과 평가 방법을 결정하여 제시한다. 수업 과정에서 관찰 평가를 한다든지 학습지를 제작하여 평가하는 방법, 또는 교사가 문항을 읽어주고 응답하게 하는 방법 등이 있다. 그러나 중요한 것은 형성 평가의 결과 해석과 활용에 있다. 관찰 평가로 실시할 경우 평가 기준과 관찰 결과 기록이 중요한 과제가 된다.

> (예) 문장의 종류 만들기
> ― <장미가 한 송이 있다.>를 묻는 문장으로 만들어 보세요.
>   (교사가 예시 문장을 읽어 주고, 손을 들게 하여 발표시켜 본다. 또는 쪽지에 쓰게
>   하여 수합하고 채점한다.)

⑤ 차시 안내 및 과제 제시

다음 시간에 학습할 내용을 안내하고, 과제를 제시한다. 예습적 과제를 제시하여 차시 학습 안내를 겸할 수 있다. 소단원의 마지막 시간일 경우 발전적 과제를 제시할 수 있다.

가정에서의 많은 양의 학습 준비가 필요한 경우 다음 시간의 학습 문제를 미리 파악한 후 가정에서 준비해야 할 과제를 제시할 수도 있다.

(라) 판서 및 평가 계획

한 시간 동안 공부하는 동안 칠판에 판서한다든지, 자료를 부착한다든지, 시청각 자료로 보여주어야 할 내용을 판서 계획에 자세히 나타낸다.

평가 계획 역시 평가 문항, 방법, 평가 기준, 평가 시기 등을 자세히 나타낸다.

(예) 판서 계획

단원명 : 소단원명 학습 문제 : 학습 방법이나 순서	게시 자료나 중간 판서 내용 정리	학습 정리 :

(예) 평가 계획

평가 문항 및 평가 기준	평가 방법 및 평가 도구	평가 시기
·<장미꽃 한 송이가 있습니다.>를 묻는 문장으로 고쳐 봅시다.	·쪽지에 답을 쓰도록 하여 채점한다.	·정리 단계

(마) 기타 자료

학습지나 프리젠테이션 자료 등의 내용을 자세히 나타내 준다. 다른 교사들이 이 수업안을 가지고 수업을 할 수 있을 정도로 자세히 안내한다. 교사 자신은 이 내용을 보고 자료를 만들 수 있도록 자료의 제작 계획이라 생각하여 나타낸다.

2. 수업 활동

지금까지 설명한 바와 같이 수업안이 작성되면, 수업에 들어가야 한다. 수업이 시작되기 전에 학생들의 상태를 점검하고, 준비된 자료를 활용 순서대로 정리하며, 교사 자신의 수업에 임하는 자세를 스스로 점검해 보아야 한다. 수업 이외에는 모든 잡념을 버리고 오직 수업만을 생각해야 한다.

수업의 시작은 밝은 얼굴과 단정한 몸가짐, 진지한 태도, 학생 개개인에 대한 배려로 시작되어야 한다. 여유를 갖고 서둘지 말아야 하며, 자기가 구상한 수업안을 보면서 진행하되 다음의 활동을 미리 생각하면서 활동간의 연계성에 주의해야 한다.

교사가 칠판 앞에만 계속 움직이지 않고 서 있어도 안되고, 가만히 앉아서 수업을 진행해도 안되며, 너무 많이 움직여서 학생들이 심리적 혼란을 가져와서도 안 된다. 또 한쪽 방향이나 한쪽 학생만 바라보고 수업을 진행한다든지, 몇몇 학생에게만 관심이 쏠린다거나 발표의 기회를 주어서도 안 된다.

전면 한 가운데서 수업을 시작하고, 학생과 함께 활동할 때는 앉아서 수업을 진행하되 교사 주도의 설명이나 지시가 필요할 때는 서서 수업을 진행한다. 교사의 위치 역시 학생 개개인을 지도할 때는 학생 가까이로 다가가서 지도하되 전체적인 설명이 필요할 때는 칠판 전면에 서서 수업을 진행한다. 칠판 역시 전면에 있는 대형 칠판만을 사용하지 말고 이동이 가능한 소칠판을 적절히 활용함으로써 전면뿐만 아니라, 가끔은 후면이나 측면에서 수업을 진행하여 변화를 주는 것도 필요하다.

교사의 표정 관리가 필요하다. 학생의 활동이나 응답이 아주 바람직할 때는 환한 얼굴로 웃으며 칭찬을 해 주고, 응답 내용이 부족할 때는 고개를 갸우뚱거린다든지, 엉뚱한 대답을 했을 때는 고개를 좌우로 흔들어서 응답한 학생이 교사의 표정만 보고도 자신을 돌이켜 반성해 보도록 유도한다.

가끔 "그래, 그렇지." 또는 "아니, 이상한데." 그냥 무표정과 침묵으로 일관하는 등 교사의 몸짓이나 표정을 효율적으로 활용해야 한다. 수업 분위기가 침체되어 있으면 이상한 몸짓을 한다든지, 엉뚱한 말을 하여 분위기를 쇄신할 필요가 있으나 가급적 군소리나 잔소리를 생략해야 한다.

칠판을 탕탕 치거나, "여기 봐." 또는 "알았지?" 등 상투적인 언어 사용을 금해야 한다. 주의를 집중시키기 위해 교사가 말을 하다가 갑자기 침묵하고 있다거나, 갑자기 화난 표정을 한다거나 하여 자연스럽게 주의 집중이 되도록 하고, 학생들이 얼마나 이해하는지 알기 위해서는 학생들의 표정이나 약속된 신호에 의해야 한다.

제시된 과제의 해결을 위한 활동이 개인-소집단-전체로 이어져서 결론에 도달하도록 한다. 어떤 과제에 대한 개인적인 의견을 명확히 하고, 소집단 토의를 통해 자기의 의견이나 생각을 명료화하거나 수정 보완한다. 선생님을 포함한 전체 협의를 통해 자기의 의견을 일반화하는 과정을 거치도록 한다. 그러나 이러한 과정에서 활동의 주체는 학생이 되도록 하고, 교사는 목동이 양을 몰고 가듯이 안내자의 역할만 하는 것이 바람직하다.

가급적 수업안대로 진행하되 상황에 따라서는 수업안의 내용을 생략하거나 다른 내용을 즉흥적으로 삽입하여 수업을 진행하는 기지가 필요하다. 어떤 부분은 더 늘여 진행하고 어떤 부분은 통합하여 진행하는 등 수업 진행 상황에 민감해야 한다.

학생들의 활동을 중시하고, 좀 부족해도 학생들이 내린 결론이 교사의 완벽한 결론보다 합리적이라 생각하는 자세가 필요하다. 학생들의 의견을 무시하고 교사가 결론을 내리면 학생들의 사고가 위축되고, 학습에 대한 적극성이 떨어지게 된다. 너무 급하게 결론에 도달하려 해서도 안 된다. 수업 시간은 끝나 가는데 결론에 도달하지 못했다 해서 - 물론 이런 경우가 발생되지 않도록 수업의 진행 속도를 조절해야 하지만 - 서둘러 결론을 유도해서는 안 된다.

특히 학생 개개인에게 관심을 가져야만 한다. 교사가 관심을 가져주지 않으면 관심을 끌기 위해서 엉뚱한 행동이나 대답, 또는 아무 것도 안 하는 경우를 종종 볼 수 있다. 우수한 두뇌를 소유한 학생일수록 이러한 경향이 많다. 모든 학생들이 생각할 때 '우리 선생님은 나를 가장 사랑하신다'고 생각하도록 행동해야 한다. 이 때 칭찬과 질책을 적절히 활용한다. 칭찬이 효과적이나 학력 상위 학생일수록 적절한 질책이 효과적인 경우가 많다.

수업이 끝나면 반성의 시간을 가져야 한다. 왜 그렇게 되었는지 원인을 분석해 보고, 그에 따른 대응책을 마련해야 한다. 이렇게 하였을 때 수업 방법 개선이 이루어지고 수업에 대해 자신감을 갖게 되어 직장인 학교 생활에 보람을 찾을 수 있다.

3. 수업 참관, 수업 협의

다른 교사의 수업을 참관할 기회가 많으면 많을수록 좋다. 수업을 참관하다 보면 자기의 수업 방식과 견주어지고 평소 생각했던 바를 다시 정립하게 되며 나도 해보고 싶다는 의욕을 갖게 된다.

수업을 참관할 때는 미리 수업의 내용에 때해 생각해 보는 준비가 필요하다. 수업 목표, 내용이나 방법에 대하여 미리 생각해 봄으로 써 수업 참관이 효율적으로 이루어질 수 있기 때문이다.

참관 관점을 갖고 보는 것도 중요하다. 지도 교사의 의도를 미리 알고 수업을 보는 것도 좋다. 수업을 참관하면서 메모를 하고, 더 좋은 방법을 생각해 보아야 한다. 처음에는 비판적인 자세로 보되, 좋은 점을 발견하기 위해 노력하고, 왜 이렇게 수업이 흘러가는지 그 원인을 생각하며 참관한다. 그런 연후에 대책에 대해 생각하고 메모한다.

수업이 끝나면 반드시 수업 협의회를 실시해야 된다. 전체적인 협의회가 어려우면 몇몇 교사들끼리라도 자기의 의견을 발표하고, 토의하는 과정이 반드시 필요하다. 수업자를 공격의 대상으로 생각해서는 안 된다. 우리 모두가 매일 수업을 하므로 수업자가 나 자신이라 생각하고, 수업 내용이 수업 협의회 거리를 제공한 것으로 인식해야 한다.

이러한 과정을 통해서 자기의 생각이 심화되고 확장되게 된다. 새로운 아이디어도 생성된다. 수업 협의회는 이론적인 근거 또는 실천 사례를 중심으로 이루어져야 하며, 한 방향으로의 결론을 유도해서는 안된다. 그러나 모든 교사들이 잘못된 방향으로 의견이 모아질 염려가 있을 경우 다시 생각해 볼 수 있도록 안내하는 리더가 필요하다. 그러나 이때 역시 다른 방향에서도 생각해 보도록 문제만 제시하는 것이 좋다. 다양한 의견을 나누면서 스스로 터득하고, 스스로 결론을 내리도록 해야 한다. 협의회를 통해서 새로운 사실을 가르쳐 주는 것도 중요하지만 교사 스스로 감탄하고 느끼며 자신감을 갖거나, 스스로의 잘못을 깨닫는 기회가 되어야 하며 나도 해보겠다는 의욕을 심어 주는 것이 목적이 되어야 한다.

(예) 수업 참관 관점

과정	구 분	참 관 관 점
도입	동기 유발 목표 인식	·강한 문제 의식을 갖도록 동기를 유발하는가? ·목표의 의미를 이해하고 명확히 인식되고 있는가?
전개	언어 사용 기초 기능 신장	·학습 목표 해결 방안을 궁리하였는가? (학습 문제에 따른 학습 순서 및 학습 방법의 선택) ·교사의 시범 활동이 간결하고 명확한가? ·교사와 아동간 상호 작용을 통해 다양한 사고를 유도하며 국어 사용 기능 요령을 익히고 있는가? ·국어 사용 경험의 기회를 충분히 제공하고 있는가? ·말하기·듣기·읽기·쓰기를 통합적 관점에서 지도하려 하는가?
	교사 활동	·학생들이 성취 의욕을 갖게 개별적으로 자극하는가? ·교사 발문과 학생의 응답이 적절한가? ·교사의 활동과 학생의 활동이 즐거우면서도, 목표 지향적인가?
	학생 활동	·학생들이 즐거운 마음으로 자유롭게 표현하고 적극적으로 언어 사용법 을 익히는가? ·다양하고 창의적인 사고 활동을 하는가? ·협조적인 분위기에서 학습 활동이 이루어지는가?
	자료 활용	·교수·학습 자료를 효과적으로 제작·활용하는가?
정리	학습 정리	·목표 기능의 해결 방법 성취 여부를 정리하고 평가하는가? ·학습된 내용이 언어 생활에 전이되도록 안내하는가?
수업 준비	환경, 자료 교사 태도	·학생들이 학습하기에 쾌적한 환경인가? ·개방적이고 역동적인 교실 환경인가? ·차분하고 허용적인 학습 분위기인가?
수 업 안	수업안 체제	·수업안에 들어갈 내용 요소가 빠짐없이 기술되었는가? ·진술 내용이 창의적이고, 논리적인가? ·시간 배당이 효율적인가? ·목표에서 평가까지 일관성을 유지하고 있는가?
	수업 방법	·학생 활동 프로그램이 흥미있고 목표 달성에 적합한가? ·학생 조직이 학습 목표 달성에 적합한가?
	수업 내용	·교사 발문과 학생의 응답이 구체적으로 제시되었는가? ·교사의 활동과 학생의 활동이 구체적이고 창의적인가?
	자 료	·ICT 자료 활용 계획이 수립되어 있으며 적절한가? ·자료의 내용과 활동 내용이 자세히 진술되었는가?
	평가 및 정리, 과제 안내	·평가 계획 및 평가 결과 활용 계획이 적절한가? ·학습 내용과 관련된 과제를 제시하고 있는가?

4. 수업안 작성 지도 사례

장학 활동을 통해서 수업안을 지도한 사례를 몇 가지 제시해 본다.

(사례1) 말하기 · 듣기 · 쓰기

국어과(말하기 · 듣기 · 쓰기) 교수 · 학습 과정안

<table>
<tr><td rowspan="2">단   원</td><td rowspan="2">다섯째 마당.
(2)숨어있는 의미</td><td rowspan="2">일시</td><td rowspan="2"></td><td rowspan="2">대상</td><td>5학년 1반
(남7, 여9)</td><td>장소</td><td>지도 교사</td></tr>
<tr><td>16명</td><td>교실</td><td></td></tr>
<tr><td>본시주제</td><td colspan="3">중요한 내용이 잘 드러나게 추천하는 글쓰기</td><td>차 시</td><td>6/9</td><td>교과서 쪽수</td><td>말 · 듣 · 쓰
124-125쪽</td></tr>
<tr><td>수업목표</td><td colspan="7">○ 중요한 내용이 잘 드러나게 추천하는 글을 쓸 수 있다.</td></tr>
<tr><td>교수자료</td><td colspan="3">실물 화상기, 학습지</td><td colspan="2">학습 자료</td><td colspan="2">학습지, 상장</td></tr>
</table>

<table>
<tr><td rowspan="2">단계</td><td rowspan="2">학습 요소</td><td colspan="2">교 수 - 학 습 활 동</td><td rowspan="2">자료및
유의점</td></tr>
<tr><td>교   사</td><td>아   동</td></tr>
<tr><td rowspan="2">문제
파악</td><td>◦ 동기유
발</td><td>◉ 동기 유발하기
· 친구의 훌륭한 점들을 찾아
보자.
  오른쪽 옆에 있는 친구의 장점
을 가만히 생각해 보세요. 4자
이내로 한번 메모해 보세요.
  게임이 시작되면 차례가 되었
을 때 옆 친구의 장점을 이야기
해 보는 거예요.</td><td>-내 친구가 최고야
짝꿍의 칭찬할 만한 점들을 말해보
는 시간을 갖는다.
(4박자의 리듬에 맞춰 친구의 장점
이야기한다.)
인사 잘 해, 청소 잘 해, 용돈 아껴,
글씨 잘 써, 모두 친해, 잘 도와
줘……</td><td>(자)컴퓨터
파일 자료</td></tr>
<tr><td>◦ 학습문
제 알아
보기</td><td>◉학습 문제 확인하기
이번 시간에 공부할 내용을 말
하여 봅시다.</td><td>◦학습 문제 발표하기</td><td></td></tr>
<tr><td></td><td></td><td colspan="2" style="text-align:center">학습 문제
중요한 내용이 잘 드러나게 추천하는 글을 써 보자 .</td><td></td></tr>
</table>

단계	학습 요소	교 수 - 학 습 활 동		자료및 유의점
		교　　사	아　　동	
문제 추구	◦추천하는 글을 쓰는 방법 다시 생각하기 ◦학습순서	◉ 전시 학습을 생각해 보자 ○ 전시간에 무엇에 대해 공부했습니까?. ○ 추천하는 글에 들어갈 내용은 무엇이었나요 ○ 학습 순서를 알아봅시다. 　추천하는 글 쓰는 방법 알기 1 .추천할 중요내용 파악하기 2. 추천하는 글에 나타나야 할 것 3. 추천할 글쓰기 4. 발표하기 및 자기 글 친구들과 비교하기	○전시간에 추천하는 글 쓰기 방법에 대해 공부했습니다. -상을 받는 사람과 추천하는 사람이 나타나야 합니다. 생각과 느낌도 필요합니다. 추천할 만한 행동도 필요합니다.	
문제 해결	◦추천하는 글에 들어가는 내용을 다시 한번 알아보자. ◦시범보이기 ◦활동 내용 발표하기	○ 추천하는 글 속에 나타나야 할 것은 어떤 것들이 있었나요? 　(발표가 끝나면 판서 자료로 설명한다.) ○ 자, 그러면 앞에서 정리한 내용을(125p) 바탕으로 하여 훌륭한 친구를 추천하는 글을 써 봅시다. (추천하는 글 읽고 글 내용 파악하기) ○여기 한 친구가 추천하는 글을 가지고 왔는데요 쓰기에 앞서 그 내용을 한번 살펴보기로 하겠습니다. -추천하는 내용은 무엇이었습니까? -생각과 느낌이 나타난 부분은 어디인가요? ○자, 지금부터 쓰기 활동을 간단히 해봅시다. ○각자 정리한 내용을 발표해 봅시다. ○친구들이 발표를 하면 간단히 중요한 부분을 메모하면서 듣습니다. ○추천할 만한 행동은 무엇이었나요? ○생각과 느낌이 나타난 부분은 무엇이었습니까?	-상 이름, 친구이름, 추천할 만한 내용 -추천하는 까닭 -내 생각과 느낌이 나타나야 합니다. -맞춤법에 맞춰 쓰기 -각자 정리한 내용을 바탕으로 추천하는 글을 쓴다. ◦베스트 친절상 김동현 -누구나 더러운 일이나 어려운 일은 피하려고 하는 게 당연한 사람의 마음일 것이다. 하지만 우리 반 김동현은 더럽고, 냄새나는 화장실 청소를 당번들이 어려워 할 때 특히 힘들어 할 때 기꺼이……	추천글 자료 학습지
적용 및 발전	◦학습 내용 정리하기 ◦차시 예고 ◦과제 제시	○추천하는 글을 쓸 때 알아야 할 점에는 어떤 것들이 있었나요? ○그 밖에도 과장이나 추측이 들어가지 않게 있는 사실을 가지고 써야겠습니다. ○이번 시간에 공부한 다음 느낀 점이 있다면 무엇인가요? ○다음 시간에는 여러분이 추천했던 후보들을 직접 여러분이 의논해서 상을 만들고 시상해 보는 시간을 가져보겠습니다. 　각자 추천할 만한 내용을 정리해 옵니다. 또 상을 만들 때 필요한 도구도 준비해 옵니다.	-칭찬할 만한 점을 자세하게 적습니다. -추천하는 사람의 생각과 느낌이 드러나게 씁니다. - 글쓴이의 마음이나 중심 생각이 나타난 부분을 찾습니다. -이번 기회에 여러 친구의 또 다른 면도 찾아보는 기회가 되었습니다.	

판서 및 평가 계획

1. 판서 계획

추천하는 글을 쓰는 방법

○ 잘한 행동을 중심으로 자세하게 밝힌다.

○ 추천하는 사람의 생각이나 느낌이 나타나게 쓴다.

○ 추천하는 까닭을 밝힌다.

○ 추천 기준을 생각하며 내용을 정한다.

2. 형성 평가

○ 추천할 말한 행동이 잘 나타나게 썼는가?

(상) 추천 목적이나 내용이 논리적으로 나타나 있다.

(중) 목적이나 내용이 나타나 있으나 논리적으로 정리하는 게 매끄럽지 못하다.

(하) 추천하는 행동과 이유를 나타내는 데 미흡하다.

(지도 사례)

① 학습 유형의 적용은 적절하나 수업의 각 단계에 따른 활동 내용이 적합해야 합니다.

[문제 파악] 단계란 한 시간 수업의 문제나 과제 또는 목표를 인식하는 단계입니다. 그러므로 동기 유발, 전시 학습 상기, 학습 문제 파악등의 내용이 포함되어야 합니다.

[문제 추구] 단계에서는 학습 문제를 분석하여, 과제를 해결하기 위한 방법이나 순서를 학생들이 명확히 알도록 하는 과정입니다. 그러므로 학습 문제를 명료화하는 활동을 해야 하겠습니다. 학습 방법이나 순서 등을 안내하는 활동을 합니다.

[문제 해결] 단계에서는 목표 달성을 위한 활동을 합니다. 이 때 학생들이 흥미를 가지고 참여하며, 활동을 하면서 학습 목표에 접근되도록 활동 내용이나 방법

이 흥미롭고 창의적이며 목표 지향적이어야 합니다.

　[적용 및 발전]단계에서는 문제 해결 단계에서의 성과를 중심으로 정리하고 일반화하는 과정입니다. 학습 내용 정리, 형성 평가, 과제 안내, 차시 예고 등의 활동이 이루어져야 합니다.

　이에 비추어 볼 때, [문제 추구] 단계에 들어 있는 전시 학습 상기는 [문제 파악] 단계로 오고, [문제 해결] 단계의 첫 부분에 들어 온 추천하는 글에 들어갈 내용이 [문제 추구]로 와야 합니다.

　② 학습 요소 난에 교수·학습 활동 내용을 요약하는 내용을 쓴다면 <동기 유발>을 <친구의 좋은 점 찾기 놀이>로 수정하고, <시범보이기>는 생략하는 것이 좋겠으나 굳이 쓴다면 <추천하는 글 분석하기>로 고치면 좋습니다. <활동 내용 발표하기>도 <쓴 작품 발표하기>로 하면 좋습니다.

　③ 이번 차시는 원리 학습이 끝나고 적용 부분이므로 전 시간에 공부했던 원리에 대한 전시 학습 상기를 반드시 해야 합니다. 친구의 좋은 점 찾기 놀이 역시 놀이 방법을 써주면 좋습니다.

　④ 시간 활용 계획이 없습니다. 예상되는 시간을 산정하여 기록해야 합니다. 유의점 역시 각 활동에서 학생이나 교사가 특히 유의할 사항을 기록합니다.

　⑤ 교사의 발문은 중심 발문만 씁니다. 학생의 활동 역시 학생이 반응할 것으로 예상되는 중심 내용만 예시합니다.

　⑥ 문제 해결 단계에서 학생이나 교사의 활동 내용을 구체적으로 제시하되, 글을 쓰는 기준이나 평가 기준을 제시합니다.

　⑦ 형성 평가 내용 안내가 필요합니다. 별도의 평가지를 활용하거나 관찰 평가 또는 작품 분석 평가 등 어떤 형태로든 반드시 실시하도록 계획합니다. 관찰 평가나 작품 분석 평가를 실시하고자 할 때는 평가 기준을 명확히 해야 합니다.

　⑧ 이번 차시를 6/9차시로 적었으나 내용으로 보아 5/6차시로 보아야 하겠습니다. 아울러 5, 6차시를 연차시로 계획하여 수업을 진행하는 것이 좋겠습니다.

(수정 후 수업안)

국어과(말하기·듣기·쓰기) 교수·학습 과정안

<table>
<tr>
<td rowspan="2">단 원</td>
<td rowspan="2">다섯째 마당.
(2)숨어있는
의미</td>
<td>일시</td>
<td></td>
<td rowspan="2">대상</td>
<td colspan="2">5학년 1반
(남7, 여9) 16명</td>
<td>장소</td>
<td>지도교사</td>
</tr>
<tr>
<td colspan="2"></td>
<td colspan="2">교실</td>
<td></td>
</tr>
<tr>
<td>본시주제</td>
<td colspan="3">중요한 내용이 잘 드러나게 추천하는 글쓰기</td>
<td>차 시</td>
<td>5/9</td>
<td>교과서 쪽수</td>
<td colspan="2">말·듣·쓰 124-125쪽</td>
</tr>
<tr>
<td>수업목표</td>
<td colspan="8">○ 중요한 내용이 잘 드러나게 추천하는 글을 쓸 수 있다.</td>
</tr>
<tr>
<td>교수자료</td>
<td colspan="4">실물 화상기, 학습지</td>
<td colspan="2">학습 자료</td>
<td colspan="2">학습지, 상장</td>
</tr>
</table>

과정	학습 요소	교 수 - 학 습 활 동 교 사	아 동	자료및 유의점
문제파악	○ 친구의 좋은 점 찾기 놀이 (2′)	◉친구의 좋은 점 찾기 놀이를 하여 봅시다. (놀이 방법) ①오른 쪽 옆에 있는 친구의 장점을 4자 이내로 생각하기 ②앞에서 뒤쪽으로 차례대로 돌아가며 말하되, 자기 차례가 되면 박자에 맞추어 친구의 장점 말하기 (교사가 시범을 보임)	(4박자의 리듬에 맞춰 친구의 장점을 이야기 한다.) (예) 인사 잘해, 청소 잘해, 용돈 아껴, 글씨 잘써, 모두 친해 잘 도와 줘……	(유)교사가 시범을 보여 간단히 끝나도록 함
	○ 추천하는 글 쓰는 방법 상기(3′)	◉지난 시간에 무엇에 대해 공부했습니까? ◉추천하는 글에 들어갈 내용은 무엇이었나요?	• 추천하는 글 쓰는 방법에 대해 공부했습니다. • 누가 누구를 추천하는지 나타나게 씁니다. • 추천할 만한 내용을 자세히 씁니다. • 추천하는 사람의 생각이나 느낌도 씁니다.	(유)잘 모르는 학생을 파악하여 적절히 지도함
	○ 학습 문제 알아보기 (3′)	◉ 이번 시간에 공부할 내용을 말하여 봅시다.	• 학습 문제 발표하기	(자)낱말 카드
		학습문제 ♧ 중요한 내용이 잘 드러나게 추천하는 글을 써 보자 .		
문제추구	○ 학습 순서 알아보기(3′)	◉ 학습 순서를 알아봅시다. 1. 친구에게 주고 싶은 상의 이름 생각하기 2. 상을 받을 만한 친구 정하기 3. 내용 개요 정리하기 4. 추천하는 글 쓰기 5. 고쳐 쓰기 ◉ 학습 요령을 알아봅시다. (각 활동별 활동 요령을 안내한다.)	• 교과서 내용을 참고하여, 학습 순서를 생각한다. (소집단별로 학습 순서를 알아본다.)	(유)교과서의 내용을 참고하여 순서를 정하도록 한다.

단계	학습 요소	교 수 - 학 습 활 동		자료및 유의점
		교　　사	아　　동	
문제 해결	◦ 친구에게 　주고 싶은 　상의 이름 　생각하기 ◦ 상을 받을 　만한 친구 　정하기 ◦ 내용 개요 　정리하기 　(7′)	◉ 친구에게 주고 싶은 상의 이름 생각 　하여 볼까요? -생각하게 한 후에 1-2명 발표시킨다. ◉ 상 이름을 쓰고 상을 받을 만한 친구 　를 정하여 봅니다. ◉ 내가 생각한 친구 가운데 한 명을 　골라 추천하는 글을 쓰려고 합니다. 　추천하는 글의 개요를 정리하세요. -상 이름, 친구 이름, 추천할만한 행 　동, 내 생각이나 느낌을 씁니다.	• 예 저는 친절상을 주기 　로 하였어요 왜냐하면 　---. 　(1-2명 발표한다.) • 상 이름과 친구 이름을 　쓴다. • 개요를 정리한다. • 개요를 짠다. 추천할 만한 행동은 육하 원칙에 의해 자세히 쓴다.	(자)교과서　124 쪽, 125쪽에 메 모하게 한다. (유)개요는 메모 형식으로 짠다.
	◦ 추천 하는 　글 쓰기 　(10′)	◉ 125쪽에서 정리한 내용을 중심으로 중 　요한 내용이 잘 드러나게 추천하는 글 　을 쓰세요 -중요한 내용이 잘 드러나려면 육하원칙 　에 의해 쓰는 것이 가장 좋습니다. -자기가 쓴 글을 친구들과 바꾸어 읽어보 　고, 잘된 점과 고칠 점에 대해 토의하세 　요	• 각자 정리한 내용을 바 　탕으로 추천하는 글을 　쓴다. 　(122쪽의 예문을 참고하 　면서 쓴다.) • 육하원칙에 의해 중요한 　내용이 잘 드러나게 썼 　는지 생각하며 토의한 　다.(이유나 근거를 들어 　말하고, 자기의 글을 수 　정 보완한다.)	(자)교과서　126 쪽 (유)평가 기준을 제시한다. (자)실물화상기 (유)공동 퇴고로 평가 기준을 명 료화 시킨다.
	◦ 고쳐 쓰기 　(5′)	◉ 친구들 쓴 글이 잘 써졌는지 살펴보기로 　하겠어요.(실물화상기에 비추어 보면 　서) -친구 이름을 제목으로 썼습니까? -추천하는 내용은 무엇입니까? -생각과 느낌이 나타난 부분은 어디인가 　요? -중요한 내용이 잘 드러나게 써졌습니까?	• 예 잘 썼습니다. • 예, -----입니다. • 예, -----입니다. • 육하원칙에 의해 썼기 때 　문에 잘 알 수 있습니다.	(자)실물화상기
	◦ 고쳐 쓴 글 　발표하기 　(5′)	◉이러한 방법으로 자기 글을 다시 읽고, 　고쳐 쓰세요 ◉고쳐 쓴 글을 발표해 볼까요?(2-3명 발표)	• 각자 고쳐 쓰기 • 평가 기준에 의해 발표 　· 토의	
적용 및 발전	◦ 학습 내용 　정리하기 　(5′)	◉ 지금까지 무슨 공부를 하였나요? ◉ 추천하는 글을 잘 쓸려면 어떻게 써야 하 　나요?	• 중요한 내용이 잘 드러나 　게 추천하는 글을 썼어요 • 추천 받는 사람과 추천하 　는 사람이 잘 드러나게 씁 　니다.	

단계	학습 요소	교 수 - 학 습 활 동		자료및 유의점
		교 사	아 동	
적용 및 발전	∘학습 내용 정리하기 (5′)		• 추천할만한 행동이 잘 드러나게 씁니다. • 추천하는 사람의 생각과 느낌이 드러나게 씁니다.	(유)학습 원리를 다시 돌이켜 보게 하며, 오늘 학습 내용의 확장기회가 되도록 한다.
		◉ 재미있었던 점 어려웠던 점 더 알고싶은 점이 있나요?	• ----한 점이 어려웠어요 등등 -이번 기회에 여러 친구의 또 다른 면도 찾아보는 기회가 되었습니다. • 과제 내용을 메모한다.	
	∘형성평가 (1′) ∘차시예고 및 과제 안내 (1′)	◉ 학생들이 쓴 글을 보면서 평가한다 개인별로 잘된 점과 수정 보충할 점을 알려 준다 ◉ 다음시간에는 여러분이 추천했던 후보들을 직접 여러분이 의논해서 상을 만들고 시상해보는 시간을 가져보겠습니다. 상을 만들 때 필요한 도구도 준비해 옵니다		(유)학생수가 적으므로 쓴 작품을 보면서 즉시 평가해 본다.

판서 및 평가 계획

1. 판서 계획

<표>
| <학습 문제>

 <학습 순서> | <추천하는 글을 쓰는 방법>
 ∘추천하는 사람과 추천받는 사람이 잘 드러 나게 씁니다.
 ∘추천할 만한 행동이 잘 나타나게 씁니다.
 ∘추천하는 사람의 생각이나 느낌이 나타나게 씁니다. |

2. 형성 평가

  ○ 학생들의 작품을 보면서 평가한다.

  (상) 추천하는 글을 쓸 때 필요

한 요소가 빠짐 없으며, 중요한 내용이 잘 드러나게 썼다.

  (중) 추천하는 글을 쓸 때 필요한 요소는 빠짐이 없으나, 추천의 이유나 근거의

     설득력이 미흡하다.

  (하) 추천하는 글을 쓸 때 필요한 요소를 빠뜨리고 썼거나, 추천의 이유나 근거가

     합당하지 않다.

(사례2) 읽기

국어과(읽기) 교수 · 학습 과정안

■ 단   원 : 6-2, 첫째 마당, 마음의 결을 따라(1/9차시)

 소단원 : 2. 이야기 속으로

◆ 준비하기

 ◇ 동기 유발

 ○ 일기장에 대한 이야기 나누기

 - 일기장에 솔직하게 자신의 경험과 생각을 쓰나요?

 - 따로 비밀 일기장을 두고 쓰는가? 그 이유는 무엇인가?

◆ 문제 발견하기

 ◇ 학습 문제 확인

 - 이야기를 창의적으로 읽는 방법에 대하여 알아보자

 ◇ 학습 문제 해결 방법 및 순서 알아보기

 ○ 이야기를 창의적으로 읽는 방법 알기

 ○ 소희의 일기장 읽기

 ○ 생각과 느낌 말하기

 ○ 창의적인 내용 찾아보기

◆ 아이디어 생성하기

 ◇ 이야기를 창의적으로 읽는 방법 알기

 ○ 이야기를 창의적으로 읽는 방법에 대한 설명글을 읽게 한다.

 - 이야기를 창의적으로 읽는다는 것은 어떤 의미인가?

 - 이야기를 창의적으로 읽으면 어떤 점이 좋을까?

 - 이야기를 창의적으로 읽는 방법은?

 ◇ 소희의 일기장 읽기

○ 15쪽 2번의 질문을 생각하면서 창의적으로 읽기

- 주요 등장 인물은 누구인가?

- 소희가 비밀 일기장을 만든 때는 언제인가?

- 소희가 쓰는 일기장은 어떤 것인가?

- 소희가 본 미르의 첫 모습은 어떠하였나?

- 미르가 소희의 눈이 마주치는 순간, 혼자만의 표정을 싹 지워버린 이유는
무엇일까?

◇ 생각과 느낌 말하기

○ '소희의 일기장'에 나오는 문장의 의미를 친구들과 함께 말해보기

- 소희는 미르의 가면을 자신의 검사용 일기장 같은 것이라고 생각하였다.

- 그 애들에게 미르는 이솝우화에 나오는 여우가 따 먹을 수 없는 포도 같은
건 아닐까?

- 그 애를 이해하는 것은 혼자만의 얼굴을 본 사람이 지켜야 하는 아주 작은
예의인 것이다.

◇ 친구들이 말한 내용 중 창의적인 내용 찾아 말해보기

○ 친구들이 말한 내용 중에서 창의적이라고 생각한 부분을 적어 보고, 내가
그렇게 생각한 까닭도 말하여 봅시다.

◆ 정리 활동

◇ 학습 내용 정리하기

○ 이야기를 창의적으로 읽는 방법은?

◆ 아이디어 평가하기

◇ 소희에게 자신의 마음을 전하는 편지글을 써 보기

★ 단위 차시 시간이 부족할 경우 과제로 내준다.

(지도 사례)

① 각 차시의 수업을 설계함에 있어 어떤 교수·학습 유형을 적용할 것인가를 결정하는 것이 중요합니다. 원리 학습인지, 적용 학습인지, 말하기, 듣기, 쓰기인지 읽기, 국어 지식, 문학인지에 따라 학습 유형의 적용이 다를 수 있습니다. 교사의 목적적인 적용도 가능합니다. 그러나 유의할 점은 각 유형이 갖고 있는 특성을 정확히 이해하고 적용해야 한다는 점입니다. 아울러 교재 편찬의 방향도 중요합니다. 교재 내용이 어떤 수업 유형을 적용하는 것이 좋을지 생각해 봅시다.

이번 시간은 본 단원의 두 번째 소단원으로서 첫 시간에 '이야기를 창의적으로 읽는 방법 알아보기'를 공부한 후 그 방법에 의해 '이야기를 읽고, 서로의 생각이나 느낌을 주고받도록' 하고 있습니다. 이러한 구성은 직접 교수 유형 적용의 전형적인 경우입니다.

그러므로 설명하기-시범보이기-질문하기-활동하기로 이어지는 직접 교수 유형을 적용하여 수업하는 것이 가장 바람직하다고 생각됩니다.

② 동기 유발 과정에서의 활동을 소재 중심 즉 일기장에 대한 경험과 목표 중심 즉, 자기의 독서 방법으로 구분하여 생각 해 볼 필요가 있습니다. 동기 유발이 학습 문제와 관련성을 맺도록 하기 위해서는 목표 중심의 동기 유발이 더 적절하지 않은가 하는 의견입니다.

본 수업안 처럼 일기장에 대한 이야기로 수업을 시작하면 일기쓰는 쪽으로 학생들이 생각할 염려가 있다는 것입니다. 창의적 독서나 독서 경험으로부터 이야기를 시작한 후 학습 문제로 들어가야 하겠습니다.

소재 중심의 동기 유발을 할 경우 지금의 내용보다는 일기장이 공개되어 당혹스러웠던 경험 쪽으로 유도하는 것이 더 좋지 않을까 하는 생각이 듭니다.

③ 이야기를 창의적으로 읽는 방법 알기에서 교과서의 설명하는 글을 활용하는 것이 좋습니다. 그러나 수업안에 창의적으로 읽는 방법에 대해 구체적으로 제시하지 않고 있습니다. 이럴 경우 교사가 창의적으로 읽는 방법을 명확히 파악하지 못하여 학생들에게 지도가 소홀할 염려가 있습니다.

> - 인물의 마음이 어떻게 변해 가는지 생각하며 읽기
> - 인물이 처한 상황과 사건의 관계를 헤아리며 읽기
> - 배경이 사건의 전개에 미치는 영향을 파악하며 읽기

위와 같은 학습 방법을 제시한 후 교사가 설명할 때는 이런 방법에 대한 예를 교과서에서 찾아 시범을 보이면 좋겠습니다.

④ 읽기 시간에는 항상 읽는 기회를 제공합니다. 낭독도 해 보고, 묵독도 하도록 합니다. 그런 후에 줄거리를 파악하게 하는 것도 좋습니다. 이 때 분절식 발문에 의한 응답을 모아서 줄거리를 이야기하도록 하는 통합의 과정이 필요합니다.

인물의 마음이 변해가는 과정에 대한 질문, 인물이 처한 상황과 사건을 파악할 수 있도록 하는 질문, 배경과 사건의 관계를 뚜렷하게 해 주는 질문들을 통해서 학생들이 학습 방법을 터득하거나 이해하도록 합니다.

예문에 이솝 우화가 나옵니다. 이솝 우화를 잘 이해하고 있는 학생은 예문을 쉽게 이해할 수 있으나 그렇지 못한 학생은 이해할 수 없으므로 느낌이 피상적일 수 있습니다. 스키마 형성 차원에서 이 이야기를 미리 읽고 오도록 과제를 제시하는 것이 좋겠습니다. 수업에서 이솝 우화를 학생들이 이야기하도록 한 후 수업을 진행하는 것이 좋습니다.

⑤ 생각과 느낌을 말하는 활동을 시작하기 전에 위에 제시된 학습 방법에 의해 창의적으로 말하는 것이 어떤 것인지 평가 기준을 제시하고 그 기준에 의해 말하거나 듣도록 합니다.

교과서 15쪽의 메모 난을 활용하여 학생들의 이야기를 듣고, 창의적인 부분을 적고, 그렇게 생각한 이유도 메모하도록 합니다.

⑥ 정리 활동에서도 창의적으로 읽는 방법을 정리하고자 하는 의도도 좋으나 방법을 명확히 제시해 주는 것이 더욱 좋습니다.

아울러 공부를 하면서 생긴 의문이나 느낌을 자유스럽게 이야기하도록 하여 학생 중심의 수업이 되도록 하며, 학생들이 어떤 부분에서 어려움을 겪는지, 잘못 이해하고

있는지 즉, 질문하기 단계의 활동을 하도록 합니다.

소인수 학급이므로 편지글을 쓰도록 하여 형성 평가를 실시하는 것보다 개인별로 이야기하게 하거나, 수업 과정 중에서 교사가 관찰에 의해 평가하여 기록해 두었다가 다음 시간의 지도에 활용하는 것이 좋겠습니다.

⑦ 학습지의 내용을 보니 교과서 15쪽의 2번 문항을 그대로 옮긴 것에 불과합니다. 이러한 경우는 교과서를 공책처럼 이용하는 것이 좋겠습니다. 아울러 자료 활용에 대한 계획이 미흡합니다. 자료 활용에 대해 좀 더 많은 연구가 필요합니다.

⑧ 수업안에 교사의 발문만 적었는데 교사의 발문과 함께 예상되는, 또는 교사가 바라는 학생의 응답을 적어야 수업의 방향이 명확해 질 수 있습니다. 그렇게 되었을 때 실제 수업에서 학생들의 응답이 다른 방향으로 잘못 나가더라도 교사가 올바른 방향으로 이끌어 갈 수 있습니다.

(수정한 수업안)

■ 단 원 : 6-2, 첫째 마당, 마음의 결을 따라(4/9차시)

소단원 : 2. 이야기 속으로

(예습적 과제) 이솝 우화 '여우와 포도' 이야기 읽고 오기

◆ 도 입

　○ 동기 유발

　　일기에 대한 이야기 나누기

　- 남의 일기장을 몰래 훔쳐 보았다거나 내 일기장이 공개되어 당황했던 경험을
　　이야기해 볼까요?

　- 읽었던 책 중에서 감동적이었던 경험을 이야기해 볼까요?

　- 어떤 부분이 감동적이었고, 왜 감동적이었을까요?

　　(창의적으로 읽었기 때문에 감동적이었음을 암시해 준다.)

◆ 설명하기

　○ 학습 문제 확인

- 이야기를 창의적으로 읽는 방법에 대하여 알아보자.

o 학습 문제 해결 방법 및 순서 알아보기

- 이야기를 창의적으로 읽는 방법 알기

- '소희의 일기장'을 읽고, 내용 알기

- 생각과 느낌 말하기

- 창의적인 내용 찾아보기

o 이야기를 창의적으로 읽는 방법 알기

- 이야기를 창의적으로 읽는 방법에 대한 설명글을 읽게 한다.

- 이야기를 창의적으로 읽는다는 것은 어떤 의미인가?

- 이야기를 창의적으로 읽으면 어떤 점이 좋을까?

- 이야기를 창의적으로 읽는 방법은?

- 인물의 마음이 어떻게 변해 가는지 생각하며 읽기
- 인물이 처한 상황과 사건의 관계를 헤아리며 읽기
- 배경이 사건의 전개에 미치는 영향을 파악하며 읽기

◆ 시범보이기 및 질문하기

  o 소희의 일기장 읽기

  - 2~3명 낭독시키기

  - 내용 파악하기

    · 주요 등장 인물은 누구누구인가?

    · 소희가 비밀 일기장을 만든 때는 언제인가?

    · 소희가 쓰는 일기장은 어떤 것인가?

    · 소희가 본 미르의 첫 모습은 어떠하였나?

    · 미르가 소희의 눈이 마주치는 순간, 혼자만의 표정을 싹 지워버린 이유는
      무엇일까?

• '소희의 일기장'의 줄거리를 이야기해 봅시다

> - 소희네 학교에 미르라는 학생이 전학을 왔다. 그런데 미르는 다른 학생들에게 마음을 열지 않고 혼자만 있곤 했다. 다른 학생들이 관심을 보이고 가까이 하려 했으나 전혀 마음을 열지 않은 것이다. (이하 생략)

- 창의적으로 읽기
  • 미르에 대한 소희의 생각이 어떻게 바뀌어 가는지 이야기해 봅시다
    (건방지고 잘난 척하고, 재수없는 아이→캄캄한 밤 하늘에 혼자 떠 있는 작은 별처럼 춥고 외로운 아이)
  • 얼굴에 가면을 쓰는 것처럼 미르가 표정을 바꾸는 데는 어떤 이유가 있을까?
    (자기의 외로운 처지를 감추기 위해)
  • 소희가 미르를 이해하기로 한 이유는 무엇인가?
    (미르의 본래 모습을 보았기 때문)
  • 미르의 태도와 소희의 행동과는 어떤 관계에 있는지 생각해 봅시다.
    (미르가 자신의 본 모습을 감춤→소희 역시 겉으로는 무관심한 척 함. 그러나 마음속에서는 그를 이해하게 됨)
○ 생각과 느낌 말하기
- 위의 질문을 생각하며 '소희의 일기장'을 다시 읽고, 다음 질문을 중심으로 자기의 느낌을 친구들과 말해보기
  (평가 기준을 알려 준 후, 3~4명으로 조를 편성하여 묻고, 이야기하게 하기)

> (평가 기준)
> - 인물의 마음이 어떻게 변해 가는지 생각하며 말하는가?
> - 인물이 처한 상황과 사건의 관계를 헤아리며 읽었는가?
> - 배경이 사건의 전개에 미치는 영향을 파악하고 있는가?

- 소희는 미르의 가면을 자신의 검사용 일기장 같은 것이라고 생각하였다.

(아무한테도 보여 주고 싶지 않은 것은 비밀 일기장에 쓰고, 검사용 일기장에는 가식적인 것을 쓰는 것처럼, 미르도 혼자만의 표정을 감춰 두고 또 다른 표정으로 사람들을 대하므로)

- 그 애들에게 미르는 이솝 우화에 나오는 여우가 따먹을 수 없는 포도 같은 건 아닐까?

(미르의 주위를 맴돌다 친해지는 데 실패한 여자 애들이 미르와 친구가 되지 못하자, 이솝 우화에 나오는 여우처럼 자기가 따 먹지 못하는 여우처럼 자기가 따 먹지 못하는 포도를 신 포도라고 합리화하는 것 같아서)

- 그 애를 이해하는 것은 혼자만의 얼굴을 본 사람이 지켜야 하는 아주 작은 예의인 것이다.

(미르가 일부러 자신의 혼자만의 표정을 보여 준 것은 아니지만, 미르 혼자만의 얼굴을 보았기 때문에 미르의 겉모습만 보고 잘난 척하고 재수없는 아이라고 판단하는 것은 잘못이라고 생각한다.)

○친구들이 말한 내용 중 창의적인 내용 찾아 말해보기

 - 친구들이 말한 내용 중에서 창의적이라고 생각한 부분을 적어 보고, 내가 그렇게 생각한 까닭도 말해 봅시다.

◆ 정리

  ○ 학습 내용 정리하기

  - 이야기를 창의적으로 읽는 방법은?

> - 인물의 마음이 어떻게 변해 가는지 생각하며 읽는다
> - 인물이 처한 상황과 사건의 관계를 헤아리며 읽는다
> - 배경이 사건의 전개에 미치는 영향을 파악하며 읽는다

  - 이 시간 공부를 하면서 재미있었던 점이나 어려웠던 점 말하기
  - 이해가 잘 안 되는 점이나 더 알고 싶은 점 말하기

○ 차시 및 과제 안내

  - 차시 안내 : '자전거를 타는 물고기'를 창의적으로 읽기

 - 오늘 배운 방법으로 이야기 읽고, 느낀점을 생각하여 전자 우편으로 보내게

   하기(과제는 물론 평가 자료로 활용)

◆ 판서 계획

소단원 : 2. 이야기 속으로

♠ 학습 문제

  이야기를 창의적으로 읽는 방법에 대하여 알아보자.

♠ 학습 방법

  - 인물의 마음이 어떻게 변해 가는지 생각하며 읽는다.

  - 인물이 처한 상황과 사건의 관계를 헤아리며 읽는다.

  - 배경이 사건의 전개에 미치는 영향을 파악하며 읽는다.

♠ 학습 순서

  - 이야기를 창의적으로 읽는 방법 알기

  - '소희의 일기장'을 읽고 내용 알기

  - 생각과 느낌 말하기

  - 창의적인 내용 찾아보기

◆ 평가 계획

 - 학생들이 활동하는 과정에서 창의적인 읽기의 방법으로 읽는지 관찰한다

 - 학생들에게 제시한 과제 내용을 평가 자료로 활용한다.

5. 수업 지도 사례

(수업 지도 사례 1)

---

1. 단원 : 6 - 2 말하기·듣기·쓰기, 넷째 마당, 문제와 해결(2/9)
2. 일시 : 2002년 11월 14일
3. 학습 주제 : 문제에 대한 해결 방안 말하기
4. 수업의 흐름
   - 광고 내용을 동기 유발 자료로 활용하며, <문제-해결 방안>의 짜임으로 글 쓰는 방법에 대한 전시 학습 내용 상기
   - 학습 문제 제시 : 광고를 보고, 문제를 찾아 그에 대한 해결방안에 대해 말하여 봅시다.
   - 학습 문제의 명료화 및 학습 순서 안내
   - 활동1 : 광고에 대한 문제점과 해결 방안에 대해 생각하기
     활동2 : 각 모둠별로 자기 의견 이야기하기
     활동3 : 광고의 아랫부분에 들어갈 말을 넣기
   - 선택 학습지 해결하기
   - 학습 내용 정리
   - 형성 평가 및 차시 예고
   - 과제 제시
5. 수업 지도 형태 : 수업자와 면담

· 멀티 자료를 활용하여 학생들의 흥미를 고조시키면서 수업을 시작한 점이 좋습니다.

· 2차시이므로 전시 학습 내용을 상기시킨 점은 좋으나 지난 시간에 배웠던 <원리>에 대해서만 이야기하게 하는 것이 좋겠습니다.

(지난 시간에 원리를 명확하게 가르치지 못한 것으로 파악되었음)

· 이번 시간과 관련되는 원리를 학생들이 정확히 알고 있지 못하다고 생각되면 시간을 할애하여 다시 그 내용을 지도해야 하겠습니다.

· 동기 유발 내용이 학습 문제와 접근한 내용이어서 학생들이 학습 문제를 파악하

는 데 도움을 주었습니다.

· 멀티 자료를 활용한 후 전원을 끄고 다음 활동으로 진행한 점이 자료의 적시성 및 적절성 면에서 좋았습니다. 계속 켜 둔 채 수업을 진행하는 사례가 많았습니다. 그림 자료 등도 활용한 후 계속 게시해 두어야 할 것이 있고, 즉시 제거해야 할 것이 있는 데 이러한 점에 유의해야 합니다.

· 학생들이 발표를 할 때 정해진 규칙에 의해 발표하는 모습을 보니 학습 훈련에 많은 노력을 한 것으로 생각됩니다. 그러나 어느 단계가 지나면 일정한 패턴에서 탈피할 필요가 있겠습니다.

(6학년 2학기 정도 되면 형식에서 탈피하여, 창의적인 발표 태도가 중요하다고 생각되어 조언함)

특히 토의하는 모습을 보니 자기 의견이나 주장에 집착한 나머지 친구들의 의견을 듣고 자기 의견과 비교하며 수정 보완하는 노력이 보이지 않습니다.

· 학습 순서의 자세한 안내가 좋았습니다. 그러나 학생들이 말하는 기준을 명확히 안내해 주고, 수업 진행 도중 활동이 시작될 때마다 다시 상기시켜 줌으로써, 말하는 방법을 익힐 수 있도록 해야겠습니다.

· 학생 활동은 항상 개인에서 모둠으로, 모둠에서 전체로 진행되도록 하는 것이 바람직하겠습니다. 활동 과제 역시 사고의 과정이 단순한 내용을 앞 부분에 두고, 사고의 과정이 복잡한 과제를 뒤로 배치합니다.

· 학습지 활용은 신중해야 합니다. 학습지 내용이 사고를 자극할 수 있으면 좋겠으나 사고를 제약시킬 염려가 많습니다. 오늘 사용한 학습지 역시 활동하기에서 사용한 것은 교과서의 내용보다 부족한 것 같습니다. 선택 학습에 사용한 것은 내용도 좋고, 사용이 적절한 것 같습니다.

· 학생들이 발표한 내용을 교사가 칠판에 메모하는 것은 좋으나 학생이 발표할 때마다 그 내용을 다시 되새겨 줌으로써 학생들에게 부담을 줍니다. 학생들이 말한 내용을 모두 되새겨 주는 것보다 아주 잘한 내용에는 긍정적인 반응을 보이고, 잘못된 내용에 대해서는 부정적인 반응을 보여 학습의 중심을 잡아가야 하겠

습니다.

· 학생들에게 활동을 시키면서 활동 방법을 안내하고, '3분의 시간을 주겠어요.' 등 시간을 정해 주는 것도 좋았습니다. 학생들이 그 시간 내에 해결하기 위한 노력을 함으로써 시간을 의식하며 활동하는 능력이 길러질 것으로 생각됩니다.

· 선생님의 말끝마다 "～하죠. 그죠?"를 덧붙여 학생들의 사고를 압박하고 있습니다. 언어 습관을 고치기 바랍니다.

· 정리 단계에서 광고에 대해서 정리하도록 하는 것보다 문제를 찾고 그에 대한 이유와 근거를 들어 해결 방안을 말하는 방법 즉, 학습의 원리를 정리하도록 하기 바랍니다. 학생들의 무엇에 대한 답을 해야할지 모를 경우 학습 문제를 다시 상기시킨 후 교사가 힌트를 주어가며 정리를 합니다.

· 학습 문제, 활동 내용, 정리, 형성 평가가 교수·학습 목표를 향하여 일관성있게 진행되어야 합니다.

· 시간 운영에 주의해야 합니다. 정해진 시간 내에 수업의 목표에 도달되도록 운영해야 합니다. 시간이 초과하는 것은 교사가 시간 운영을 잘못하였거나, 계획을 잘못 세운 결과입니다.

· 교사는 임기응변에 능해야 합니다. 수업 진행 도중에 돌출된 학생의 반응을 또 다른 수업의 자료로 활용하는 능력, 학생의 불필요한 발언을 적절히 차단하는 능력을 갖추어야 합니다.

(수업 지도 사례2)

국어과(말하기·듣기·쓰기) 교수·학습 과정안

■ 단   원 : 6-2, 넷째 마당, 문제와 해결(한걸음 더-되돌아보기)

단원	6-2-넷째 마당 문제와 해결		차시	7/9	교과서 쪽수	<말·듣·쓰> 112~113쪽
본시주제	문제와 해결의 짜임으로 글쓰기			수업 유형		문제 해결 학습
학습목표	어린이들의 편식에 대하여 문제와 해결의 짜임으로 글을 쓸 수 있다.			학 습 자 료		교과서, 학습지, ppt
학습과정	학습 요소	교 수 ·학 습 활 동			시 간	자료 및 유의점
평 가 과 제 안 내 하 기	○동기 유발 및 전시 학습 내 용 확인 ○학습 문제 확인	□ 음식에 대하여 이야기 나누기 ○제일 좋아하는 음식 ○제일 싫어하는 음식 ○그러한 음식을 좋아하고 싫어하는 이유 ○좋아하는 음식만을 먹고 산다면 어떤 일이 일어날지 이야기하기 □ 문제와 해결의 짜임으로 글을 쓰는 방법 알아보기 ○처음 부분-문제와 문제를 해결해야 하는 이유, 문제의 심각성, 문제의 원인 ○가운데 부분-원인에 따른 해결 방안 ○끝 부분-강조하는 말, 정리하는 말, 주장하는 말 □학습 문제 확인하기 ┌─────────────────────────┐ │ 편식에 대하여 문제와 해결의 짜임으로 글 │ │ 을 써 봅시다. │ └─────────────────────────┘			5´	㉔대단원의 목표에 따른 원리를 상기시킨다. ㉠ICT자료
과 제 해 결 방 법 알 기	○학습 문제 명료화 과제 해결 방법 탐 색	□ 글의 짜임 알기 ○ 제목-처음-가운데-끝 □ 학습 순서 세우기 ○ 편식에 대한 생각 꺼내기 ○ 글 쓸 내용 정리하기 ○ 문제와 해결의 짜임으로 글 쓰기 ○ 쓴 글 상호 평가하기			5´	㉠ppt

단계	활동	내용	시간	자료 및 유의점
평가 과제 해결 하기	ㅇ학습 순서에 따라 해결하 기	□ 편식에 대한 생각 꺼내기 ㅇ편식'이라는 말을 들으면 생각나는 것 ㅇ나의 식생활 습관 ㅇ편식하는 어린이가 늘어나는 이유 □ 글 쓸 내용 정리하기(개요짜기) ㅇ처음 부분-편식을 하는 어린이가 늘어나는 이 유를 문제로 제시 ㅇ가운데 부분-편식의 원인과 편식을 막기 위한 방법 ㅇ끝 부분-음식을 골고루 먹어 건강을 지키자 □ 문제와 해결의 짜임으로 글 쓰기 ㅇ편식이 문제인 이유, 편식의 원인, 편식의 해결 방안을 중심으로 글 쓰기 ㅇ쓴 글 자신이 평가하기 □ 쓴 글 상호 평가하기 ㅇ친구들의 글을 읽고, 서로 평가하기	25´	㉠모둠별학습 ㉠모둠별학습 ㉠개별학습 ㉠학습지 ㉠평가의 기준 을 명확히 알려 준다
	ㅇ문제·해결 의 짜임으로 글쓰기			
	ㅇ상호 평가하 기			
평가 내용 확인하기	평가 확인	□ 평가 확인하기 ㅇ교사가 작품을 읽고, 보충·심화학습수준 파악 하기	5´	㉠학생 작품
정 리 및 확 인	ㅇ학습 내용 정리 하기	□ 문제와 해결의 짜임으로 글쓰는 방법 정리하기 ㅇ처음 부분-문제와 문제를 해결해야 하는 이유, 문제의 심각성, 문제의 원인 ㅇ가운데 부분-문제가 발생한 원인, 해결 방안 ㅇ끝 부분-강조하는 말, 정리하는 말, 주장하는 말 등 전체의 정리	5´	㉠ppt
	ㅇ차시 예고	□ 한 걸음 더-더 나아가기 **1**, **2**를 선택하여 문제와 해결의 짜임으로 글쓰기		

(수업 지도를 위한 면담 내용)

· 본시만의 목표보다는 단원 전체의 목표를 염두에 둔 수업이 되어야 합니다. 이 단원의 목표가 문제와 문제 해결 방안의 짜임으로 글을 쓰는 것이므로 이를 염두에 두어야 합니다. 그 후 본 차시는 지금까지 배운 내용을 평가하여 학생들의 목표 성취 정도를 파악한 후, 다음 시간에 이루어질 보충·심화 학습의 전 단계임을 잊어서는 안됩니다. 특히 종전처럼 이 시간을 학습 평가로 생각하여 평가 자체에만 중점을 두는 것도 바람직하지 못합니다. 평가 학습의 차원에서 지도해

야 합니다. 평가 학습이란 학생의 목표 도달도 만을 측정하는 것이 아니고, 지금까지의 학습 원리를 정리하고, 평가하며, 평가를 통하여 학습하는 것을 말합니다. 수업안에 시간 계획이 없었는데, 시간 계획을 적절히 세워서 시간 활용에 유의해야 하겠습니다.

· 글쓰기 학습에서는 항상 <제목 정하기-생각 꺼내기-개요 짜기-글쓰기-퇴고하기-제목 수정하기>의 순서를 거치는 것이 좋습니다. 학년 초에 이 과정을 철저히 주지시켜 쓰기 수업 시간마다 이 과정에 의해 글을 쓰는 습관을 길러 주어야 합니다. 교과서 역시 이 과정에 의해 집필되어 있습니다.

· 글쓰기에서는 글 쓰는 기준을 명확히 해 주어야 합니다. 특히 평가에서는 평가 기준을 미리 알려주는 것이 좋고, 학생이 활동을 시작할 때, 친구들과 상호 평가할 때 기준을 제시하면 좋습니다.

· '점심 시간이 곧 되는데 선생님은 ---'으로 시작하여 학생들의 관심을 고조시킨 점이 좋습니다. 그러나 가급적 전시 학습 내용을 상기하는 활동과 동기 유발이 동시에 이루어지는 것이 좋겠습니다.

· 과제 해결 방법 탐색 단계는 기본 학습 차시에서 학습 문제 명료화 단계입니다. 직접 교과서를 보면서 4가지 순서의 해결 방법을 안내하는 것이 좋겠습니다.

· <학습 순서에 따라 해결하기> 단계에서 교사가 분절식으로 발문하지 말고, 앞에서 제시한 학습 순서에 따라 학생들이 스스로 하도록 가만히 두면 좋겠습니다. 이 부분이 바로 평가의 부분이므로 시간만 정해 주고 그 시간 안에 끝내도록 하면 됩니다. 이 부분을 교사가 관여하면 기본 학습이 되고 맙니다. 이 때 교사는 학생들이 문제를 해결하는 과정을 지켜보면서 확인을 하고 기록을 한 후, 작품과 비교하면서 학생의 능력을 판별하는 자료로 활용합니다. 특히 부진할 염려가 있는 학생의 오류 경향을 파악하는 활동을 합니다.

· 발표시킬 때 처음부터 잘하는 학생을 시키지 말고, 하위-중위-상위 또는 중위-하위-상위 아동의 순으로 시키는 것이 좋습니다. 학생이 발표한 후, 그 의견에 대해 다른 학생들이 이어서 발표하도록 합니다. 즉, 앞에서 발표한 학생의 의견에 보충

을 한다거나, 수정 또는 반대 의견을 말하게 하여 최후에는 우수한 학생이 종합하여 결론을 내리도록 교사는 안내만 해주는 역할을 합니다.

· 개인 학습이 끝난 후 다른 학생의 작품을 짝이 읽고 그에 대한 의견을 말하는 것보다, 서로 바꾸어 읽으며 해당 학생에게 자기의 의견을 말해 주어서 스스로 자기 작품을 수정·보완하도록 하는 것이 좋겠습니다. 즉 소집단 학습을 하는 것입니다. 그 후에 한 학생의 작품을 실물화상기에 올려놓고 다 함께 보면서 글 쓰기 기준에 맞추어 의견을 교환합니다. 이때 역시 중위-하위-상위 능력 학생의 순으로 발표를 시킵니다.

· 글쓰기 단계에서 사용한 학습지는 교과서의 쓰는 난으로 대체 하는 것이 좋겠습니다. 수합하여 채점한다거나 게시할 필요가 있다면 복사한다거나 워드로 작성하여 게시하면 됩니다. 학습지 내용을 해결하는 데 너무 많은 시간이 걸립니다. 간단히 메모하는 습관을 길러야겠습니다.

· 정리·확인 단계에서 전체적인 학습 내용이나 원리를 잘 정리하였습니다. 그러나 결론을 빨리 도출해야 하겠다는 교사의 의식이 너무 강하여 학생들의 사고 활동에 앞서 가는 경향이 있습니다. 학생들의 의견을 들으면서 천천히 결론에 도달하기 바랍니다.

· 공책 및 글씨 쓰기에 관심을 갖고 지도하여야 하겠습니다. 단원명, 학습 문제, 학습 원리나 학습 순서 등은 공책에 잘 정리하도록 합니다. 작품은 교과서에 쓰도록 되어 있으므로 교과서에 쓰되, 그 글을 다듬어서 워드로 문서를 작성하여 게시하거나 공책에 첨부하여 두도록 하면 좋겠습니다.

· 정리가 끝나면 반드시 더 알고 싶은 점, 어려웠던 점 등을 물어서 교사가 의도하지 않았던 내용도 학습이 되도록 배려해야 합니다.

③ 국어과 학습 요소별 지도

1. 국어과 학습 요소별 지도 방법

가. 국어과 학습 요소

앞 장에서 국어과의 부분적 교육 과정에 대해 설명한 바 있다. 교육 과정 내용에는 초등 학교 6년 동안에 국어과에서 꼭 배워야 할 내용 요소들을 학생의 발달 단계를 고려하여 골고루 배당하여 지도하도록 하고 있다.

이러한 내용 요소의 배열에 대해 교사들이 전체적으로 이해하고 있다면 국어과 수업을 효율적으로 진행하는 데 많은 도움이 되리라 생각된다.

그러므로, 학습 요소에 따라 사고 과정이나 학습 순서를 제시함으로써 교사들이 한 시간의 수업을 진행하는 데 도움이 되고자 하였다.

나. 활용 방법

국어과 지도는 학습의 원리 즉, 사고의 과정이나 과제 해결의 과정을 학생들이 터득하도록 돕는 활동이다. 그래서 <도입-원리-적용-평가-보충·심화>의 과정을 거쳐 수업을 진행하도록 교과서가 편찬되었다.

한 단원의 수업이 끝날 때까지 일관되게 학습시켜야 할 것이 바로 학습의 원리이다. 학습의 원리를 알게 하고, 적용을 통해 언어 상황에서의 활용도를 높여주는 방법으로 수업이 이루어져야 한다.

이 때 각 단원이나 소단원마다 학습시켜야 할 원리나 과정을 명확히 알고 수업에 임해야 한다. 그러나 이러한 사고 과정을 명확히 제시하기 어렵기 때문에 교과서에서는 중심 발문(말하기·듣기, 쓰기)이나 원리 해설 부분(읽기)을 설정하여 제시하고 있다.

이러한 교과서 내용과 국어 사용 기능의 지도 방법을 중심으로 수업에 활용할 학습의 원리나 과정을 소단원별로 요약 제시함으로써 수업 개선에 도움이 되도록 하였다.

(활용 방법 예시 : 수업안)

학습 문제를 제시하고, 학습 문제를 명료화시킬 때, 시범보이기나 문제 파악 단계에서 원리를 제시할 때, 정리 단계나 전시 학습 내용을 상기할 때, 학생들에게 과제를 제시하고 활동하도록 할 때의 활동 기준으로 형성 평가나 총괄 평가의 평가 기준으로 활용한다.

① 학습 문제를 명료화시킬 때

> - 읽기 1-2, 셋째 마당, 내가 만들었어요(2/9)
> - 학습 문제 : 느낌을 살려 인물이 한 말을 읽어 봅시다.

이 시간의 학습 문제 명료화 측면에서 학생들에게 안내할 점은 느낌을 살려 읽는다는 것, 학습의 순서를 어떻게 해야 하느냐 하는 것이다.

- 느낌을 살려 읽기(학습 방법) : 듣는 사람이 말하는 사람의 심리적, 정서적 상태를 이해하고, 감동하도록 읽는 것이기 때문에 인물이 왜 그런 말을 하게 되었는지 배경을

이해하고, 어조, 어투, 어속에 유의하며 읽어야 한다는 점을 학생들에게 알기 쉽게 알려 준다. 예를 들어 알려주는 것이 가장 좋다.

예를 들어 심청이가 몸이 팔려 떠나면서 아버지께 하직 인사를 한다면, 앞도 못 보는 아버지를 홀로 두고 떠나는 심청이의 애닯은 마음이 잘 드러나도록 읽어야 함을 설명하고, 교사가 직접 시범적으로 읽어주면 좋겠다.

- 학습 순서 안내 : 위와 같은 내용을 안내한 후, 학습 순서를 안내한다.

(학습 순서) 책을 개관적으로 읽기(인물, 사건, 배경에 따라 줄거리 파악하기) → 인물이 한 말을 찾고 그렇게 말하게 된 배경 알아보기 → 인물이 말한 장면을 상상하며 읽기(느낌을 살려 읽기)

② 시범보이기나 문제 파악 단계에서 원리를 제시할 때

▪ 교과서 60쪽 임금의 말을 예를 들어 시범을 보임

- 누가 누구에게 한 말인가?(인물과 인물의 관계 파악)
- 왜 그런 말을 하게 되었는가?(말하는 이의 심정 파악)
- 임금이 돼지와 토끼와 사슴한테 말하는 장면을 상상해 보자.
- 어떤 어조, 어투로 말해야 할까?
- 학생 1 - 2 명을 지명하여 시켜 보기
- 교사가 직접 말하는 것처럼 읽기

(장면을 상상하며 읽도록 함)

위와 같은 과정을 거치면서 학습의 원리를 개관적으로 파악하게 한다.

③ 정리 단계나 전시 학습 내용을 상기할 때
- 이번 시간에 무슨 공부를 했나요?(느낌을 살려 인물이 한 말 읽기 공부를 했어요.)
- 느낌을 살려 인물이 한 말을 읽으려면 어떤 순서로 공부해야 하나요?

> (정리 또는 전시 학습 내용 확인)
> ▪ 인물, 사건, 배경을 생각하며 읽습니다.
> ▪ 인물이 한 말을 찾고 그렇게 말하게 된 배경을 알아봅니다.
> ▪ 인물이 말한 장면을 상상하며 느낌을 살려 읽습니다.

위의 내용을 칠판에 정리하여 준다. 다음 시간(3/9차시)에는 이 정리 내용을 전시 학습 내용 상기 부분에서 확인하고 수업을 시작한다.

④ 학생들에게 과제를 제시하고 활동하도록 할 때의 활동 기준으로

- 이야기 하나씩을 골라 오늘 배운 내용을 생각하며, 느낌을 살려 읽어보고 오세요.

  (과제 제시)

- 읽을 때는 이 시간에 정리한 다음 내용을 생각하며 읽어야 해요.

> (느낌을 살려 인물이 한 말 읽기)
> ▪ 인물, 사건, 배경을 생각하며 읽습니다.
> ▪ 인물이 한 말을 찾고 그렇게 말하게 된 배경을 알아봅니다.
> ▪ 인물이 말한 장면을 상상하며 느낌을 살려 읽습니다.

⑤ 형성 평가나 총괄 평가의 기준으로

> (평가 기준)
> ▪ 인물, 사건, 배경을 생각하며 읽는가?
> ▪ 인물이 한 말을 찾고, 그렇게 말하게 된 배경을 알아보며 읽는가?
> ▪ 인물이 말한 장면을 상상하며 알맞은 어조, 어속, 어투로 읽는가?

이 평가 기준은 학생들이 활동하도록 시키면서 자기 평가 및 학생 상호 평가 기준으로 제시한다. 시간이 끝나면 이 기준에 의해 발표하고, 평가함을 알려 주어 학생들이

이 기준을 의식하고 활동하도록 한다.

※ 2 - 3 시간을 단위로 구성된 소단원을 지도할 때 학습 주제를 보면, 2 - 3시간이 단일 주제로 구성된 경우가 있고, 각 차시마다 상이한 주제로 구성된 경우가 있다. 이 때의 학습 문제는 차시별로 잡지 말고, 주제별로 잡는 것이 좋다.

● 단일 주제의 예 : 읽기 2-1, 넷째 마당,   2. 서로 다른 생각

- 4차시 : 대강의 내용을 생각하며 글을 읽어봅시다.

- 5, 6차시 : 글을 읽고, 대강의 내용을 간추려 봅시다.

  이런 경우 3시간을 한 단위로 생각하여 학습 문제를 '글을 읽고, 대강의 내용을 간추려 봅시다'로 설정하여, 4차시는 설명하기, 질문하기, 시범보이기로, 5, 6차시는 활동하기로 수업을 진행하면 되겠다.

● 복합 주제의 예 : 말하기 · 듣기 · 쓰기 4-2, 둘째 마당,   2. 이야기 세계

- 4차시 : 이야기를 듣고, 생각하거나 느낀 점을 말하여 봅시다.

- 5차시 : 이야기를 듣고, 생각하거나 느낀 점을 글로 써 봅시다.

- 6차시 : 기억에 남는 이야기에 대하여 생각하거나 느낀 점을 편지로 써 봅시다.

  이런 경우 3시간을 각각의 단위로 생각하여 학습 문제를 설정하여 지도합니다. 그러나 4, 5차시는 생각하거나 느낀 점을 말로, 글로 표현하므로 공통점이 있습니다. 이러한 경우는 학습의 원리 터득 부분에서 공통적으로 지도하는 것이 바람직하겠습니다.

2. 국어과 학습 요소 일람표

[말하기·듣기] 1-1	[읽기] 1-1	[쓰기] 1-1
1-1 바른 자세로 듣기	1-1 그림을 보고, 바른 자세로 글 읽기	1-1 바른 자세로 글씨 쓰기
1-2 자신있게 말하기	1-2 글자의 짜임을 알고, 글 읽기	1-2 차례에 맞게 낱자 쓰기
2-1 시를 듣고, 흉내내는 말이 주는 느낌 말하기	2-1 흉내내는 말의 느낌을 살려 시 읽기	2-1 흉내내는 말을 넣어 문장 만들기
2-2 흉내내는 말을 넣어 이야기 꾸며서 말하기	2-2 흉내내는 말의 느낌을 살려 이야기 읽기	2-2 모양을 흉내내는 말을 넣어 문장 만들기
3-1 다른 사람의 말에 귀 기울여 듣기	3-1 글쓴이의 의견을 생각하며 글 읽기	3-1 불러주는 말 받아 쓰기
3-2 생각이 잘 드러나게 말하기	3-2 인물의 의견을 생각하며 글 읽기	3-2 까닭이 드러나게 내 생각 글로 쓰기
4-1 알맞은 인사하기	4-1 문장부호에 주의하며 글읽기	4-1 초대하는 글 쓰기
4-2 전화를 걸거나 받을 때 알맞은 인사말 하기	4-2 글을 알맞게 띄어 읽기	4-2 친구에게 마음 전하는 글 쓰기

[말하기·듣기] 1-2	[읽기] 1-2	[쓰기] 1-2
1-1 재미있게 읽거나 들은 이야기를 생각하며 말하기	1-1 시를 읽고, 느낀 점 말하기	1-1 재미있는 내용을 상상하여 글로 쓰기
1-2 이야기를 듣고 꾸며서 말하기	1-2 이야기를 읽고, 느낀 점 말하기	1-2 그림을 보고, 앞으로 할 일을 상상하여 글로 쓰기
2-1 말을 할 때 주의할 점을 지켜 말하기	2-1 글쓴이의 생각이 잘 드러난 부분을 찾고, 내 생각 말하기	2-1 내 생각이 잘 드러나게 글 쓰기
2-2 생각이 다른 친구의 말을 듣고, 내 생각 말하기	2-2 글을 읽고, 인물의 생각이 드러난 부분을 찾고, 내 생각 말하기	2-2 내 생각이 잘 드러나게 글 쓰기
3-1 말의 재미를 느끼며, 수수께끼와 다섯 고개 놀이하기	3-1 이야기에 나오는 인물이 한 말을 찾고, 느낌을 살려 읽기	3-1 본 것에 대하여 느낌이 잘 드러나게 글 쓰기
3-2 말의 재미를 느끼며, 말 주고받기와 말 전하기 놀이하기	3-2 이야기를 읽고, 인물이 한 일에 대한 생각 말하기	3-2 본 것에 대하여 느낌이 잘 드러나게 글 쓰기
4-1 책을 읽고, 알게된 내용을 분명하게 말하기	4-1 글을 읽고, 중요한 내용 찾기	4-1 알게 된 내용을 글로 쓰기
4-2 다른 사람의 말을 듣고, 알게 된 내용을 분명하게 말하기	4-2 글을 읽고, 중요한 내용 간추리기	4-2 친구에게 소개한 글 쓰기
5-1 잘 하는 점과 열심히 하는 점을 찾아 칭찬하기	5-1 글을 정확하게 소리내어 읽기	5-1 나와 친구 사이에 있었던 일을 글로 쓰기

[말하기 · 듣기] 2-1

1-1 고운 말로 이야기 주고 받기

1-2 알맞은 인사말 하기

2-1 남의 말을 주의 깊게 듣고, 들은 내용 말하기

2-2 이야기를 듣고, 이야기에 나오는 소리를 말로 나타내기

3-1 흉내내는 말을 넣어 재미있게 나타내기

3-2 흉내내는 말을 넣어 이야기 꾸미기

4-1 바른 자세로 말하기

4-2 바른 자세와 알맞은 크기의 목소리로 말하기

5-1 시나 이야기를 듣고, 떠오르는 장면 말하기

5-2 이야기 듣고, 떠오르는 장면 말하기

[읽기] 2-1

1-1 글을 읽고, 느낌이나 생각을 친구들과 주고 받기

1-2 바른 자세로 시와 이야기 읽기

2-1 읽기가 왜 중요한지 생각하며 글 읽기

2-2 글을 읽고, 무엇을 알게 되었는지 정리하기

3-1 반복되는 말이나 흉내내는 말의 느낌 살려 시 읽기

3-2 재미있는 표현이나 생각을 찾으며 시나 이야기 읽기

4-1 가리키는 말이 무엇을 가리키는지 생각하며 글읽기

4-2 대강의 내용 간추리기

5-1 시나 이야기를 실감나게 읽기

5-2 장면을 떠올리며 시나 이야기 읽기

[쓰기] 2-1

1-1 바른 자세로 글 쓰기

1-2 자음과 모음을 모아 낱말 만들기

2-1 쓰기의 중요성을 알고 글 쓰기

2-2 글자의 모양에 주의하며 글씨 쓰기

3-1 꾸며주는 말을 넣어 글 쓰기

3-2 꾸며주는 말을 넣어 재미있게 시 쓰기

4-1 읽을 사람을 생각하며, 내 생각 글로 쓰기

4-2 내 생각이 분명하게 드러나는 글 쓰기

5-1 이야기를 읽고, 이어질 내용을 상상하여 쓰기

5-2 이야기를 읽고, 이어질 이야기를 친구들과 함께 꾸며 쓰기

[말하기 · 듣기] 2-2

1-1 듣는 이가 알기 쉽게 말하기

1-2 내가 아는 것에 대하여 듣는 이가 알기 쉽게 말하기

2-1 인물이 한 일에 대한 나의 생각 말하기

2-2 인물이 한 일에 대한 내 생각이나 느낌 말하기

3-1 생각이 잘 드러나게 말하기

3-2 친구의 말을 끝까지 듣고 내 생각 말하기

4-1 친구들과 자연스럽게 이야기 나누기

4-2 이야깃거리에 알맞은 내용으로 친구들과 이야기 하기

5-1 친구에게 내 마음을 전하는 말하기

[읽기] 2-2

1-1 글을 읽고, 중요한 내용 간추리기

1-2 글을 읽고, 중요한 내용 간추리기

2-1 이야기를 읽고, 이어질 내용 상상하기

2-2 이야기를 읽고, 뒷부분에 이어질 내용 상상하기

3-1 글을 정확하게 소리내어 읽기

3-2 글쓴이나 인물의 의견을 생각하며 읽기

4-1 시나 이야기를 읽고, 생각이나 느낌 말하기

4-2 시나 이야기를 읽고, 생각이나 느낌 말하기

5-1 시나 이야기를 실감나게 읽기

[쓰기] 2-2

1-1 알게 된 내용을 글감으로 글 쓰기

1-2 새로이 알게 된 내용을 글로 쓰기

2-1 꾸며주는 말을 넣어 이어질 내용 쓰기

2-2 꾸며주는 말을 넣어 이어질 내용 쓰기

3-1 내 생각이 잘 드러나게 글 쓰기

3-2 알맞은 까닭을 들어가며 하고 싶은 말을 글로 쓰기

4-1 생각이나 느낌이 잘 드러나게 글 쓰기

4-2 친구에 대한 내 생각이나 느낌을 글로 쓰기

5-1 어른께 고마워하는 마음을 담아 편지 쓰기

[말하기·듣기] 3-1

1-1 듣는 이의 흥미나 관심을 생각하며 말하기

1-2 웃어른께 높임말을 써서 말하기

2-1 시나 이야기를 듣고, 생각이나 느낌 말하기

2-2 이야기를 듣고, 생각이나 느낀 점 말하기

3-1 이야기를 듣고, 일이 일어난 원인과 결과 말하기

3-2 이야기를 듣고, 내 생각을 분명하게 말하기

4-1 시나 이야기를 듣고, 내가 겪은 일과 비교하여 말하기

4-2 시를 듣고 내가 겪은 일을 재미있게 말하기

5-1 아는 내용과 관련지으며 새로운 내용 듣기

5-2 아는 내용과 새로 안 내용을 바탕으로 자세히 말하기

[읽기] 3-1

1-1 글자는 같지만 뜻이 다른 낱말이 어떻게 쓰였는지 생각하며 글읽기

1-2 낱말의 뜻을 생각하며 글을 읽고, 줄거리 간추리기

2-1 느낌을 살려 시 낭송하기

2-2 인물의 성격을 살리며 낭독하기

3-1 이어주는 말의 쓰임을 생각하며 글읽기

3-2 내용의 연결을 생각하며 글을 읽고, 줄거리 간추리기

4-1 일이 일어난 차례를 생각하며 이야기 읽기

4-2 겪은 일과 관련지으며 시나 이야기 읽기

5-1 아는 내용이나 겪은 일과 관련지으며 글읽기

5-2 글을 읽고, 문단의 중심 내용 간추리기

[쓰기] 3-1

1-1 알맞은 문장 부호를 바르게 넣어 글 쓰기

1-2 알맞은 낱말을 넣어 마음을 전하는 글 쓰기

2-1 사람이 하는 일과 닮은 점이 잘 드러나게 글 쓰기

2-2 서로 닮은 점을 떠올려 재미있게 글 쓰기

3-1 원인과 결과가 드러나게 글 쓰기

3-2 원인과 결과가 드러나게 이야기 꾸며 쓰기

4-1 이어질 이야기 상상하여 글 쓰기

4-2 일이 일어난 차례와 인물의 성격을 생각하며 이어질 이야기 쓰기

5-1 아는 내용과 새로 안 내용을 바탕으로 글 쓰기

5-2 새로 안 내용을 바탕으로 글 쓰기

[말하기·듣기] 3-2

1-1 공통점과 차이점이 잘 드러나게 말하기

1-2 공통점과 차이점이 잘 드러나게 말하기

2-1 시 낭송을 듣고, 생각이나 느낀 점 말하기

2-2 좋아하는 이야기에 대한 생각이나 느낌 말하기

3-1 주고받는 말을 듣고, 의견과 그 이유 말하기

3-2 알맞은 이유를 들어가며 내 의견 말하기

4-1 시를 듣고, 시에 나오는 인물이 되어 말하기

4-2 이야기에 나오는 인물이 되어 말하기

5-1 말의 순서와 어울려 쓰는 말을 알고, 자연스럽게 말하기

[읽기] 3-2

1-1 글을 읽고, 새로 안 내용 말하기

1-2 새로 안 내용과 관련이 있는 내용을 더 알아보기

2-1 분위기에 어울리게 시나 이야기 읽기

2-2 이야기의 흐름을 생각하며 읽기

3-1 글을 읽고, 글쓴이의 생각 알아보기

3-2 글쓴이의 생각과 비교하며 읽고, 내 생각 말하기

4-1 시나 이야기를 읽고, 인물의 마음이나 생각 알기

4-2 이야기를 읽고, 나라면 어떻게 했을지 말하기

5-1 읽고 싶은 책 스스로 찾아 읽기

[쓰기] 3-2

1-1 공통점과 차이점이 드러나게 글 쓰기

1-2 공통점과 차이점이 드러나게 글 쓰기

2-1 알고 있는 이야기를 새롭게 꾸며 쓰기

2-2 친구와 이야기를 새롭게 꾸며 쓰기

3-1 의견이 잘 드러나는 글 쓰기

3-2 내 의견이 잘 드러나는 편지글 쓰기

4-1 시를 읽고, 그 시와 비슷한 시 쓰기

4-2 인물들이 주고받은 말을 넣어 글 쓰기

5-1 컴퓨터로 글 옮겨 쓰기

[말하기 · 듣기 · 쓰기] 4-1

1-1 알맞은 이유를 들어가며 의견을 말하거나 글로 쓰기

1-2 이야깃거리에 대해 바른 태도로 의견 주고 받기

2-1 이야기를 듣고, 들은 이야기에 이어질 내용 상상하기

2-2 시나 이야기를 듣고, 이어질 내용 상상하여 쓰기

3-1 방송이나 설명하는 말을 듣고, 중심 내용을 정리하여 말하기

3-2 중심 문장과 뒷받침 문장이 자연스럽게 이어지도록 글 쓰기

4-1 상대방에게 알맞은 말을 써서 예절바르게 말하고 듣기

4-2 여러 종류의 문장을 사용하여 글 쓰기

5-1 시를 듣고 느낌 말하기

5-2 이야기를 듣고, 생각하거나 느낀 점 표현하기

[읽기] 4-1

1-1 글을 읽고, 글의 내용 간추리기

1-2 글의 종류에 따라 다른 방법으로 읽기

2-1 이야기를 읽고, 뒷부분에 이어질 이야기 상상하기

2-2 시의 일부를 바꾸어 표현하기

3-1 이야기를 읽고, 주제 파악하기

3-2 국어 사전에서 낱말을 찾아 뜻 알기

4-1 읽는 목적에 알맞은 방법으로 읽기

4-2 이야기 읽고, 인물의 말이나 행동에 대한 나의 생각 말하기

5-1 이야기를 읽고, 인물의 생각과 한 일을 관련지어 말하기

5-2 이야기를 읽고, 생각하거나 느낀 점을 글로 쓰기

[말하기 · 듣기 · 쓰기] 4-2

1-1 서로 다른 의견을 듣고, 의견 글로 쓰기

1-2 알맞은 이야깃거리를 정하여 토론하기

2-1 시를 읽고, 생각하거나 느낀 점을 여러 가지 방법으로 표현하기

2-2 이야기를 읽고, 생각이나 느낌 표현하기

3-1 소개하려는 내용이 잘 드러나게 쓰기

3-2 우리반 신문에 실을 기사 쓰기

4-1 글에 나오는 인물에 어울리는 표정과 목소리로 말하기

4-2 이야기를 듣고, 내용 간추리기

5-1 겪은 일의 과정이 잘 드러나게 글 쓰기

[읽기] 4-2

1-1 인물의 생각을 비교하고, 의견 말하기

1-2 글쓴이의 주장에 대해 의견 말하기

2-1 시를 읽고, 주제 파악하기

2-2 이야기를 읽고, 주제 파악하기

3-1 글을 읽고, 내용에 알맞은 제목 붙이기

3-2 낱말 사이의 관계 알기

4-1 되풀이되는 말이나 글자 수가 일정하게 반복되는 말이 주는 느낌을 살려 시 낭송하기

4-2 이야기를 읽고, 인물의 성격 파악하기

5-1 책을 끝까지 읽고, 내용과 느낀 점 말하기

[말하기 · 듣기 · 쓰기] 5-1
1-1 비유적 표현을 사용하여 시 쓰기
1-2 시간을 나타내는 말을 사용하여 나에게 있었던 일 쓰기
2-1 분석의 방법을 사용하여 글 쓰기
2-2 분류의 방법을 사용하여 소개하는 글 쓰기
3-1 시의 일 부분을 바꾸어 쓰기
3-2 이야기의 일 부분을 바꾸어 쓰기
4-1 의견이 잘 드러나도록 적절한 예를 들어가며 글 쓰기
4-2 말하는 상황에 어울리게 말하기
5-1 친구가 한 일이 잘 드러나게 방송하기
5-2 중요한 내용이 드러나게 추천하는 글 쓰기

[읽기] 5-1
1-1 비유적 표현을 생각하며 시 읽기
1-2 인물의 성격과 사건의 전개에 주의하며 읽기
2-1 앞뒤 낱말과 문장을 통하여 낱말의 뜻 알아보며 읽기
2-2 표현이 적절한지 생각하며 읽기
3-1 인물의 생각과 인물이 처한 환경에 주의하며 읽기
3-2 인물의 삶을 비교하며 이야기 읽기
4-1 글의 종류를 생각하며 알맞은 방법으로 읽기
4-2 읽는 목적을 생각하며 알맞은 방법으로 읽기
5-1 이어질 이야기를 예측하며 읽기
5-2 스스로 읽을거리를 찾아 읽고, 생각이나 느낌 표현하기

[말하기 · 듣기 · 쓰기] 5-2
1-1 시를 읽고, 인상적인 부분 찾기
1-2 이야기를 듣고 인상적인 표현 찾기
2-1 관찰한 내용을 바탕으로 글 쓰기
2-2 표준어와 방언을 찾아 발표하기
3-1 시를 듣거나 읽고, 생각하거나 느낀 점을 표현하기
3-2 시를 듣거나 읽고, 생각하거나 느낀 점을 표현하기

4-1 의견을 만화로 표현하기
4-2 적절한 근거를 들어가며 토론하기
5-1 알리고 싶은 내용을 신문으로 만들기

[읽기] 5-2
1-1 인상 깊은 표현을 생각하며 글읽기
1-2 비유적인 표현을 이해하며 이야기 읽기
2-1 문장을 구성하는 부분에 주의하며 읽기
2-2 정보를 찾아가며 글읽기
3-1 시를 읽고, 시에 대한 생각이나 느낌 비교하기
3-2 이야기를 읽고, 이야기에 대한 생각이나 느낌 비교하기
4-1 사실과 의견에 주의하며 글 읽기
4-2 사실과 의견에 대한 나의 생각 정리하기
5-1 글에 직접 드러나 있지 않은 내용을 생각하며 읽기

[말하기 · 듣기 · 쓰기] 6-1

1-1 시나 이야기를 듣고, 내 생각 자유롭게 말하기

1-2 이야기를 듣고, 인상깊은 장면을 찾아 말하고, 쓰기

2-1 여러 가지 매체에서 찾은 정보를 정리하여 글 쓰기

2-2 묘사의 방법으로 글 쓰기

3-1 시를 이야기로, 이야기를 시로 바꾸어 쓰기

3-2 극본을 이야기로, 이야기를 극본으로 바꾸어 쓰기

4-1 알맞은 근거를 들어 주장을 말하고 글로 쓰기

4-2 토의 절차에 따라 토의하기

5-1 고유어, 한자어, 외래어, 외국어 구별하기

5-2 속담이나 관용 표현을 상황에 맞게 사용하기

[읽기] 6-1

1-1 글을 읽고, 사건과 배경 정리하기

1-2 사건과 배경의 관계를 파악하며 글읽기

2-1 문단의 내용을 요약하며 기행문이나 견학기록문 읽기

2-2 글을 읽고, 전체의 내용 요약하기

3-1 감각적 표현에 주의하며 읽기

3-2 효과적으로 표현한 부분 찾으며 이야기 읽기

4-1 주장의 근거를 파악하며 읽기

4-2 주장에 대한 근거의 적절성을 파악하며 읽기

5-1 옛글 찾아 읽기

5-2 나의 경험과 비교하며 외국 작품 읽기

[말하기 · 듣기 · 쓰기] 6-2

1-1 시를 듣고, 생각이나 느낌 표현하기

1-2 이야기를 듣고, 친구들과 의견 나누기

2-1 친구와 면담한 내용 말하기

2-2 면담 내용을 정리하여 발표하기

3-1 시를 이야기로 바꾸어 쓰기

3-2 이야기를 시나 극본으로 바꾸기

4-1 문제와 해결의 짜임으로 내용을 전개하여 표현하기

4-2 문제와 해결의 짜임으로 글 쓰기

5-1 여러 가지 형식으로 글 쓰기

[읽기] 6-2

1-1 시를 창의적으로 읽고, 서로의 생각이나 느낌 말하기

1-2 이야기를 창의적으로 읽고, 서로의 생각이나 느낌 말하기

2-1 글의 짜임에 따라 글 요약하기

2-2 읽는 목적에 따라 글 요약하기

3-1 인물이 추구한 삶을 이해하며 읽기

3-2 반영된 문화를 이해하며 이야기 읽기

4-1 문제와 해결 방안과의 관계를 파악하며 읽기

4-2 문제에 대한 해결 방안이 적절한지 판단하며 읽기

5-1 여러 가지 읽을거리를 찾아 읽기

3. 국어과 학습 요소별 지도 계열

■ 줄거리 간추리기

학년-학기	지도 내용(읽기)	비고
1-1		
1-2	4-1 글을 읽고, 중요한 내용 찾기 4-2 글을 읽고, 중요한 내용 간추리기	
2-1	4-2 대강의 내용 간추리기	
2-2	1-1 글을 읽고, 중요한 내용 간추리기 1-2 글을 읽고, 중요한 내용 간추리기	
3-1	1-2 낱말의 뜻을 생각하며 글을 읽고, 줄거리 간추리기 3-2 내용의 연결을 생각하며 글을 읽고, 줄거리 간추리기 5-1 아는 내용이나 겪은 일과 관련지으며 글 읽기 5-2 글을 읽고, 문단의 중심 내용 간추리기	
3-2		
4-1	1-1 글을 읽고, 글의 내용 간추리기	
4-2		
5-1		
5-2		
6-1	2-1 문단의 내용을 요약하며 기행문이나 견학기록문 읽기 2-2 글을 읽고, 전체의 내용 간추리기	
6-2	2-1 글의 짜임에 따라 글 요약하기 2-2 읽는 목적에 따라 글 요약하기	

■ 주제 파악하기

학년-학기	지도 내용(읽기)	비고
1-1		
1-2	2-1 글쓴이의 생각이 잘 드러난 부분을 찾고, 내 생각 말하기 2-2 글을 읽고, 인물의 생각이 잘 드러난 부분을 찾고, 내 생각 말하기	문학적 교재
2-1		
2-2	3-2 글쓴이나 인물의 의견을 생각하며 읽기	실용적 교재
3-1		문학적 교재
3-2	3-1 글을 읽고, 글쓴이의 생각 알아보기 3-2 글쓴이의 생각과 비교하며 읽고, 내 생각 말하기 4-1 시나 이야기를 읽고 인물의 마음이나 생각 알기 4-2 이야기를 읽고, 나라면 어떻게 했을지 말하기	실용적 교재 문학적 교재
4-1	3-1 이야기를 읽고, 주제 파악하기	문학적 교재
4-2	1-1 인물의 생각을 비교하고, 의견 말하기 1-2 글쓴이의 주장에 대하여 의견 말하기 2-1 시를 읽고, 주제 파악하기 2-2 이야기를 읽고, 주제 파악하기 4-2 이야기를 읽고 인물의 성격 파악하기	실용적 교재 문학적 교재
5-1		
5-2	5-1 글에 드러나 있지 않은 내용을 생각하며 읽기	문학적 교재
6-1		
6-2		

■ 생각이나 느낌(감상)

학년 -학기	지도 내용		비고
	말하기 · 듣기 · 쓰기	읽기	
1-1			
1-2		1-1 시를 읽고, 느낀 점 말하기 1-2 이야기를 읽고, 느낀 점 말하기 3-2 이야기를 읽고, 인물이 한 일에 대한 생각 말하기	
2-1	5-1 시나 이야기를 듣고, 떠오르는 장면 말하기 5-2 이야기를 듣고, 떠오르는 장면 말하기	1-1 글을 읽고, 느낌이나 생각을 친구들과 주고 받기	
2-2		4-1 시나 이야기를 읽고, 생각이나 느낌 말하기 4-2 시나 이야기를 읽고, 생각이나 느낌 말하기	
3-1	2-1 시나 이야기를 듣고, 생각이나 느낌 말하기 2-2 이야기를 듣고, 생각이나 느낀 점 말하기 3-2 이야기를 듣고, 내 생각을 분명하게 말하기		
3-2	2-1 시 낭송을 듣고, 생각이나 느낀 점 말하기 2-2 좋아하는 이야기에 대한 생각이나 느낌 말하기		
4-1	5-1 시를 듣고, 느낌 말하기 5-2 이야기를 듣고, 생각하거나 느낀 점 표현하기	4-2 이야기를 읽고, 인물의 말이나 행동에 대한 나의 생각 말하기 5-1 이야기를 읽고, 인물의 생각과 한 일을 관련지어 말하기 5-2 이야기를 읽고, 생각하거나 느낀 점을 글로 쓰기	
4-2	2-1 시를 읽고, 생각하거나 느낀 점을 여러 가지 방법으로 표현하기 2-2 이야기를 읽고, 생각이나 느낌 표현하기	5-1 책을 끝까지 읽고, 내용과 느낀 점을 말하기	
5-1		5-2 스스로 읽을 거리를 찾아 읽고, 생각이나 느낌 표현하기	
5-2	3-1 시를 듣거나 읽고, 생각하거나 느낀 점을 표현하기 3-2 시를 듣거나 읽고, 생각하거나 느낀 점을 표현하기	3-1 시를 읽고, 시에 대한 생각이나 느낌 비교하기 3-2 이야기를 읽고, 이야기에 대한 생각이나 느낌 비교하기	
6-1	1-1 시나 이야기를 듣고, 내 생각 자유롭게 말하기 1-2 이야기를 듣고, 인상깊은 장면을 찾아 말하고 쓰기		
6-2	1-1 시를 듣고, 생각이나 느낌 표현하기 1-2 이야기를 듣고, 친구들과 의견 나누기	1-1 시를 창의적으로 읽고, 서로의 생각이나 느낌 말하기 1-2 이야기를 창의적으로 읽고, 서로의 생각이나 느낌 말하기	

■ 이어질 이야기 상상하기

학년 -학기	지도 내용		비고
	말하기 · 듣기 · 쓰기	읽기	
1-1			
1-2			
2-1	5-1 이야기를 읽고, 이어질 내용을 상상하여 쓰기 5-2 이야기를 읽고, 이어질 이야기를 친구들과 함께 꾸며 쓰기		
2-2	2-1 이야기를 듣고, 꾸며주는 말을 넣어 이어질 내용 쓰기 2-2 꾸며주는 말을 넣어 이어질 내용 쓰기	2-1 이야기를 읽고, 이어질 내용 상상하기 2-2 이야기를 읽고, 뒷부분에 이어질 내용 상상하기	
3-1	4-1 이어질 이야기 상상하여 글 쓰기 4-2 일이 일어난 차례와 인물의 성격을 생각하며 이어질 이야기 쓰기	4-1 일이 일어난 차례를 생각하며 이야기 읽기	
3-2		2-2 이야기의 흐름을 생각하며 읽기	
4-1	2-1 이야기를 듣고, 들은 이야기에 이어질 내용 상상하기 2-2 이야기를 듣고, 들은 이야기에 이어질 내용 상상하여 쓰기	2-1 이야기를 읽고, 뒷부분에 이어질 이야기 상상하기	
4-2			
5-1		1-2 인물의 성격과 사건의 전개에 주의하며 읽기 5-1 이어질 이야기를 예측하며 읽기	
5-2			
6-1			
6-2			

■ 효과적인 표현

학년 -학기	지도 내용		비고
	말하기·듣기·쓰기	읽기	
1-1	2-1 흉내내는 말을 넣어 이야기 꾸며서 말하기 2-1 흉내내는 말을 넣어 문장 만들기 2-2 모양을 흉내내는 말을 넣어 문장 만들기		
1-2			
2-1	3-1 흉내내는 말을 넣어 재미있게 나타내기 3-2 흉내내는 말을 넣어 이야기 꾸미기 3-1 꾸며주는 말을 넣어 글 쓰기 3-2 꾸며주는 말을 넣어 재미있게 나타내기	3-2 재미있는 표현이나 생각을 찾으며 시나 이야기 읽기	
2-2			
3-1	2-1 사람이 하는 일과 닮은 점이 잘 드러나게 글 쓰기 2-2 서로 닮은 점을 떠 올려 재미있게 글 쓰기		
3-2			
4-1			
4-2			
5-1	1-1 비유적 표현을 사용하여 시 쓰기	1-1 비유적인 표현을 생각하며 시 읽기 2-2 표현이 적절한지 생각하며 읽기	
5-2		1-1 인상깊은 표현을 생각하며 글읽기	
6-1	2-2 묘사의 방법으로 글 쓰기	3-1 감각적 표현에 주의하며 읽기 3-2 효과적으로 표현한 부분 찾으며 이야기 읽기	
6-2			

■ 정보 파악의 읽기

학년-학기	지도 내용	비고
1-1	3-1 글쓴이의 의견을 생각하며 글읽기 3-2 인물의 의견을 생각하며 글읽기	
1-2		
2-1	2-1 읽기가 왜 중요한지 생각하며 글읽기 2-2 글을 읽고, 무엇을 알게 되었는지 정리하기	
2-2		
3-1		
3-2	1-1 글을 읽고, 새로 안 내용 말하기 1-2 새로 안 내용과 관련이 있는 내용을 더 알아보기	
4-1	1-2 글의 종류에 따라 다른 방법으로 읽기 4-1 읽는 목적에 알맞은 방법으로 읽기	
4-2		
5-1	4-1 글의 종류를 생각하며 알맞은 방법으로 읽기 4-2 읽는 목적을 생각하며 알맞은 방법으로 읽기	
5-2	2-1 문장을 구성하는 부분에 주의하며 읽기 2-2 정보를 찾아가며 글읽기	
6-1	4-1 주장하는 근거를 파악하며 읽기 4-2 주장에 대한 근거의 적절성을 파악하며 읽기	
6-2		

■ 정보와 관련된 말하기 · 듣기 · 쓰기

학년-학기	지도 내용	비고
1-1	3-1 다른 사람의 말에 귀 기울여 듣기 3-2 생각이 잘 드러나게 말하기 3-2 까닭이 드러나게 내 생각 글로 쓰기	말 · 듣 · 쓰기
1-2	2-2 생각이 다른 친구의 말을 듣고, 내 생각 말하기 2-1 내 생각이 잘 드러나게 글 쓰기 2-2 내 생각이 잘 드러나게 글 쓰기	말 · 듣 · 쓰기
2-1	2-1 남의 말을 주의 깊게 듣고, 들은 내용 말하기 4-1 읽을 사람을 생각하며 내 생각 글로 쓰기 4-2 내 생각이 분명하게 드러나는 글 쓰기	말 · 듣 · 쓰기
2-2	3-1 생각이 잘 드러나게 말하기 3-1 내 생각이 잘 드러나게 글 쓰기 3-2 알맞은 까닭을 들어가며 하고 싶은 말을 글로 쓰기	말 · 듣 · 쓰기
3-1	1-1 듣는 이의 흥미나 관심을 생각하며 말하기 5-1 아는 내용과 관련지으며 새로운 내용 듣기 5-2 아는 내용과 새로 안 내용을 바탕으로 자세히 말하기	말 · 듣 · 쓰기
3-2	1-1, 1-2 공통점과 차이점이 잘 드러나게 말하기 1-1, 1-2 공통점과 차이점이 잘 드러나게 글 쓰기 3-1 의견이 잘 드러나는 글 쓰기 3-2 내 의견이 잘 드러나는 편지 쓰기	말 · 듣 · 쓰기
4-1	1-1 알맞은 이유를 들어가며 의견을 말하거나 글로 쓰기 3-1 방송이나 설명하는 말을 듣고, 중심내용을 정리하여 말하기 3-2 중심 문장과 뒷받침 문장이 자연스럽게 이어지도록 글 쓰기	
4-2	1-1 서로 다른 의견을 듣고, 의견 글로 쓰기 3-1 소개하려는 내용이 잘 드러나게 쓰기 4-2 이야기를 듣고, 내용 간추리기	
5-1	4-1 의견이 잘 드러나도록 적절한 예를 들어가며 글 쓰기 5-2 중요한 내용이 드러나게 추천하는 글 쓰기	
5-2	2-1 관찰한 내용을 바탕으로 글 쓰기 4-2 적절한 근거를 들어가며 토론하기	
6-1	2-1 여러 가지 매체에서 찾은 정보를 정리하여 글 쓰기 4-1 알맞은 근거를 들어 주장을 말하고, 글로 쓰기 5-2 속담이나 관용 표현을 상황에 맞게 사용하기	
6-2	2-2 면담한 내용을 정리하여 발표하기 4-1 문제와 해결의 짜임으로 내용을 전개하여 표현하기 4-2 문제와 해결의 짜임으로 글 쓰기	

■ 효과적인 낭독(낭송)

학년-학기	지도 내용(읽기)	비고
1-1	2-1 흉내내는 말의 느낌을 살려 시 읽기 2-2 흉내내는 말의 느낌을 살려 이야기 읽기 4-1 문장 부호에 주의하며 글읽기 4-2 글을 알맞게 띄어읽기	
1-2	3-1 이야기에 나오는 인물이 한 말을 찾고, 느낌을 살려 읽기 5-1 글을 정확하게 소리내어 읽기	
2-1	1-2 바른 자세로 시와 이야기 읽기 3-1 반복되는 말이나 흉내내는 말의 느낌 살려 시읽기 5-1 시나 이야기를 실감나게 읽기 5-2 장면을 떠올리며 시나 이야기 읽기	
2-2	3-1 글을 정확하게 소리내어 읽기 5-1 시나 이야기를 실감나게 읽기	
3-1	1-1 글자는 같지만 뜻이 다른 낱말이 어떻게 쓰였는지 생각하며 글읽기 2-1 느낌을 살려 시 낭송하기 2-2 인물의 성격을 살리며 낭독하기	
3-2	2-1 분위기에 어울리게 시나 이야기 읽기	
4-1		
4-2	4-1 되풀이되는 말이나 글자 수가 일정하게 반복되는 말이 주는 느낌 을 살려 시 낭송하기	
5-1		
5-2		
6-1		
6-2		

■ 시 쓰기

학년-학기	지도 내용(쓰기)	비고
1-1		
1-2	3-1 본 것에 대하여 느낌이 잘 드러나게 글 쓰기 3-2 본 것에 대하여 느낌이 잘 드러나게 글 쓰기	
2-1	3-2 꾸며주는 말을 넣어 재미있게 시 쓰기	
2-2	2-1 꾸며주는 말을 넣어 시 쓰기 4-2 친구에 대한 내 생각이나 느낌을 글로 쓰기	2-1-1
3-1	2-1 사람이 하는 일과 닮은 점이 잘 드러나게 글 쓰기 2-2 서로 닮은 점을 떠 올려 재미있게 글 쓰기	
3-2	4-1 시를 읽고, 그 시와 비슷한 시 쓰기	
4-1	2-2 시나 이야기를 듣고 이어질 내용 상상하여 쓰기 5-1 시를 읽고, 생각이나 느낌이 잘 드러나게 시 바꾸어 쓰기	2-2-1
4-2	2-1 시를 읽고 생각이나 느낌 쓰기	2-1-1
5-1	1-1 비유적 표현을 사용하여 시 쓰기 3-1 시의 일부분을 바꾸어 쓰기	
5-2	1-1 시를 바꾸어 쓰고, 인상적인 표현을 찾아 말하기	1-1-2
6-1	3-1 시를 이야기로, 이야기를 시로 바꾸어 쓰기	
6-2	3-1 시를 이야기로 바꾸어 쓰기 3-2 이야기를 시나 극본으로 바꾸어 쓰기	

※비고란의 2-2-1은 단원-소단원-차시를 표시한 것임

국어과 학습 요소별 사고 과정 예시

1. 1학년

【말하기 · 듣기 1 - 1】

■ 첫째 마당

● 소단원① 바른 자세로 듣기

　◦ 말하는 사람을 바라보며 듣습니다.

　◦ 다른 친구와 이야기하지 않고 듣습니다.

　◦ 자신의 생각과 비교하며 듣습니다.

　　▪ (지도 중점)말하기, 듣기의 기초적인 자세에 대하여 지도하는 단원이다. 바른 자세로 듣지 않을 때 어떤 일이 일어나는지 알게 하여, 바르게 듣는 필요성을 강조한다.

● 소단원② 자신있게 말하기

　◦ 말끝을 흐리지 않고 분명하게 말합니다.

　◦ 친구들을 바라보며 말합니다.

◦ 다른 사람이 잘 들을 수 있게 또렷한 목소리로 말합니다.

  ▪ (지도 중점)기본 학습 훈련의 차원에서 바르게 듣는 요령을 알게 하고, 매 시간마다 계속적으로 강조 지도하여 습관화시킨다. 개인의 듣는 습관을 파악하여 개별 지도한다.

■ 둘째 마당

● 소단원① 시를 듣고, 흉내내는 말이 주는 느낌 말하기

  ◦ 흉내내는 말을 사용하면 좋은 점을 알아봅니다.

  - 소리를 재미있게 나타낼 수 있습니다.

  - 모양이나 장면을 그림을 보듯 실감있게 느낄 수 있습니다.

  - 소리가 들리는 듯하여 실감이 납니다.

  - 모양이나 장면이 눈앞에 떠오릅니다.

  ◦ 시를 듣고, 흉내내는 말이 주는 느낌을 알아봅니다.

  - 흉내내는 말이 무엇인지 알아봅니다.

  - 소리를 상상하며 듣습니다.

  - 모양과 장면을 상상하며 듣습니다.

  ▪ (지도 중점)흉내내는 말이 무엇인지 알게 하기 위하여 많은 예를 들어주고, 흉내내는 말을 넣어 낭송하면서 느낌을 스스로 체득하게 한다.

● 소단원② 흉내내는 말을 넣어 이야기 꾸며서 말하기

  ◦ 인물의 행동을 재미있게 나타낼 수 있습니다.

  ◦ 인물이나 사물들의 소리를 재미있게 나타낼 수 있습니다.

  ◦ 이야기가 재미있게 진행되고 듣는 이가 실감나게 들을 수 있습니다.

  ▪ (지도 중점)흉내내는 말을 넣어 꾸며 말하는 경험을 중시하는 차원에서 재미있는 놀이를 통해 학습하도록 한다. 흉내내는 말을 여러 개 적어 놓고 짧은 글 짓기의 놀이를 할 수 있다. 이 때 흉내내는 말의 적절성에 유의하도록 한다.

■ 셋째 마당

• 소단원① 다른 사람의 말에 귀 기울여 듣기

  ◦ 장면을 상상하며 듣습니다.

  ◦ 이야기의 흐름을 생각하며 듣습니다.

  ◦ 자기의 경험이나 생각과 비교하며 듣습니다.

  ▪ (지도 중점)이야기를 듣고, 그 이야기의 줄거리를 말하게 함으로써 다른 사람의
    말을 귀 담아 듣도록 한다. 대부분의 아이들은 자기가 할 말에 신경을 쓰되
    남의 말을 듣지 않는 경향이 있다. 그러나 남의 말을 듣지 않으면 자기의 생각
    도 정리되지 않는다.

• 소단원② 생각이 잘 드러나게 말하기

  ◦ 듣는 사람이 알아들을 수 있도록 또박또박 말합니다.

  ◦ 이유나 근거를 들어가며 말합니다.

  ▪ (지도 중점)주제를 정하여 말하는 활동을 경험하게 한다. 듣는 이의 처지를
    생각하며 설득력 있게 말하는 것이 중요하다.

■ 넷째 마당

• 소단원① 알맞은 인사말하기

  ◦ 알맞은 인사말을 해야 하는 까닭

  - 친하게 지낼 수 있습니다.

  - 기분이 좋아집니다.

  ◦ 상황에 맞는 인사말을 알아봅니다.

  ◦ 몸짓, 표정, 어조를 단정하고 부드럽게 합니다.

  ▪ (지도 중점)장면을 설정하여 연습하거나 역할놀이를 통해 경험시킨다. 언어 상황
    을 중시한다. 알고는 있으면서 실제 상황에서 서투른 일이 없도록 한다. 잘못된
    인사말은 시범을 보임으로써 알맞은 인사 방법을 터득할 수 있게 할 수 있다.

• 소단원② 전화를 걸거나 받을 때 알맞은 인사말 하기

◦ 전화를 걸거나 받을 때 자기 신분을 먼저 밝힙니다.

◦ 밝고 명랑한 목소리로 말합니다.

◦ 너무 오래 말하지 않습니다.

◦ 상대방의 말을 들어가면서 자기 이야기를 합니다.

◦ 전화를 걸어 온 쪽보다 먼저 끊지 않습니다.

◦ 전화를 잘못 걸었을 때 사과합니다.

◦ 잘못 걸려 온 전화를 받았을 때 기분 나쁘게 말하지 않습니다.

▪ (지도 중점)전화 거는 장면을 설정하여 방법을 안내한 후 모둠별로 모이게 한다.
모형 전화기를 이용하고, 칸막이를 활용하여 전화 놀이를 한다.

【읽기 1 - 1】

■ 첫째 마당

● 소단원① 그림을 보고, 바른 자세로 글 읽기

◦ 그림을 보고, 그림의 내용을 생각합니다.

◦ 그림에 나오는 인물과 이름을 연결지어 읽습니다.

◦ 글자의 형태에 주의하며 읽습니다.

◦ 바른 자세로 읽습니다.

- 허리를 곧게 펴고, 의자 등받이에 닿게 앉습니다.

- 책은 바르게 세우고, 눈과의 거리를 알맞게 합니다.

▪ (지도 중점)그림에 대하여 이야기를 하고, 낱말 카드를 붙이면서 그림과 낱말이
서로 연관성을 갖도록 반복 지도한다. 낱자의 형태에 주의하도록 환기시킨다.
바른 자세로 책 읽는 습관이 정착되도록 계속 지도한다.

● 소단원② 글자의 짜임을 알고, 글읽기

◦ 글자가 만들어지는 원리를 알아봅니다.

- 닿소리와 홀소리가 어울려 글자를 이룹니다.

◦ 받침이 없는 글자의 짜임을 알아봅니다.

◦받침이 있는 글자의 짜임을 알아봅니다.

▪(지도 중점)글자가 만들어지는 원리를 스스로 터득하도록 많은 기회를 제공한다. 닿소리와 홀소리를 강제로 외우게 할 필요는 없지만 어느 정도 원리를 터득하면 외웠는지 확인한다.

■ 둘째 마당

● 소단원① 흉내내는 말의 느낌을 살려 시 읽기

◦흉내내는 말을 알아봅니다.

- 소리를 흉내내는 말과 모양을 흉내내는 말이 있습니다.

◦흉내내는 말의 느낌을 생각해 봅니다.

- 장면을 상상하며 흉내내는 말을 소리내어 읽습니다.

- 흉내내는 말을 다른 말로 바꾸어 봅니다.

- 흉내내는 말을 행동으로 표현해 봅니다.

◦인물과 장면을 상상하며 느낌을 살려 읽습니다.

▪(지도 중점)흉내내는 말의 재미를 느낄 수 있게 하며, 시 읽기에 흥미를 갖도록 하는 데 의의가 있다.

● 소단원② 흉내내는 말이 주는 느낌을 살려 이야기 읽기

◦흉내내는 말을 찾아봅니다.

◦흉내내는 말이 무엇을 흉내내는지 생각해 봅니다.

◦그 장면을 상상하면서 느낌을 살려 읽습니다.

▪(지도 중점)흉내내는 말을 빼고 읽은 후, 흉내내는 말을 넣어 읽음으로써 분위기를 비교시킬 수 있다.

■ 셋째 마당

● 소단원① 글쓴이의 의견을 생각하며 글읽기

◦의견이란 무엇인지 알아봅니다.

- 어떤 일에 대한 자기 나름대로의 생각을 의견이라 합니다.

◦ 글을 읽고, 의견을 찾아봅니다.

- 자기의 입장에서 생각한 것입니다.

- 사람이나 상황에 따라 다르게 생각할 수 있는 것이 의견입니다.

◦ 나의 의견과 비교하며 읽습니다.

▪ (지도 중점)예를 들어가며 의견에 대해 설명해 주고, 의견에 주의하며 읽도록 하여 의견의 개념을 확실히 알게 한다.

● 소단원② 인물의 의견을 생각하며 글읽기

◦ 글을 읽으며 의견이 되는 문장을 찾아봅니다.

◦ 인물들의 의견이 왜 다른지 생각해 봅니다.

◦ 나의 생각과 비교하며 읽습니다.

▪ (지도 중점)여러 의견을 비교하거나 나의 의견과 비교해 보는 활동을 통해 비판적인 독서의 기초를 다진다.

■ 넷째 마당

● 소단원① 문장 부호에 주의하며 글읽기

◦ 문장 부호에 대해 알아봅니다.

- 문장 부호에는 .(온점), ?(물음표), !(느낌표), ,(반점)이 있습니다.

◦ 문장 부호의 쓰임에 대해 알아봅니다.

- 온점은 풀이하는 문장의 끝에 쓴다.

- 물음표는 묻는 문장의 끝에 쓴다.

- 느낌표는 느낌을 나타내는 문장의 끝에 쓴다.

- 반점은 부르는 말이나 대답하는 말 뒤에 쓴다.

◦ 문장 부호에 주의하며 읽습니다.

- 어조, 어감을 생각하며 읽습니다.

- 문장부호가 주는 뜻을 생각하며 읽습니다.

• (지도 중점) 여러 문장을 접하여 봄으로써 문장 부호의 뜻, 쓰임, 읽는 방법을
  알도록 한다.

● 소단원② 글을 알맞게 띄어읽기

  ◦ 문장 부호가 나오면 그 다음에 띄어 읽습니다.

  ◦ 좀 더 길게 띄어 읽어야 할 곳을 알아봅니다.

  - 문장의 뜻이 달라지면서 상황이 바뀌는 곳에서는 좀더 길게 띄어 읽습니다.

  • (지도 중점)문단을 중심으로 의미가 바뀌는 곳에서 쉬어 읽도록 한다. 하나의
    문장 속에서 의미의 단락이나 호흡을 위하여 띄어 읽는다. 문장과 문장은 쉬어
    읽는다.

【쓰기 1 - 1】

■ 첫째 마당

● 소단원① 바른 자세로 글씨 쓰기

  ◦ 글씨 쓰는 자세를 바르게 합니다.

  - 엉덩이가 의자 맨 뒤까지 닿도록 앉습니다.

  - 허리를 곧게 펴고 앉습니다.

  - 손으로 턱을 괴지 않습니다.

  - 고개를 너무 숙이지 않습니다.

  - 양 발을 적당한 너비로 벌립니다.

  ◦ 연필을 바르게 잡고 글씨를 씁니다.

  - 연필을 가운뎃 손가락으로 받치고, 엄지 손가락을 모아 잡습니다.

  - 연필을 너무 세우지 않습니다.

  - 적당한 힘을 주어 잡습니다.

  - 깎은 부분보다 약간 길게 잡습니다.

  • (지도 중점)집필과 앉는 자세가 습관화 되도록 개인별로 지도하며 수시로 교정
    한다. 글씨 쓰기 자세에서 상체의 각도, 집필, 발의 위치가 중요하므로 이 부분

에 관심을 갖고 지속적으로 지도한다.

● 소단원② 차례에 맞게 낱자 쓰기

　◦ 글자의 짜임을 알아봅니다.

　◦ 글씨 쓰는 순서(필순)를 알아봅니다.

　- 위를 먼저 쓰고 아래를 씁니다.

　- 왼쪽을 먼저 쓰고 오른쪽을 씁니다.

　◦ 글자의 모양을 생각하며 글씨를 씁니다.

　▪ (지도 중점)낱자의 필순을 정확히 익히도록 한다. 틀릴 염려가 있는 낱자의
　필순에 대하여 집중 지도한다. 글씨를 잘 쓰고 못쓰는 것은 글자의 모양과
　관계가 있다.

■ 둘째 마당

● 소단원① 소리를 흉내내는 말을 넣어 문장 만들기

　◦ 흉내내는 말의 쓰임을 알아봅니다.

　◦ 장면을 상상하며 장면에 적합한 흉내내는 말을 찾습니다.

　◦ 문장에 잘 어울리는지 생각해 봅니다.

　▪ (지도 중점)한 가지 장면에도 여러 가지 흉내내는 말을 찾도록 하여 적절한
　말을 사용하도록 한다.

● 소단원② 모양을 흉내내는 말을 넣어 문장 만들기

　◦ 흉내내는 말의 쓰임을 알아봅니다.

　◦ 흉내내는 말을 넣어 문장을 만들고, 장면을 상상해 봅니다.

　▪ (지도 중점)흉내내는 말을 적절하게 사용하도록 한다. 놀이를 통해서 다양하게
　활용하는 연습을 시킬 수 있다.

■ 셋째 마당

● 소단원① 불러주는 말 받아쓰기

◦불러주는 말을 잘 듣습니다.

◦받침이 있는 말에 유의하며 받아쏩니다.

◦받아 쓴 말을 다시 보면서 틀린 곳이 있으면 고쳐 씁니다.

▪(지도 중점) 친구들끼리 받아쓰기 놀이를 하거나 자기가 녹음하며 읽고, 녹음 내용을 들으며 받아쓰는 활동을 하면 좋다. 연음의 원리에 관심을 갖도록 지도한다.

● 소단원② 까닭이 드러나게 내 생각을 글로 쓰기

◦글감이나 주제를 파악합니다.

◦글감이나 주제에 대한 나의 생각을 명확히 합니다.

◦왜 그렇게 생각했는지 이유를 밝혀 씁니다.

－ 이유를 먼저 쓰고, 생각이나 의견을 씁니다.

▪(지도 중점)원인과 결과, 의견과 근거의 관계를 밝혀 쓰는 초기 단계이다. 논리적인 사고를 하도록 유도한다. 말로 해 보고 말을 글로 쓰도록 한다.

■넷째 마당

● 소단원① 초대하는 글 쓰기

◦초대글의 형식을 알고 씁니다.

－ 받을 사람을 씁니다

－ 초대하는 말을 씁니다.

－ 때와 장소를 정확히 씁니다.

－ 보내는 사람을 씁니다.

◦예쁘게 꾸밉니다.

◦편지나 인편으로 보냅니다.

▪(지도 중점)초대하는 글에 들어가야 할 요소와 순서를 알게 한다.

● 소단원② 친구에게 마음 전하는 글 쓰기(편지쓰기)

◦편지글의 형식을 알고 씁니다.

- 받을 사람을 씁니다.

- 안부나 인사말을 씁니다.

- 하고 싶은 말을 씁니다.

- 끝 인사를 쓰고, 날짜, 보내는 사람을 씁니다.

∘ 받을 사람에게 전해 줍니다.

▪ (지도 중점)하고 싶은 말의 주제를 주고, 개요를 짜서 쓰는 습관을 길러 준다.

【말하기 · 듣기 1 - 2】

■ 첫째 마당

●소단원① 재미있게 읽거나 들은 이야기를 생각하며 말하기

  ∘ 누가, 무엇을, 어떻게 하였는지 이야기의 줄거리를 간추립니다.

  ∘ 이야기에서 인상 깊은 부분이나 재미있는 부분을 생각합니다.

  ∘ 이야기의 장면을 눈앞에 그려보며 말합니다.

  ▪ (지도 중점)자기의 감동이 조리있게 표현되어 다른 학생들도 감동을 받도록
    하는 데 중점을 둔다.

●소단원② 이야기를 듣고, 꾸며서 말하기

  ∘ 인물, 사건, 배경을 생각하며 이야기를 잘 듣고 정확히 이해합니다.

  ∘ 흉내내는 말을 알맞게 써서 말합니다.

  ∘ 장면을 상상하며 이야기를 재미있게 꾸며서 말합니다.

  ▪ (지도 중점)들은 이야기를 창조적으로 전달하는 데 중점을 둔다.

■ 둘째 마당

●소단원① 말을 할 때 주의할 점을 지켜 말하기

  ∘ 친구가 하는 말을 가로채서 말하지 않습니다.

  ∘ 친구의 말을 비웃지 않습니다.

  ∘ 말하는 사람을 바라보며 귀 기울여 듣습니다.

◦내 생각만 옳다고 말하지 않습니다.

▪(지도 중점)남의 이야기를 듣고, 자기의 생각과 비교하여 말하는 분위기 조성 쪽으로 중점 지도한다.

●소단원② 내 생각과 다른 친구의 말을 듣고, 내 생각 말하기

◦친구의 의견과 내 의견을 뒷받침하는 이유나 근거를 다시 생각해 봅니다.

◦내 생각만 옳다고 말하지 않고, 친구의 의견에 대한 타당성을 생각해 봅니다.

◦친구의 의견에 대해 직접적으로 반대하지 말고, 친구가 다시 생각해 보도록 의견을 말합니다.

▪(지도 중점)서로 다른 의견의 절충 과정에 유의하여 말하도록 지도한다. 상대방의 의견을 존중하는 태도에 유념하여 지도한다.

■셋째 마당

●소단원① 말의 재미를 느끼며, 수수께끼와 다섯 고개 놀이하기

◦놀이 방법을 정확히 이해합니다.

◦규칙을 지키며 놀이합니다.

▪(지도 중점)자유스런 분위기에서 말놀이의 재미를 느끼게 한다.

●소단원② 말의 재미를 느끼며, 말 주고 받기와 말 전하기 놀이하기

◦놀이 방법을 정확히 이해합니다.

◦규칙을 지키며 놀이를 합니다.

▪(지도 중점)자유스런 분위기에서 말놀이의 재미를 느끼게 한다.

■넷째 마당

●소단원① 책을 읽고, 알게 된 내용을 분명하게 말하기

◦어떤 책을 읽었는지 책의 제목과 지은이를 말합니다.

◦알게 된 내용을 빠뜨리지 않고 말합니다.

◦친구들이 알아듣기 쉽게 근거를 들어가며 자세히 말합니다.

- ▪ (지도 중점)자기가 알게 된 내용을 남에게 알아듣기 쉽게 전달하는 데 중점을 둔다.
- ● 소단원② 다른 사람의 말을 듣고, 알게 된 내용을 분명하게 말하기
  - ◦ 중요한 내용은 메모하면서 듣습니다.
  - ◦ 누구에게 들었는지 말합니다.
  - ◦ 알게 된 내용을 빠뜨리지 않고 말합니다.
  - ◦ 말할 내용의 체계를 세워 친구들이 알아듣기 쉽게 말합니다.
  - ▪ (지도 중점)말할 내용을 다른 사람이 알아듣기 쉽게 구조화하여 말하는 데 중점을 두어 지도한다.

- ■ 다섯째 마당
- ● 소단원① 잘하는 점과 열심히 하는 점을 찾아 서로 칭찬하는 말하기
  - ◦ 친구의 잘하는 점과 열심히 하는 점 찾아 메모합니다.
  - ◦ 칭찬하는 내용에 따른 이유나 근거를 사례를 들어 말합니다.
  - ▪ (지도 중점)칭찬하는 습관 형성 및 칭찬의 당위성을 인정하도록 말하게 한다. 칭찬의 이유나 근거를 구체적으로 말하게 한다.

【읽기 1 - 2】
- ■ 첫째 마당
- ● 소단원① 시를 읽고, 느낀 점 말하기
  - ◦ 시를 읽고, 장면을 상상하여 봅니다.
  - ◦ 소리내어 읽으며 운율의 재미를 느껴 봅니다.
  - ◦ 재미있는 곳이나 감명 깊은 곳을 찾아봅니다.
  - ◦ 이유나 근거를 들어가며 느낀 점을 말합니다.
  - ▪ (지도 중점)시의 올바른 이해를 위한 교사의 활동이 적극적이어야 한다. 즉, 교사 자신이 감동을 하고, 감동적으로 낭송해 주거나 느낌을 이야기하게 한다.

• 소단원② 이야기를 읽고, 느낀 점 말하기

　◦ 삽화 보며 이야기의 내용을 짐작해 봅니다.

　◦ 인물, 사건, 배경을 생각하며 이야기를 읽습니다.

　◦ 이야기에 나오는 장면을 상상해 봅니다.

　◦ 주인공이 한 일이나 성격과 나의 경험과 비교해 봅니다.

　◦ 느낀 점을 이유나 근거를 들어가며 말합니다.

　▪ (지도 중점)이야기에 대하여 정확히 이해하는 활동을 하되 결국은 감동을 중시
　　한다.

■ 둘째 마당

• 소단원① 글쓴이의 생각이 잘 드러난 부분을 찾고, 내 생각 말하기

　◦ 글쓴이의 생각이 잘 드러난 부분 찾기

　- 이유나 근거가 되는 내용보다 글쓴이의 의견 부분을 찾습니다.

　- 문단의 처음 부분이나 끝 부분의 내용을 찾습니다.

　◦ 내 생각 말하기

　- 글쓴이의 생각에 대한 타당성이나 필요성을 점검해 봅니다.

　- 나라면 어떻게 할지 생각해 봅니다.

　- 내 생각을 조리있게(이유나 근거를 들어) 말합니다.

　▪ (지도 중점)글의 주제 파악의 기초 단계이므로 이런 관점에서 지도한다. 글쓴이
　　의 생각이 잘 드러나기 위해서는 의견을 뒷받침하는 이유나 근거가 적절해야
　　한다.

• 소단원② 글을 읽고, 인물의 생각이 드러난 부분 찾고, 내 생각 말하기

　◦ 따옴표의 부분 또는 말하는 이의 주장을 찾습니다.

　◦ 그 주장에 대한 근거를 확인하고, 나의 생각과 비교합니다.

　◦ 내 생각에 대한 근거를 들어가며 말합니다.

　▪ (지도 중점)나의 생각과 같거나 다르거나 그에 대한 근거를 들어가며 말하도록

하는 데 중점을 두고 지도한다.

■ 셋째 마당

● 소단원① 이야기에 나오는 인물이 한 말을 찾고, 느낌을 살려 읽기

　◦ 인물, 사건, 배경에 따라 줄거리를 간추리며 읽고, 따옴표로 표시된 인물의 말을 찾아 누구의 말인지 알아봅니다.

　◦ 인물이 그 말을 왜 하게 되었는지 생각해 봅니다.

　　- 말을 하게 된 상황이나 배경, 장면을 생각합니다.

　◦ 내가 말한 인물이라 생각하고 읽습니다.

　　- 말한 이의 말하게 된 상황과 배경을 중요시합니다.

　　- 표정, 몸짓, 어조, 어투, 어속에 유의하며 읽습니다.

　　- 장면을 상상하며 읽습니다.

　▪ (지도 중점)말 한 이의 성격, 말하게 된 배경이나 상황을 파악하여 말하도록 지도한다.

● 소단원② 이야기를 읽고, 인물이 한 일에 대한 생각 말하기

　◦ 인물, 사건, 배경을 중심으로 이야기의 내용을 알아봅니다.

　◦ 인물이 한 일에 대해 왜 그렇게 할 수밖에 없었는지 생각해 봅니다.

　◦ 나의 경험에 비추어 나라면 어떻게 했을지 생각해 봅니다.

　▪ (지도 중점)이야기의 깊이있는 감상에 중점을 두어 지도한다. 표현보다는 이해에 관심을 갖는다. 효과적으로 표현하는 사람은 잘 이해했기 때문이다.

■ 넷째 마당

● 소단원① 글을 읽고, 중요한 내용 찾기

　◦ 제목을 보면서 어떤 내용일지 심작해 본다.

　◦ 중심 문장을 찾아봅니다.

　　- 문단의 첫머리에 나오는 문장

(문단의 끝에 나오는 경우도 있음)

- 뜻이 포괄적이고 넓은 문장

- 주장이나 결론을 나타낸 문장

▪(지도 중점)글의 종류에 따라 중요한 내용을 찾는 방법이 다르므로 지도 방법
 역시 이를 유념한다.

- 이야기 : 인물, 사건, 배경에 따라 줄거리를 간추린다.

- 생활문 : 육하원칙에 의해 간추린다.

- 설명문이나 논설문 : 중심 문장을 찾아 정리한다.

● 소단원② 글을 읽고, 중요한 내용 간추리기

◦ 제목을 보면서 글쓴이가 무엇에 대해 말하고자 하는지 생각합니다.

◦ 설명하는 내용을 간추려서 내용들 사이의 관련성을 살펴봅니다.

◦ 관련성이나 순서를 생각하며 정리합니다.

▪(지도 중점)중요한 내용들을 찾아 관련성을 밝혀 재조직하는 능력을 기르는
 데 중점을 둔다.

■ 다섯째 마당

● 소단원① 글을 정확하게 소리내어 읽기

◦ 우리말에는 받침이 있는 말과 받침이 없는 말이 있습니다.

◦ 받침이 있는 말 다음 첫음절에 <ㅇ>이 오면 앞 글자의 받침을 이어서 읽습니다.

▪(지도 중점)사례를 들어가며 연음 법칙을 학생들이 스스로 찾아내는 활동을
 통해 원리를 발견시킨다.

【쓰기 1 - 2】

■ 첫째 마당

● 소단원① 재미있는 내용을 상상하여 글로 쓰기

◦ 상상할 주제를 정합니다.

◦주제에 알맞게 상상합니다.

◦상상한 내용을 구체적으로 씁니다.

 - 육하원칙을 생각하며 씁니다.

▪(지도 중점)상상한 내용을 기술하는 기능을 지도한다.

●소단원② 그림을 보고, 앞으로 할 일을 상상하여 글로 쓰기

◦그림의 주인공이 한 일을 육하원칙에 의해 알아봅니다.

◦이야기의 주인공이 나라고 생각하여 앞으로 할 일을 생각해 봅니다.

◦한 일과 어울리게 씁니다.

▪(지도 중점)학생들의 배경 지식 즉, 경험을 살려 상상하도록 한다. 인과관계가
 적절하도록 상상하게 한다.

■ 둘째 마당

●소단원① 내 생각이 잘 드러나게 글 쓰기

◦예시문을 읽고, 나라면 어떻게 할 것인지 생각해 봅니다.

◦예시문에 나온 내용과 관련지어 나의 생각을 메모합니다.

◦순서를 정하여 글로 씁니다.

▪(지도중점)자신의 생각을 명료하게 표현하는 데 중점을 둔다.

●소단원② 내 생각이 잘 드러나게 글 쓰기

◦예시문을 읽고, 나와 생각이 다른 점을 찾습니다.

◦나라면 어떻게 할 것인지 생각하여 글로 쓴다.

▪(지도 중점)생각이 적절치 못할 경우는 왜 그렇게 생각하는지 이유를 말하게
 하여 아동의 상태를 파악하여 별도 지도를 한다.

■셋째 마당

●소단원① 본 것에 대하여 느낌이 잘 드러나게 글 쓰기

◦사물에 대해 오감으로 느껴 봅니다.

- 보고, 듣고, 맛보고, 만져보고, 냄새 맡고
◦ 다른 사물이나 자기가 겪은 일과 관련지어 봅니다.
◦ 떠오르는 생각을 섞어 글을 씁니다.
▪ (지도 중점)사실과 느낌의 적절성에 대해 지도한다.
● 소단원② 소단원①과 같음
　▪ (지도 중점)못생긴 아버지의 발을 보고 부모님의 은혜를 생각하게 하는 등 생각
　　을 심화시킨다.

■ 넷째 마당
● 소단원① 알게 된 내용을 글로 쓰기
　◦ 알고 싶은 내용과 알아볼 방법을 정하여 계획을 세웁니다.
　◦ 물어보거나 조사하여 내용을 메모합니다.
　◦ 순서를 정하여 글로 씁니다.
　▪ (지도 중점)다른 학생이 읽고, 이해할 수 있도록 쓰게 한다.
　　쓰고자 하는 내용에 따라 순서가 다를 수 있으므로 사례 중심으로 순서 지도를
　　한다.
● 소단원② 친구에게 소개하는 글 쓰기
　◦ 소개하는 글에서 꼭 필요한 항목을 적습니다.
　- 자란 곳, 어렸을 때의 꿈, 가장 기뻤을 때, 바라는 것, 좋아하는 것 등
　◦ 위의 항목별로 조사하여 메모합니다.
　◦ 순서를 정하여 글로 씁니다.
　▪ (지도 중점)소개할 항목 결정과 기술 순서의 적절성에 유의하도록 한다.

■ 다섯째 마당
● 소단원① 나와 친구 사이에 있었던 일을 글로 쓰기
　◦ 무슨 내용을 쓸 것인지 항목을 적어봅니다.

- 친구 이름, 있었던 일, 그 때의 마음, 하고 싶은 말

◦각 항목별로 내용을 메모합니다.

◦육하원칙을 생각하며 글을 씁니다.

▪(지도 중점)생각이나 느낌이 구체적으로 드러나도록 쓴다.

2. 2학년

【말하기·듣기 2 - 1】

■ 첫째 마당

•소단원① 고운 말로 이야기 주고 받기

◦상대방의 상황과 처지를 생각하여 그에 알맞게 말합니다.

◦부드럽고 다정한 표정과 목소리로 말합니다.

▪(지도 중점)고운 말로 이야기를 주고 받으면 친구와 사이좋게 지낼 수 있음을
  이해하고, 고운 말로 이야기하도록 한다.

•소단원② 알맞은 인사말 하기

◦인사말을 해야할 상황을 파악하고, 어떤 인사말을 해야할지 생각합니다.

◦밝은 표정으로 상황에 맞는 인사말을 합니다.

▪(지도 중점)상황을 설정하고 자연스럽게 인사말 하는 기회를 많이 제공한다.

■ 둘째 마당

•소단원① 남의 말을 주의 깊게 듣고, 들은 내용 말하기

◦육하원칙을 생각하며 듣습니다.

◦나의 생각 또는 내가 해야 할 일을 생각하며 듣습니다.

◦중요한 내용은 메모하며 듣습니다.

◦육하원칙에 따라 정확히 말합니다.

▪ (지도 중점)남의 말을 주의 깊게 들음으로 인하여 다른 사람의 생각을 알 수 있고, 나의 생각을 정립할 수 있음을 알게 한 후 주의 깊게 듣는 연습을 한다.

● 소단원② 이야기를 듣고, 이야기에 나오는 소리를 말로 나타내기

  ◦ 어떤 종류의 소리인지 정확히 듣습니다.

  ◦ 그 소리가 무엇을 뜻하는지 생각해 봅니다.

  ◦ 그 소리가 뜻하는 것이 잘 표현되도록 말로 나타냅니다.

  ▪ (지도 중점)소리의 의미를 파악하고 적절히 나타내도록 한다. 주의 깊게 듣는 연습의 한 가지 방법이다.

■ 셋째 마당

● 소단원① 흉내내는 말을 넣어 재미있게 나타내기

  ◦ 흉내내는 말이 무엇을 흉내내고 있는지 생각하며 듣습니다.

  ◦ 흉내내는 말이 나타내는 장면을 상상해 봅니다.

  ◦ 그 장면과 어울리는 다른 흉내내는 말로 바꾸어 봅니다.

  ▪ (지도 중점)단순히 흉내내는 말을 바꾸는 활동보다는 좀 더 참신하고 적절한 흉내내는 말로 바꾸기 위해 노력하는 마음가짐을 갖도록 한다.

● 소단원② 흉내내는 말을 넣어 이야기 꾸미기

  ◦ 이야기의 장면에 어울리는 흉내내는 말을 생각합니다.

  ◦ 흉내내는 말을 섞어가면서 재미있게 이야기합니다.

  ▪ (지도 중점)이야기에 사용한 흉내내는 말의 적합성에 유의하도록 한다.

■ 넷째 마당

● 소단원① 바른 자세로 말하기

  ◦ 발을 자기 가슴 너비만큼 벌리고, 손은 배꼽 부분에 모았다가 자연스럽게 움직이며 말합니다.

  ◦ 친구들이 많은 쪽을 바라보며 말합니다.

◦한 곳만 바라보지 말고, 친구들을 골고루 바라보며 말합니다.

▪(지도 중점)바른 자세에 대해 정확히 알고, 연습을 시키되 일년 내내 매 시간마다 학생들의 자세를 교정하여 습관화되도록 지도한다.

●소단원② 바른 자세와 알맞은 크기의 목소리로 말하기

◦모든 이들에게 잘 들릴 정도로 크게 말합니다.

◦분명한 목소리로 말합니다.

◦말의 끝을 명확히 합니다.

- "~요, ~요, ~요."처럼 말하지 않고, "~고, ~습니다."와 같이 말끝을 명확히 합니다.

◦표정, 억양, 몸짓을 섞어 말합니다.

▪(지도 중점)자신감을 가지고, 분명하게 말하도록 하되, 친구들의 반응에 유의하면서 말하면 좋다.

■다섯째 마당

●소단원① 시나 이야기를 듣고, 떠오르는 장면 말하기

◦시나 이야기를 들으며 나오는 이들이 어디에서 무엇을 하는지 상상해 봅니다.

◦상상한 내용을 말이나 그림으로 표현합니다.

▪(지도 중점)표현보다는 시나 이야기를 이해하는 활동에 중점을 두어 지도하고, 표현에 부담을 느끼지 않도록 한다.

●소단원② 이야기 듣고 떠오르는 장면 말하기

◦이야기를 들으며 인물의 말과 행동을 상상해 봅니다.

◦왜 그런 말과 행동을 했는지도 생각해 봅니다.

◦떠오르는 장면에 대해 그림을 그리듯이 말합니다.

▪(지도 중점)장면을 떠올리는 활동을 통해 이야기의 내용을 좀더 실감나게 이해하도록 하는 데 중점을 두어 지도한다.

【읽기 2 - 1】

■ 첫째 마당

● 소단원① 글을 읽고, 느낌이나 생각을 친구들과 주고 받기

　◦ 시에서 주인공이 어떤 마음인지 생각해 봅니다.

　◦ 주인공의 생각과 나의 생각을 견주어 봅니다.

　◦ 이야기에서 주인공의 행동과 말을 찾습니다.

　◦ 말과 행동에서 주인공의 마음을 생각해 봅니다.

　◦ 그에 대한 나의 생각이나 느낌을 정리하여 친구들에게 이야기합니다.

　▪ (지도 중점)시에서는 시를 읽은 감각적 느낌을, 이야기에서는 인물, 사건과 관
　　련한 자신의 생각을 말하도록 한다.

　- 생각은 논리성을 강조하고, 느낌은 감각적 반응을 중시하는 사고의 과정으로
　　생각하여 지도한다.

● 소단원② 바른 자세로 시와 이야기 읽기

　◦ 허리를 반듯하게 펴고 읽습니다.

　◦ 눈과 책과의 거리를 30cm정도 유지합니다.

　▪ (지도 중점)바른 자세는 매 시간마다 계속적으로 지도하여 습관화시키며, 앉아
　　서 읽기와 서서 읽기를 지도한다. 낭독과 묵독에 관한 지도를 병행하는데 읽기
　　에서는 매시간 2~3분씩 낭독의 기회를 제공한다.

■ 둘째 마당

● 소단원① 읽기가 왜 중요한지 생각하며 글읽기

　◦ 읽기를 통하여 새로운 정보를 얻을 수 있습니다.

　◦ 말로 할 수 없을 때, 읽기를 통하여 자기의 의사 전달을 할 수 있습니다.

　◦ 생활에 도움을 주는 글에는 안내판, 설명서, 신문, 광고, 통신문 등이 있습니다.

　▪ (지도 중점)학생들이 읽을 수 없는 글을 통해서 읽지 못해 갑갑함을 체험하도록
　　하여 읽기의 중요성을 터득시킨다.

●소단원② 글을 읽고, 무엇을 알게 되었는지 정리하기

  ∘글쓴이가 무엇에 대해 말하고자 하는지 생각하며 글을 읽습니다.

  ∘중요하다고 생각되는 내용이나 새로이 알게 된 내용을 찾아 정리합니다.

  ▪(지도 중점)소단원①에서 배웠던 읽기의 소중함을 실제로 체험해 보는 기회로
  서의 학습이 되도록 한다. 설명문에서는 글쓴이가 설명하고자 하는 것이 무엇
  인지를 파악하는 학습이다. 이야기에서는 줄거리 간추리기로 생각하면 된다.

■셋째 마당

●소단원① 반복되는 말이나 흉내내는 말의 느낌을 살려 시 읽기

  ∘반복되는 말이나 흉내내는 말을 찾고, 그 말이 무엇을 의미하는지 알아봅니다.

  ∘반복되는 말이나 흉내내는 말의 의미를 살릴 수 있도록 소리내어 읽습니다.

  ▪(지도 중점)다양한 활동을 통해 반복되는 말이나 흉내내는 말의 재미를 감각적
  으로 느낄 수 있도록 한다. 시 감상 수업의 형태를 유지하면서 그 가운데 반복
  되는 말이나 흉내내는 말의 재미를 느끼게 한다.

●소단원② 재미있는 표현이나 생각을 찾으며 시나 이야기 읽기

  ∘새롭고 엉뚱하지만 깊이 생각해 보면 꼭 알맞은 표현을 찾습니다.

  ∘어떤 사물이나 행동이 눈앞에 보이는 듯하게 잘 표현한 곳을 찾습니다.

  ∘반복되는 말이나 흉내내는 말의 재미를 느껴 봅니다.

  ▪(지도 중점)소단원①의 학습 원리를 적용하는 측면에서 지도한다. 이야기 교재
  에서는 효과적인 표현을 찾아 읽으면서, 이야기의 재미를 느끼게 한다.

■넷째 마당

●소단원① 가리키는 말이 무엇을 가리키는지 생각하며 글읽기

  ∘가리키는 말에 대해 알아봅니다.

  - 이것, 그것, 저것, 여기, 거기, 저기

  ∘가리키는 말의 내용은 가리키는 말이 있는 바로 앞이나 뒷 문장에 나옵니다.

- (지도 중점)예를 들어 설명하고, 이, 그, 저의 의미를 명확히 하여 이 사람, 저 사람, 그 사람 등 여러 경우에 사용됨을 알게 한다.

● 소단원② 대강의 내용 간추리기

  ◦ 설명문이나 논설문에서는 중심 문장을 찾아 간추립니다.

  - 중심 문장이란 각 문단에서 뜻이 넓은 문장, 주장이나 결론을 나타내는 문장으로 대부분 문단의 첫머리나 끝 부분에 나오는 문장입니다.

  - (지도 중점)줄거리 간추리기의 초보적인 기능을 습득시킨다.

■ 다섯째 마당

● 소단원① 시나 이야기를 실감나게 읽기

  ◦ 이야기를 실감나게 읽기 위해서는 나오는 인물에 어울리는 목소리로 읽습니다.

  - 인물의 말과 행동에서 인물의 마음이나 성격을 파악한 후 그 성격을 생각하며 읽습니다.

  - 사건의 전개 과정을 잘 이해하고, 나 자신이 사건의 주인공이라 생각하고 읽습니다.

  - 말하는 이의 처지나 이야기의 배경을 잘 이해하고 읽습니다.

  ◦ 시를 실감나게 읽기 위해서는

  - 장면을 떠올리며 읽습니다.

  - 재미있는 표현이나 반복되는 말, 흉내내는 말에 유의하며 읽습니다.

  - 내가 시 속의 주인공이라 생각하고 읽습니다.

  - (지도 중점)시나 이야기의 감상 측면에 중점을 둔다.

● 소단원② 장면을 떠올리며 시나 이야기 읽기

  ◦ 장면을 떠올리며 내가 주인공이 되어 시를 읽습니다.

  ◦ 인물의 처지나 성격을 생각하며 이야기를 읽습니다.

  - (지도 중점)소단원①의 학습 원리를 적용하는 측면에서 지도한다.

【쓰기 2 - 1】

■ 첫째 마당

● 소단원① 바른 자세로 글 쓰기

  ◦ 엉덩이가 의자 맨 뒤까지 닿도록 앉습니다.

  ◦ 허리를 곧게 펴고 앉습니다.

  ◦ 고개를 너무 앞으로 숙이지 않습니다.

  ◦ 연필을 바르게 잡습니다.

  ▪ (지도 중점)글 쓰기의 바른 자세에 대해 알게 하고, 스스로가 바른 자세를 위한
    노력을 하도록 한다.

● 소단원② 자음과 모음을 모아 낱말 만들기

  ◦ 자음자와 모음자에 대해 알아봅니다.

  ◦ 자음자와 모음자로 낱말을 만드는 원리를 알아봅니다.

  ◦ 자음자와 모음자를 모아 낱말을 만듭니다.

  ▪ (지도 중점)자음자와 모음자로 낱말 만드는 경험을 통해 글자의 짜임 원리를
    터득하도록 한다.

■ 둘째 마당

● 소단원① 쓰기의 중요성을 알고 글쓰기

  ◦ 글쓰기의 중요성을 알아봅니다.

   - 말로 할 수 없을 때 자기의 생각을 표현할 수 있습니다.

   - 잊어버리기 쉬운 내용을 잊지 않고 남겨둘 수 있습니다.

   - 생각이나 의견을 정확히 전달할 수 있고, 시간이 지난 후에도 다시 확인할
     수 있습니다.

  ◦ 다른 사람이 잘 이해하도록 글을 씁니나.

  ▪ (지도 중점)글의 내용이 명확해야 하고, 글씨도 바르게 써야 효과적임을 알게
    한다. 읽을 사람을 의식하고 글 쓰는 태도를 지도한다.

• 소단원② 글자의 모양에 주의하며 글씨 쓰기

　◦ 글자의 여러 가지 모양에 대하여 알아봅니다.

　◦ 글자의 모양에 따라 글을 씁니다.

　◦ 자음과 모음의 짜임에 주의하며 글을 씁니다.

　▪ (지도 중점)우리 글의 아름다움은 글자의 모양에 있음을 알게 한다.

■ 셋째 마당

• 소단원① 꾸며주는 말을 넣어 글 쓰기

　◦ 꾸며주는 말을 넣어 글을 쓰면 어떤 점이 좋은지 알아봅니다.

　- 실감나게 표현할 수 있습니다.

　- 자세히 표현할 수 있습니다.

　- 재미있게 표현할 수 있습니다.

　- 읽는 사람이 잘 이해할 수 있습니다.

　◦ 꾸며주는 말을 알아봅니다.

　◦ 꾸며주는 말을 넣어 글을 씁니다.

　- 꾸며주는 말이 바르게 쓰였는지 생각하며 씁니다.

　▪ (지도 중점)꾸며주는 말의 역할과 위치를 알게 한다. 꾸며주는 말을 넣은 것과
　　넣지 않은 것을 비교시킨다.

• 소단원② 꾸며주는 말을 넣어 재미있게 나타내기

　◦ 사물의 특징을 가장 잘 나타낼 수 있는 꾸며주는 말을 찾아봅니다.

　◦ 꾸며주는 말을 넣고 읽어보면서 또 다른 말이 없는지 생각해 봅니다.

　▪ (지도 중점)다양한 표현에 관심을 갖도록 하면서 가장 적절한 말을 찾아 쓰는
　　능력을 길러 준다.

■ 넷째 마당

• 소단원① 읽을 사람을 생각하며 내 생각을 글로 쓰기

◦ 읽을 사람이 누구인지 생각합니다.

◦ 읽을 사람의 처지를 생각합니다.

◦ 내 생각을 읽고, 기분 나쁘지 않으면서 내 생각을 받아들이도록 글을 씁니다.

▪ (지도 중점)이유나 근거를 들어가며 쓰고, 상대방이 설득되도록 쓰는 데 중점을 둔다.

● 소단원② 내 생각이 분명히 드러나는 글 쓰기

◦ 이유나 근거를 들어가며 씁니다.

◦ 결론을 먼저 쓰고 이유나 근거를 다음에 씁니다.

◦ 하고 싶은 이야기와 동떨어진 내용을 쓰지 않습니다.

▪ (지도 중점)상대방이 읽고, 감명을 받도록 쓰는 데 중점을 두어 지도한다.

■ 다섯째 마당

● 소단원① 이야기를 읽고, 이어질 내용을 상상하여 쓰기

◦ 이야기의 흐름을 파악합니다.

◦ 앞의 내용과 어울리게 씁니다.

▪ (지도 중점)가급적 창의적이고 다양하게 상상하도록 하되, 앞 이야기와 어울리는지에 대해 유의하도록 한다.

● 소단원② 이야기를 읽고, 이어질 이야기를 친구들과 함께 꾸며 쓰기

◦ 친구들 모두가 이야기의 흐름을 정확히 이해하도록 합니다.

◦ 이유나 근거를 들어가며 자기의 생각을 이야기합니다.

◦ 이야기의 순서를 정하여 앞뒤 내용이 어울리게 씁니다.

▪ (지도 중점)다른 친구의 생각을 들으면서 자기 생각을 확장하거나 수정하는 활동을 하게 한다. 그런 후에 이야기의 흐름이 자연스럽게 이어지도록 이야기를 쓰세 한다.

【말하기 · 듣기 2 - 2】

■ 첫째 마당

● 소단원① 듣는 이가 알기 쉽게 말하기

　○ 듣는 이가 알고 있는 것을 생각하며 말합니다.

　○ 쉽고 알맞은 말을 사용합니다.

　○ 경험한 일을 말할 때는 육하원칙을 생각하며 말합니다.

　○ 상대방의 입장이 되어 자세히 말합니다.

　▪ (지도 중점)알고 있는 나의 입장에서 말하다 보면 듣는 이가 이해하지 못할 경우가 많다는 것에 유의한다. 수업은 놀이 형식이나 모형 설명의 방법을 택한다.

● 소단원② 내가 잘 아는 것에 대하여 듣는 이가 알기 쉽게 말하기

　○ 알맞은 낱말을 사용하여 말합니다.

　○ 나의 경험에 비추어 어려웠던 부분을 더 자세히 말합니다.

　○ 말하고자 하는 것에 대하여 상대방이 어느 정도 알고 있는지 물어 본 후 알고 있는 것을 근거로 하여 말합니다.

　▪ (지도 중점)듣는 이를 의식하며 말하는 경험 확장에 중점을 둔다. 첫 차시는 적절한 낱말 사용에 대하여 관심을 갖게 한다.

■ 둘째 마당

● 소단원① 인물이 한 일에 대한 나의 생각 말하기

　○ 이야기를 들으며 인물이 한 일을 알아봅니다.

　　- 인물이 한 일들 사이의 연관 관계를 파악하여 봅니다.

　○ 인물이 한 일에 대하여 그럴 수밖에 없었던 상황을 알아봅니다.

　○ 나라면 어떻게 했을지 생각해 봅니다.

　○ 그에 대한 생각이나 느낌을 분명하게 말합니다.

　▪ (지도 중점)이야기를 듣고, 그에 대해 여러 가지 방향에서 생각해 보도록 한다.

그런 후에 자신만의 생각을 갖도록 한다. (비판적 수용)

● 소단원② 인물이 한 일에 대한 내 생각이나 느낌 말하기

  ◦ 이야기의 인물이 한 일을 알아봅니다.

  ◦ 이야기에 나오는 인물이 되어 생각해 봅니다.

  ◦ 나라면 어떻게 했을지 생각해 봅니다.

  ◦ 그에 대한 나의 생각이나 느낌을 말합니다.

  ▪ (지도 중점)①소단원과 ②소단원을 한 단위로 생각하여 지도한다. 즉,1, 2차시
    에 원리 학습을 하고, 3, 4차시에 적용 학습을 하도록 교재가 구성되어 있기
    때문이다.

■ 셋째 마당

● 소단원① 생각이 잘 드러나게 말하기

  ◦ 결론을 먼저 말하고 이유나 근거를 다음에 말합니다.

  ◦ 결론을 뒷받침하는 이유나 근거가 적합해야 합니다.

  ◦ 듣는 이가 내 말을 얼마나 이해하는지 생각하며 말합니다.

  ▪ (지도 중점)이유나 근거를 들어가며 말하도록 하되, 지나치게 논리성을 강조하
    지 않는다. 다른 학생의 말을 들으며 좋은 점과 좋지 못한 점을 따져 보는
    기회를 제공한다. 듣는 이의 반응을 살피며 말하는 습관을 기른다.

● 소단원② 친구의 말을 끝까지 듣고 내 생각 말하기

  ◦ 잘하는 점과 잘못하는 점을 찾아보며 친구의 말을 듣습니다.

  ◦ 친구의 말을 바른 자세로 끝까지 듣습니다.

  - 말하는 친구를 봅니다.

  - 옆 친구와 이야기하거나 다른 행동을 하지 않습니다.

  - 중요한 것은 메모하며 듣습니다.

  ◦ 친구의 말과 나의 생각을 견주어가며 말합니다.

  ▪ (지도 중점)다른 사람의 말을 끝까지 잘 듣는 것이 말을 잘 하는 것보다 중요하

다는 것을 알게 한다. 메모하며 듣기나 비판적으로 듣는 활동을 시킨다.

■ 넷째 마당

● 소단원① 친구들과 자연스럽게 이야기 나누기

  ◦ 이야깃거리에 알맞은 내용으로 말합니다.

  ◦ 친구들의 말을 보충해 주거나 적당히 수정해 줍니다.

  ◦ 잘한 내용은 칭찬하거나 긍정해 주고, 잘못된 말은 기분 나쁘지 않게 고쳐
    줍니다.

  ▪ (지도 중점)하나의 이야깃거리를 가지고 즐거운 분위기에서 서로의 의견을 나
    누도록 분위기를 조성하여 지도한다. 사랑방 식으로 조를 편성하여 자리를
    정해 주고, 이야기하는 기회를 제공한다.

● 소단원② 이야깃거리에 알맞은 내용으로 친구들과 이야기하기

  ◦ 모두에게 관심이 있는 이야깃거리를 찾습니다.

  ◦ 이야깃거리에 알맞은 내용으로 이야기합니다.

  ◦ 듣는 이의 반응을 보아가며 이야기합니다.

  ▪ (지도 중점)사적인 특수한 이야기보다 공동의 관심사에 대해 이야기를 하는
    태도를 기르며, 상대방을 의식하면서 말하도록 한다.

■ 다섯째 마당

● 소단원① 친구에게 내 마음을 전하는 말하기

  ◦ 친구와 나 사이에 있었던 일을 생각해 봅니다.

  ◦ 고마웠던 일이나 미안하게 생각되는 일에 대해 생각해 봅니다.

  ◦ 그 때 왜 그랬었는지 반성해 봅니다.

  ◦ 진실한 내 마음을 담아 그 때 일에 대해 사과하거나 고마움을 표시합니다.

  ▪ (지도 중점)여러 사람 앞에서 말하는 기회와 더불어 둘이만 이야기하는 기회를
    제공한다. 학습의 장을 떠나 개인과 개인 사이의 만남의 장을 제공한다.

【읽기 2 - 2】

■ 첫째 마당

● 소단원① 글을 읽고, 중요한 내용 간추리기

  ◦ 무엇에 대하여 쓴 글인지 생각하고, 어떤 내용이 쓰여 있을지 짐작해 봅니다.

  ◦ 문단에서 중심 문장을 찾아 중요한 내용이 무엇인지 알아봅니다.

   - 문장과 문장이 모여 생각의 한 단위를 이룬 것이 문단입니다.

   - 문단에는 중심 문장과 뒷받침하는 문장이 있습니다.

   - 중심 문장은 글쓴이가 말하고자 하는 주요 내용을 간결히 나타낸 문장으로
     뜻의 범위가 넓습니다.

   - 중심 문장은 보통 문단의 맨 앞이나 맨 뒤쪽에 나옵니다.

   - 뒷받침하는 문장은 중심 문장의 이유나 근거가 되는 문장으로 의미가 구체적
     이고 자세합니다.

  ◦ 중심 문장이 뚜렷하지 않은 경우도 있는데 이럴 때는 전체의 내용에서 중심
    문장을 찾아 간추립니다.

  ▪ (지도 중점)문단, 중심 문장, 뒷받침하는 문장, 중심 낱말에 대해 개념을 명확히
    지도한 후, 원리 학습을 한다.

● 소단원② 글을 읽고, 중요한 내용 간추리기

  ◦ 무엇에 대해 썼는지 알아보고, 내용을 짐작하며 글을 읽습니다.

  ◦ 중심 문장과 뒷받침하는 문장을 알아봅니다.

  ◦ 중심 문장과 중심 낱말을 찾아 내용을 간추립니다.

  ◦ 시간의 흐름이 있는 글에서는 시간의 흐름에 따라 중요한 사건을 중심으로
    간추립니다.

  ▪ (지도 중점)소단원①에 이어서 적용 학습 과정으로 수업을 한다. 중심 문장의
    위치는 처음 부분에 많으나 끝 부분에 나오는 경우도 있고, 가운데 나오는
    경우도 있음을 알게 하며, 머리말 부분이나 끝맺음 부분의 문단에서 중심 문장
    이 불분명하거나 없는 경우가 많음을 고려하여 수업을 진행한다. 본 단원은

실용적인 교재에서 중심내용 간추리기를 시작하는 단원이므로 중심 내용 간추리기의 기본적인 개념 안내에 중점을 둔다.

■ 둘째 마당

● 소단원① 이야기 읽고, 이어질 내용 상상하기

　。인물, 사건, 배경을 생각하며 읽습니다.

　。일이 일어난 차례를 생각하며 읽습니다.

　。앞뒤 사건의 연관 관계를 생각하며 읽습니다.

　。등장 인물의 성격을 파악하며 읽습니다.

　。앞으로 이어질 내용을 짐작하며 읽습니다.

　。앞의 이야기들을 근거로 하여 이어질 이야기를 상상하여 말합니다.

　- 앞에서 일어난 사건은 뒤에 일어난 사건의 원인이 됩니다.

　- 앞의 사건과 뒤의 사건이 연관되도록 상상합니다.

　▪ (지도 중점)앞 사건의 내용과 자기의 사전 지식을 근거로 하여 뒤에 이어질 이야기를 짐작하며 읽도록 한다.

● 소단원② 이야기를 읽고, 뒷부분에 이어질 내용 상상하기

　。일이 일어난 차례를 생각해 봅니다.

　。원인과 결과의 관계를 생각해 봅니다.

　。등장 인물의 성격을 파악해 봅니다.

　。앞의 내용과 관련하여 이어질 내용을 재미있게 상상합니다.

　▪ (지도 중점)글의 내용을 완전히 이해한 바탕 위에 앞으로 이어질 내용을 상상하도록 수업을 진행한다.

■ 셋째 마당

● 소단원① 글을 정확하게 소리내어 읽기

　。정확한 발음으로 읽습니다.

- 쓸 때와 읽을 때의 차이를 생각하며 읽습니다.

◦글을 알맞게 띄어 읽습니다.

- 띄어 읽을 곳과 쉬어 읽을 곳을 생각하며 읽습니다.

- 한 문장이 끝나면 쉬어 읽고, 문장 속에서는 의미 단위로 띄어 읽습니다.

▪(지도 중점)매 시간마다 낭독의 기회를 주고, 오류가 있을 경우 교정 지도를 통해 낭독 지도를 겸한다. 전 학년에서 배웠던 연음법칙을 활용한다.

●소단원② 글쓴이나 인물의 의견을 생각하며 읽기

(첫째 시간)

◦제목을 보고 글쓴이의 의견을 짐작합니다.

◦의견과 의견을 뒷받침하는 내용을 구별하며 읽습니다.

(둘째 시간)

◦인물들의 의견을 파악합니다.

◦각각의 의견을 뒷받침하는 내용의 타당성을 생각하며 읽습니다.

◦인물들의 의견 사이의 공통점과 차이점을 찾아봅니다.

▪(지도 중점)글의 주제를 파악하는 초보적인 방법 지도에 중점을 둔다. 이 소단원에서는 성격이 약간 다른 두 편의 생활문이 제시되고 있다. 화자의 위치에 따라 주제 파악의 방법이 다르게 되어 있으므로 이에 유념하여야 한다.

■넷째 마당

●소단원① 시나 이야기를 읽고, 생각이나 느낌 말하기

◦장면을 상상하며 시를 읽습니다.

◦글감에서 풍기는 느낌을 생각해 봅니다.

◦지은이가 무엇을 나타내고자 했는지 생각해 봅니다.

◦생활문의 경우 육하원칙을 생각하며 읽습니다.

◦나의 경험과 견주어 봅니다.

◦나라면 어떻게 했을지 생각하며 느낌을 말합니다.

· (지도 중점)교과서 이외의 좋은 작품들을 골라 읽는 기회를 제공하고, 생각이나 느낌을 놀이를 통해 표현하도록 한다.

• 소단원② 시나 이야기를 읽고, 생각이나 느낌 말하기

  ◦ 시를 읽을 때는 글감을 알아보고, 장면을 상상하며 읽으며, 운율의 맛을 느껴보도록 합니다.

  ◦ 이야기를 읽을 때는 인물, 사건, 배경을 생각하며 읽습니다.

  ◦ 자기의 경험과 견주어 봅니다.

  ◦ 지은이가 무엇을 나타내고자 했는지 알아봅니다.

  · (지도 중점)비판적 감상, 창조적 감상의 초보적인 기능을 익히도록 지도한다. 자신의 경험이나 기존 지식을 활용하여 감상하고, 새로운 지식을 형성하도록 한다.

■ 다섯째 마당

• 소단원① 시나 이야기를 실감나게 읽기

  ◦ 시를 읽을 때는 장면을 상상하며 분위기에 젖어 읽습니다.

  ◦ 시에 담긴 마음을 생각하며 읽습니다.

  ◦ 이야기를 읽을 때는 상황과 사건의 전개를 생각하며 읽습니다.

  - 인물의 심리적 상태를 생각합니다.

  - 그럴 수밖에 없는 처지를 이해합니다.

  ◦ 인물에 어울리는 목소리로 읽습니다.

  · (지도 중점)처음에는 시나 이야기를 읽으면서 이해하는 활동을 하되, 시나 이야기에서 맛을 느끼며 읽도록 한다.

【쓰기 2 - 2】

■ 첫째 마당

• 소단원① 알게 된 내용을 글감으로 글 쓰기

◦ 읽을 사람이 알고 싶어하는 것을 생각하여 씁니다.

◦ 내가 알게 된 내용이 잘 드러나게 씁니다.

▪ (지도 중점)예시글을 분석하면서 문단 구성이나 하고 싶은 말을 어떻게 써야 하는지 방법을 터득하게 한다. 알려 주고 싶은 것이 무엇인지 개요 짜는 활동을 중시한다. 예를 들어 학교 위치, 자랑거리, 규모, 교훈, 교화, 교가 등을 쓴다.

● 소단원② 새로이 알게 된 내용을 글로 쓰기

◦ 읽을 사람을 생각하며 씁니다.

◦ 알려 주고 싶은 이유를 생각하며 씁니다.

◦ 겪은 일을 글로 쓸 때는 육하원칙에 의해 쓰되, 시간의 순서 또는 장소의 바뀜에 따라서 씁니다.

▪ (지도 중점)설명문, 편지글, 생활문 형식의 다양한 문종으로 표현하는 기회를 제공한다.

■ 둘째 마당

● 소단원① 이야기를 듣고, 꾸며주는 말을 넣어 이어질 내용 쓰기

◦ 글감을 찾아 꾸며주는 말을 생각해 봅니다.

◦ 꾸며주는 말 중에서 가장 적합한 것을 골라 이어질 내용을 씁니다.

 - 이야기 전체의 내용에 어울리는 말을 찾아 씁니다.

▪ (지도 중점)이어질 이야기에 중점을 두기보다는 꾸며주는 말을 적절하게 넣는 데 중점을 두어 수업을 진행한다.

● 소단원② 꾸며주는 말을 넣어 이어질 내용 쓰기

◦ 이어질 내용의 줄거리를 씁니다.

◦ 글 전체의 의미를 생각하면서 꾸며주는 말을 넣습니다.

▪ (지도 중점)꾸며주는 말이 전체 의미 구조와 조화를 이루고, 글감을 실감있게 표현하는 데 도움이 되도록 적절히 사용하는 태도를 갖게 한다.

■ 셋째 마당

● 소단원① 내 생각이 잘 드러나게 글 쓰기

　◦ 이유나 근거를 자세히 씁니다.

　◦ 의견이나 주장은 간결하면서도 분명하게 씁니다.

　◦ 의견이나 주장을 먼저 쓰고, 이유나 근거를 씁니다.

　▪ (지도 중점)이유나 근거를 들어가며 주장이나 의견을 적절히 표현하는 태도를 중시한다.

● 소단원② 알맞은 까닭을 들어가며 하고 싶은 말을 글로 쓰기

　◦ 하고 싶은 말을 먼저 쓰고, 그 이유나 근거를 씁니다.

　◦ 이유나 근거는 읽는 사람이 설득될 수 있도록 타당하고 자세하게 씁니다.

　▪ (지도 중점)다른 사람을 설득하여 자기의 생각을 받아들이도록 하는 데 목적이 있음을 알고 글을 쓰도록 한다.

■ 넷째 마당

● 소단원① 생각이나 느낌이 잘 드러나게 글 쓰기

　◦ 생활문을 쓸 때는 자기가 겪었던 일을 글감으로 정합니다.

　◦ 육하원칙을 생각하며 글을 씁니다.

　◦ 그 일에 대한 자기의 생각이나 느낌을 넣어 씁니다.

　◦ 독후감을 쓸 때는 인물이 한 일과 그에 대한 느낌을 함께 씁니다.

　▪ (지도 중점)자기 생각을 다양하고 자유롭게 표현해보는 경험을 강조한다.

● 소단원② 친구에 대한 내 생각이나 느낌을 글로 쓰기

　◦ 어떤 내용을 쓰면 좋을지 항목을 정합니다.

　◦ 자세히 관찰하거나 생각합니다.

　◦ 항목별 순서를 정하여 개요를 짠 후 생각이나 느낌을 넣어 씁니다.

　▪ (지도 중점)기준을 정하고 그 기준에 따라 느낌을 쓰는 데 중점을 둔다.

■ 다섯째 마당

● 소단원① 어른께 고마워하는 마음을 담아 편지 쓰기

　◦ 받을 사람을 생각합니다.

　◦ 어떤 내용을 쓸지 생각합니다.

　◦ 받을 사람, 첫인사, 할 말, 끝인사, 쓴 날짜, 쓴 사람의 이름 등 형식을 생각하며
　　쓴니다.

　▪ (지도 중점)편지글의 형식 지도에 주력하되, 편지 쓰기의 장점을 알고, 쓰려는
　　마음을 갖도록 한다.

3. 3학년

【말하기 · 듣기 3 - 1】

■ 첫째 마당

● 소단원① 듣는 이의 흥미나 관심을 생각하며 말하기

　◦ 듣는 이가 누구인지 생각합니다.

　◦ 듣는 이가 흥미를 가질 수 있는 화제를 골라 말합니다.

　◦ 말을 하는 과정에서도 상대방의 반응을 보아가며 말합니다.

　▪ (지도 중점)여러 가지 언어 상황에서의 실제 경험을 상기하면서 필요성과 중요
　　성을 실감하도록 한다.

● 소단원② 웃어른께 높임말을 써서 말하기

　◦ 높임말에 대해 알아봅니다.

　◦ 언제 어떤 높임말을 써야 할지 생각해 봅니다.

　▪ (지도 중점)언어 상황과 그에 알맞은 높임말을 알도록 한다. 실제 언어 생활에
　　서 높임말을 사용하지 않는 어린이들의 언어 습관 지도에 관심을 갖는다.

■ 둘째 마당

● 소단원① 시나 이야기를 듣고, 생각이나 느낌 말하기

　○ 시를 듣고 떠오르는 장면을 생각해 봅니다.

　　- 글감들 사이의 연관 관계를 생각합니다.

　　- 글감들이 주는 느낌을 중심으로 장면을 상상해 봅니다.

　　- 장면을 상상하면서 어떤 느낌이 드는지 이야기해 봅니다.

　○ 시에서 말하는 이의 마음을 떠올려 봅니다.

　　- 말하는 이가 하는 일이 무엇인지 생각해 봅니다.

　　- 말하는 이가 어떤 생각을 하는지 알아봅니다.

　　- 시의 상황과 나의 생각을 견주어 봅니다.

　▪ (지도 중점)장면 상상하기나 화자의 마음을 파악하기는 설명하기 어려운 사고
　　활동이므로 학생들의 사고 활동을 촉진하기 위해서 예를 들거나 분절식 발문
　　을 통하여 방법을 안내한다.

● 소단원② 이야기를 듣고, 생각하거나 느낀 점 말하기

　○ 이야기를 듣고, 인물의 마음이 어떻게 변하는지 알아봅니다.

　　- 이야기의 장면이 어떻게 변하는지 알아봅니다.

　　- 각 장면이 변하면서 인물들의 마음이 어떻게 변하는지 생각합니다. 왜 그렇게
　　　변하는지 그 이유도 알아봅니다.

　○ 생각이나 느낀 점을 말하여 봅니다.

　　- 인물들의 마음이 변하는 이유를 생각해 봅니다.

　　- 인상 깊은 장면을 찾아봅니다.

　　- 나의 경험과 견주어 나라면 어떻게 하겠는지 생각합니다.

　▪ (지도 중점)이야기를 듣고, 자기의 느낌을 효과적(듣는 이가 감동하거나 긍정하
　　도록)으로 표현하는 활동에 중점을 둔다.

■ 셋째 마당

● 소단원① 이야기를 듣고, 일이 일어난 원인과 결과 말하기

  ◦ 원인과 결과가 되는 내용을 구분하며 이야기를 듣습니다.

  - 어떤 일을 일어나게 한 일을 '원인'이라 하고, 그 일 때문에 일어난 일을 '결과'
   라 합니다.

  - 이야기에서는 원인이 먼저 나오고, 결과가 다음에 나옵니다.

  - <~ 때문에, 그래서, 그 결과> 등 연결하는 말이 사용됩니다.

  ◦ 원인과 결과의 연관 관계를 생각하며 이야기합니다.

  ▪ (지도 중점)앞 사건의 결과가 다음 사건의 원인이 되므로 이러한 연관성에 유의
   하면서 말하도록 한다.

● 소단원② 이야기를 듣고, 내 생각을 분명하게 말하기

  ◦ 원인과 결과의 관계를 명확히 하면서 이야기를 구성합니다.

  ◦ 내가 그렇게 생각한 이유를 분명하게 밝히며 말합니다.

  ▪ (지도 중점)내 생각을 분명하게 말한다는 것은 그렇게 생각하게 된 이유가 적절
   하기 때문이다. 즉, 인과 관계가 적절하다는 것이다.

■ 넷째 마당

● 소단원① 시나 이야기를 듣고, 내가 겪은 일과 비교하여 말하기

  ◦ 이야기를 들으며, 내가 겪은 일을 떠올려 봅니다.

  ◦ 주인공이 한 일에 대해 나라면 어떻게 할지 생각해 봅니다.

  ◦ 나의 생각을 조리있게 말합니다.

  ▪ (지도 중점)자기의 생각이나 느낌을 말할 때 자기의 경험을 근거로 하여 이야기
   하도록 한다. 이야기의 주제와 관련된 경험을 말하도록 해야 하지만 능력이
   뒤지는 학생에게는 글감과 관련된 이야기도 하도록 할 수 있다.

● 소단원② 시를 듣고 내가 겪은 일을 재미있게 말하기

  ◦ 시를 듣고, 내가 겪은 일과 관련지어 말합니다.

- 글감이 의미하는 깊은 뜻을 중심으로 비슷한 경험을 생각합니다.
- 감명을 받은 내용을 중심으로 예를 들면서 나의 느낌을 말합니다.
◦시를 듣고 내가 겪은 일을 재미있게 말합니다.
 - 내가 겪은 일을 중심으로 시를 바꾸어 봅니다.
 - 왜 그렇게 바꾸었는지 이유를 들어가며 재미있게 말합니다.
▪(지도 중점)시의 글감과 관련하여 겪은 일을 생각할 때 경험의 폭을 넓혀 주어 다양한 이야기가 나오도록 유도한다. 예를 들어 함께 우산을 쓰고 가는 경험을 말할 때 꼭 우산을 함께 쓴 것만 말하도록 하는 것보다 친구 사이의 정을 나누었던 다양한 경험이 이야기 되도록 한다는 것이다. 여기서 우산과 관련된 경험은 글감 관련 경험, 우정과 관련된 경험이 나오면 주제 관련 경험이라 할 수 있는데 주제 관련 경험이 더욱 바람직하다.

■다섯째 마당
●소단원① 아는 내용과 관련지으며 새로운 내용 듣기
 ◦아는 내용을 들을 때와 모르는 내용을 들을 때의 차이점을 알아봅니다.
  - 아는 내용을 들을 때가 더 이해하기 쉽습니다.
 ◦아는 내용과 관련지으며 새로운 내용을 듣습니다.
  - 주제를 먼저 알고 아는 내용을 회상해 봅니다.
  - 아는 내용과 새로운 내용을 구분하면서 듣습니다.
 ▪(지도 중점)사례를 들어 비교하면서 학습하도록 한다.
●소단원② 아는 내용과 새로 안 내용을 바탕으로 자세히 말하기
 ◦아는 내용을 말할 때와 모르는 내용을 말할 때의 차이점을 알아봅니다.
  - 아는 내용을 말할 때에 더 자세하게 말할 수 있습니다.
  - 아는 내용을 예로 들면서 모르는 내용을 설명하는 것이 좋습니다.
 ◦아는 내용이나 새로 안 내용을 바탕으로 하여 자세히 말합니다.
  - 아는 내용과 새로 안 내용을 관련지어 말합니다.

- 유사한 항목끼리 묶어서 이야기합니다.

▪ (지도 중점)아는 내용과 새로 안 내용을 조합하여 새로운 지식을 형성하도록 하고 그 내용을 발표하도록 한다.

【읽기 3 - 1】

■ 첫째 마당

● 소단원① 글자는 같지만 뜻이 다른 낱말이 어떻게 쓰였는지 생각하며 글읽기

　○ 글자는 같지만 뜻이 다른 낱말에 대해 알아봅니다.

　○ 그 낱말들이 쓰인 앞뒤 내용을 살펴 그 뜻을 알아봅니다.

　○ 글 전체의 내용과 낱말의 쓰임을 생각하며 글을 읽습니다.

　▪ (지도 중점)문맥을 통해서 의미를 구별하게 하며, 우리 말의 다양성, 의미의 함축성을 경험하게 한다.

● 소단원② 낱말의 뜻을 생각하며 글을 읽고, 줄거리 간추리기

　○ 낱말의 뜻을 잘 모를 때 낱말의 앞 뒤 내용을 살펴 읽으며 뜻을 파악합니다.

　○ 이야기를 간추리는 데 중요한 역할을 하는 낱말에 관심을 갖고 줄거리를 간추립니다.

　- 이야기류의 줄거리 간추리기는 인물, 사건, 배경을 중심으로 간추립니다.

　▪ (지도 중점)글 전체 내용의 구성 인자로서의 낱말의 역할을 알 수 있도록 지도한다.

■ 둘째 마당

● 소단원① 느낌을 살려 시 낭송하기

　○ 시의 운율을 생각하며 낭송합니다.

　- 행과 연, 반복되는 말, 음보율, 흉내내는 말에 유의합니다.

　○ 시에 나오는 이들의 마음을 생각하며 낭송합니다.

　○ 장면을 눈앞에 그려보며 낭송합니다.

◦나의 경험과 관련하여 느낌을 살려 낭송합니다.

▪(지도 중점)시를 이해하고, 자기 느낌을 살려 낭송함으로써 시의 아름다움을 느끼게 한다.

• 소단원② 인물의 성격을 살리며 낭독하기

◦인물의 말과 행동에서 성격을 알아봅니다.

◦그렇게 할 수밖에 없었던 상황에 대해 이해합니다.

◦각 인물의 성격에 맞게 말하듯이 읽습니다.

▪(지도 중점)인물의 성격을 중심으로 이야기를 깊이 있게 이해함으로써 낭독이 효과적으로 이루어지도록 한다. 인물의 성격을 파악하는 활동과 적절한 낭독의 두 측면에 모두 관심을 갖고 지도한다.

■셋째 마당

• 소단원① 이어주는 말의 쓰임을 생각하며 글읽기

◦이어주는 말과 그 쓰임을 알아봅니다.

 - 그리고, 그러나, 그래서, 왜냐 하면 등

◦이어주는 말과 앞뒤 내용의 연결을 생각하며 글을 읽습니다.

▪(지도 중점)인과 관계 또는 연결 관계에 따라 이어주는 말의 역할을 파악하며 글을 읽음으로써 글의 의미를 명확히 알 수 있게 한다.

• 소단원② 내용의 연결을 생각하며 글을 읽고, 줄거리 간추리기

◦문장과 문장을 어떻게 연결하였는지 생각하며 글을 읽어봅니다.

◦문장과 문장이 자연스럽게 연결되도록 이어주는 말을 사용하여 줄거리를 간추립니다.

▪(지도 중점)이어주는 말을 적절히 사용하면 문장의 연결이 자연스럽다는 점을 알게 한다.

■ 넷째 마당

● 소단원① 일이 일어난 차례를 생각하며 이야기 읽기
　◦ 시간의 전후 관계를 살핍니다.
　◦ 사건과 사건의 연관 관계를 살핍니다.
　◦ 장소의 변화에 대해서도 살펴봅니다.
　▪ (지도 중점)시간, 사건, 장소 등의 변화를 알아보는 부분적인 접근 후 통합하는
　　과정을 거쳐 전체의 내용을 깊이 있게 이해하도록 한다.
● 소단원② 겪은 일과 관련지으며 시나 이야기 읽기
　◦ 시의 장면과 인물의 모습을 떠올려 봅니다.
　◦ 자신의 경험과 관련지어 생각해 봅니다.
　◦ 이야기의 장면, 글감, 주제와 관련된 경험을 떠올리며 읽습니다.
　◦ 인물의 마음을 생각하며 시를 낭송하거나 이야기를 읽습니다.
　▪ (지도 중점)예문의 내용과 학생의 경험이 너무 동떨어져서 수업에 어려움을
　　겪을 수 있다. 그러므로 학생들이 다양한 관점에서 경험을 떠올리도록 구체적
　　으로 발문한다.

■ 다섯째 마당

● 소단원① 아는 내용이나 겪은 일과 관련지으며 글읽기
　◦ 자신의 경험과 관련이 있는 글을 읽으면 이해하기 쉽습니다.
　◦ 알고 있는 내용(간접 경험 포함)과 관련된 글을 읽으면 이해하기 쉽습니다.
　◦ 경험한 일이나 아는 내용과 관련지으며 글을 읽습니다.
　▪ (지도 중점)직접 경험과 간접 경험(독서나 대중 매체 등)이 학습에 도움이 된다
　　는 점을 알게 하고 이를 활용하는 태도를 길러준다.
● 소단원② 글을 읽고, 문단의 중심 내용 간추리기
　◦ 문단의 중심 문장을 찾습니다.
　　- 중심 문장은 뜻이 넓은 문장, 이유나 근거가 아닌 결론을 말한 문장으로 주로

문단의 첫머리에 있으나 맨 끝 부분에 오기도 합니다.

◦ 중심 문장에서 중심 낱말을 찾습니다.

- 중심 낱말은 중심 문장을 대표하는 낱말입니다.

▪ (지도 중점)직접 교수 유형에 의해 중심 문장을 찾고, 중심 낱말을 찾아 간추리는 방법을 예를 들어서 단계적으로 세세히 지도하여 다음 학년에서까지 활용하도록 한다.

【쓰기 3 - 1】

■ 첫째 마당

● 소단원① 알맞은 문장 부호를 바르게 넣어 글 쓰기

  ◦ 문장 부호의 종류와 쓰임을 알아봅니다.

  - 온점, 물음표, 느낌표, 반점, 큰따옴표, 작은따옴표에 대해 알아봅니다.

  ◦ 문장 부호의 쓰임을 생각하며 글을 쓰고, 잘 썼는지 생각해 봅니다.

  ▪ (지도 중점)문장 부호는 글자와 같거나 글자보다 더 중요하다는 점을 인식시킨다.

● 소단원② 알맞은 낱말을 넣어 마음을 전하는 글 쓰기

  ◦ 누구에게 어떤 내용의 글을 써 보낼지 생각해 봅니다.

  ◦ 상대에게 적합한 말이 무엇인지 생각해봅니다.

  ◦ 글의 앞뒤 관계를 살펴 적합한 낱말을 사용합니다.

  ◦ 전하고 싶은 마음이 잘 나타나고, 뜻이 잘 통하는 말을 사용하여 글을 씁니다.

  ▪ (지도 중점)글을 써 놓은 후 낱말의 사용이 적절한지 퇴고의 과정을 중시한다.

■ 둘째 마당

● 소단원① 사람이 하는 일과 닮은 점이 잘 드러나게 글 쓰기

  ◦ 시를 읽으며 글감이 주는 특징(이미지)을 생각합니다.

  ◦ 시에 나오는 글감이 사람이라 생각하며 시를 읽습니다.

  ◦ 자기가 쓰고 싶은 글감을 정합니다.

◦ 그 글감의 특징과 느낌을 생각합니다.

◦ 그 글감이 사람이라 생각하고 사람이 하는 행동으로 표현합니다.

▪ (지도 중점)시를 읽고, 의인화된 표현을 찾아 감상 한 후, 쓰기 지도를 한다. 쓰기에서는 의인화의 초보 단계이므로 정확성보다 다양성을 강조한다.

● 소단원② 서로 닮은 점을 떠올려 재미있게 글 쓰기

◦ 하나의 글감에 대해 닮은 점이 있는 글감을 찾아 연관시켜 봅니다.

◦ 두 개의 글감이 주어지면 서로 닮은 점을 찾아봅니다.

◦ 서로 닮은 점을 떠올리며 글로 씁니다.

▪ (지도 중점)시 쓰기의 초보 단계이므로 시를 읽으며 비유 표현의 중요성을 알도록 한다. 2개 이상의 글감을 제시하고, 닮은 점을 찾아보도록 하여 이미지 연관 능력을 기르는 것도 좋다.

■ 셋째 마당

● 소단원① 원인과 결과가 드러나게 글 쓰기

◦ 원인과 결과에 대해 알아봅니다.(말하기 · 듣기와 관련됨)

- 어떤 일을 일어나게 한 일을 '원인'이라 하고, 그 일 때문에 일어난 일을 '결과' 라 합니다.

- 대부분 원인이 먼저 나오고, 결과가 다음에 나옵니다.

- < ~ 때문에, 그래서, 그 결과> 등 연결하는 말이 사용됩니다.

◦ 원인과 결과의 연결이 자연스럽게 되도록 글을 씁니다.

▪ (지도 중점)학생들이 쓴 글을 가지고 원인과 결과의 연관성을 중심으로 퇴고하면서, 글 쓰는 원리를 터득하게 한다.

● 소단원② 원인과 결과가 드러나게 이야기 꾸며 쓰기

◦ 이야기의 내용을 인물, 사건, 배경, 사건과 사건 사이의 관련성에 유의하며 읽습니다.

◦ 다음에 전개될 내용을 짐작하면서 읽습니다.

◦ 앞의 이야기를 원인으로 생각하고, 결과가 되는 다음의 이야기를 꾸며서 씁니다.

▪ (지도 중점)가급적 흥미있고, 독창적으로 상상하되 인과 관계의 적절성에 유의
하도록 한다.

■ 넷째 마당

● 소단원① 이어질 이야기 상상하여 쓰기

◦ 이야기의 내용을 인물, 사건, 배경, 사건과 사건 사이의 관련성, 차례에 유의하
며 읽습니다.

◦ 다음에 전개될 내용을 짐작하면서 읽습니다.

◦ 인물의 성격이나 성격의 변화를 생각합니다.

◦ 인물이 처해 있는 상황을 이해합니다.

◦ 앞의 이야기와 관련성을 가지면서 재미있게 상상하여 씁니다.

▪ (지도 중점)셋째 마당과 연결 되도록 수업을 진행하되 원리 학습에 중점을 둔다.

● 소단원② 일이 일어난 차례와 인물의 성격을 생각하며 이어질 이야기 쓰기

◦ 글 쓸 내용의 개요를 짭니다.

◦ 내가 이야기의 주인공이라 생각하고, 이어질 이야기를 친구들과 함께 꾸며봅
니다.

▪ (지도 중점)소단원①에서의 원리 학습과 연결되어 있으므로 적용 학습 측면에
서 수업을 진행한다. 즉, 소단원①과 소단원②를 연결된 하나의 과제로 생각하
여 수업을 진행한다.

■ 다섯째 마당

● 소단원① 아는 내용과 새로 안 내용을 바탕으로 글 쓰기

◦ 주제에 대해 아는 내용을 메모합니다.

◦ 더 알고 싶은 내용을 생각하여 조사해 봅니다.

◦ 조사한 내용을 바탕으로 글을 씁니다.

　◦친구들에게 이야기해 보고, 친구들이 잘 이해하지 못하는 부분을 고쳐 씁니다.

　◦친구들이 더 알고 싶어하는 부분을 보충하여 씁니다.

　▪(지도 중점)원리 학습에 중점을 두고, 예를 들어가며 수업을 진행한다.

●소단원② 새로 안 내용을 바탕으로 글 쓰기

　◦겪은 일이나 조사한 내용을 바탕으로 글을 씁니다.

　◦친구들에게 이야기해 보고, 친구들이 잘 이해하지 못하는 부분을 고쳐 씁니다.

　◦친구들이 더 알고 싶어하는 부분을 보충하여 씁니다.

　▪(지도 중점)소단원①에서의 원리 학습과 연결되어 있으므로 적용 학습 측면에서 수업을 진행한다. 퇴고의 과정을 중시하면서 글을 다듬는 활동과 아울러 원리를 심화하도록 한다.

【말하기 · 듣기 3 - 2】

■ 첫째 마당

●소단원① 공통점과 차이점이 잘 드러나게 말하기

　◦공통점과 차이점을 찾아낼 수 있는 기준을 생각해 봅니다.

　◦정한 기준에 따라 서로를 비교하면서 공통점과 차이점을 찾아 말합니다.

　▪(지도 중점)사물의 개념을 명확히 알고 말하기 위한 제재이다. 그러므로 공통점과 차이점 파악 능력 지도를 위해 공통점과 차이점이 적절히 드러나는 소재를 골라 수업을 진행한다.

●소단원② 공통점과 차이점이 잘 드러나게 말하기

　◦공통점과 차이점을 찾아낼 수 있는 기준을 생각해 봅니다.

　◦정한 기준에 따라 서로를 비교하면서 공통점과 차이점을 찾아 말합니다.

　▪(지도 중점)소단원①과 연결지어 적용 학습 위주의 수업을 진행한다.

■ 둘째 마당

●소단원① 시 낭송 듣고 생각이나 느낀 점 말하기

◦장면을 떠올리며 시 낭송을 듣습니다.

◦시 낭송이나 암송을 듣고, 생각이나 느낀 점을 말합니다.

◦그 장면 속의 분위기와 느낌을 생각하며 시를 암송합니다.

▪(지도 중점)시 암송이나 낭송의 즐거움을 느끼고, 시를 찾아 읽고자 하는 태도
가 길러지도록 지도한다.

● 소단원② 좋아하는 이야기에 대한 생각이나 느낌 말하기

◦내가 읽은 책에서 재미있었던 이야기를 떠올려 봅니다.

◦나오는 인물과 이야기의 흐름을 생각해 봅니다.

◦나오는 인물의 성격과 한 일에서 나의 생각이나 느낌을 말합니다.

▪(지도 중점)인물 중심의 독후 표현 활동에 중점을 두되 글로 쓰거나 그림으로
그리는 활동 등에 너무 많은 시간이 할애되지 않도록 하고, 서로 이야기하는
데 중점을 둔다.

■ 셋째 마당

● 소단원① 주고 받는 말을 듣고, 의견과 그 이유 말하기

◦다른 사람의 의견을 주의 깊게 들어야 하는 까닭을 알아봅니다.

 - 주의 깊게 들어야 무엇에 대해 말하는지 정확히 이해할 수 있습니다.

 - 주의 깊게 들어야 내 생각도 정확히 전달할 수 있습니다.

◦친구들의 의견을 들으며 중요한 내용은 메모합니다.

◦친구들의 의견에 대해 이유나 근거를 들어가며 내 생각을 말합니다.

▪(지도 중점)독서 토론을 통해서 비판적 사고나 분석, 종합력을 기르는 방향으
로 수업을 진행한다.

● 소단원② 알맞은 이유를 들어가며 내 의견 말하기

◦내 생각과 견주어가며 다른 사람의 의견을 주의 깊게 듣습니다.

◦중요한 내용은 메모하며 듣습니다.

◦친구들의 의견에 대해 이유나 근거를 들어가며 내 생각을 말합니다.

▪ (지도 중점)주장하는 말을 듣고, 분석, 비판, 종합하여 자기의 의견을 조리있게 말하는 능력을 기르는 방향으로 지도한다. 갈등 요소를 내포하거나 다양한 의견이 제시될 수 있는 여러 가지 화제를 제시하고, 그에 대해 이야기하도록 한다.

■ 넷째 마당

● 소단원① 시를 듣고, 시에 나오는 인물이 되어 말하기
  ◦ 장면을 상상하며 시 낭송을 듣습니다.
  ◦ 시와 관련하여 내가 겪었던 일을 생각하며 듣습니다.
  ◦ 시를 듣고 시에 나오는 인물이 되어 나의 생각을 말합니다.
  ▪ (지도 중점)논리적인 감상보다는 감각적인 감상이 되도록 하기 위하여 낭송 테잎을 들려주며, 시와 관련된 주변 이야기를 들려주어 감상의 폭을 넓혀 준다.

● 소단원② 이야기에 나오는 인물이 되어 말하기
  ◦ 이야기의 순서와 장면을 상상하며 듣습니다.
  ◦ 이야기에 나오는 인물이 한 일에 대해 나의 생각을 말합니다.
  ▪ (지도 중점)이야기에 동화되어 듣도록 재미있는 방법으로 낭송하며, 표현 활동 역시 역할 놀이나 기자가 되어 인터뷰, 웅변 등 다양화한다.

■ 다섯째 마당

● 소단원① 말의 순서와 어울려 쓰는 말을 알고 자연스럽게 말하기
  ◦ 자연스럽게 말하기 위한 우리말의 순서에 대해 알아봅니다.
  ◦ 누가, 무엇을, 하였다의 순서로 말합니다.
  ◦ 어울려 쓰는 말과 사용 방법에 대해 알아봅니다.
  - 만약 ~ 한다면, 전혀 ~ 않다, 마치 ~처럼 등이 있습니다.
  ▪ (지도 중점)어법에 맞지 않는 예를 들어 필요성을 인식시키고, 많은 용례를 제시하여 수업을 진행한다.

【읽기 3 - 2】

■ 첫째 마당

● 소단원① 글을 읽고, 새로 안 내용 말하기

  ◦ 이미 알고 있는 내용과 새로 안 내용을 구분해 봅니다.

  ◦ 이미 알고 있는 내용과 새로 안 내용과 관련성을 알아봅니다.

  ▪ (지도 중점)이미 알고 있는 경험이나 지식이 글을 이해하는 데 중요하며, 새로 안 내용 역시 이미 알고 있는 내용과 결합하면서 지식의 영역이 확대되어 간다. 그러므로 새로 안 내용을 정리하며 읽고, 이미 알고 있는 내용과 견주어 보는 활동을 하도록 한다.

● 소단원② 새로 안 내용과 관련이 있는 내용을 더 알아보기

  ◦ 더 알고 싶은 내용이 무엇인지 생각해 봅니다.

  ◦ 백과사전이나 인터넷을 통하여 새로 안 내용과 관련 있는 내용을 더 찾아봅니다.

  ◦ 이미 알고 있는 내용과 관련을 맺으면서 새로 안 내용에 대해 친구들과 이야기해 봅니다.

  ▪ (지도 중점)정보 습득 능력을 기르는 차원에서 수업을 진행한다.

■ 둘째 마당

● 소단원① 분위기에 어울리게 시나 이야기 읽기

  ◦ 시를 읽을 때는 장면을 상상하며 장면 속에 동화되어 읽습니다.

  ◦ 떠오르는 생각이나 느낌을 살려 읽습니다.

  ◦ 이야기를 읽을 때는 인물, 사건, 배경을 생각하며 글을 읽습니다.

  - 인물의 성격을 알아봅니다.

  - 사건의 차례와 사건 사이의 인과 관계를 알아봅니다.

  - 시대나 장소와 사건의 관계를 알아봅니다.

  ◦ 나의 경험이나 생각과 견주어 가며 읽습니다.

  ▪ (지도 중점)시나 이야기를 잘 이해하게 하여, 창조적인 낭독이 되도록 한다.

● 소단원② 이야기의 흐름을 생각하며 읽기

　◦ 일이 일어난 차례를 생각하며 읽습니다.

　◦ 일어난 일들의 인과 관계를 살피며 읽습니다.

　◦ 다음에 전개될 내용을 상상하며 읽습니다.

　▪ (지도 중점)이야기의 흐름을 파악함으로써 다음의 내용을 미리 짐작할 수 있고,
　　미리 짐작해 보는 활동이 상상력을 확대시켜 주고, 창조적 감상력을 키워 준다.

■ 셋째 마당

● 소단원① 글을 읽고, 글쓴이의 생각 알아보기

　◦ 글의 제목에서 글쓴이의 생각을 짐작해 봅니다.

　◦ 문단의 중심 내용을 찾습니다.

　　- 중심 문장을 찾습니다.

　　- 중심 낱말을 찾아 중심 내용을 간추립니다.

　◦ 각 문단의 중심 내용을 정리하여 글쓴이의 생각을 알아봅니다.

　▪ (지도 중점)2학년에서 공부했던 중요한 내용 간추리기에서 습득했던 원리를
　　활용하도록 한다.

● 소단원② 글쓴이의 생각과 비교하며 읽고, 내 생각 말하기

　◦ 이야기에서 글쓴이의 생각은 알기 위해서는 인물의 성격을 알아봅니다.

　◦ 사건과 인물의 성격과의 관계를 알아봅니다.

　◦ 나라면 어떻게 하겠는지 내 생각과 비교하여 말합니다.

　▪ (지도 중점)글을 읽고, 줄거리를 간추려 글쓴이의 생각을 알아본 후, 그에 대한
　　자기의 생각을 이야기하도록 하고 있다. 1 소단원에서는 논설문이 제시되고,
　　2 소단원에서는 생활문과 전래 동화가 제시되고 있다. 이와 같이 문종이 다르
　　면 학습 방법이 달라지므로 이를 감안하여 지도한다.

■ 넷째 마당

● 소단원① 시나 이야기를 읽고, 인물의 마음이나 생각 알기

  ◦ 시의 장면과 분위기를 생각하며 읽습니다.

  ◦ 시에서의 인물이 어떤 생각을 하는지 알아봅니다.

  ◦ 나의 경험과 견주어가며 읽습니다.

  ◦ 이야기를 읽을 때는 일이 일어난 차례를 생각하며 읽습니다.

  ◦ 인물의 성격을 파악하며 읽습니다.

  ◦ 인물의 마음이나 생각의 변화를 떠올리며 이야기를 읽습니다.

  ▪ (지도 중점)이 단원은 주제를 파악하기 위한 기초적인 기능 지도의 단계이므로
    주제에 접근하는 단계적 발문을 통해 수업을 진행한다.

● 소단원② 이야기를 읽고, 나라면 어떻게 했을지 말하기

  ◦ 이야기를 읽고, 인물이 한 일을 정리해 봅니다.

  ◦ 왜 그런 일을 할 수밖에 없었는지 생각해 봅니다.

  ◦ 나라면 어떻게 했을지 생각해 봅니다.

  ▪ (지도 중점)이야기 전개에 따른 사건별로 나누어 그 때 나라면 어떻게 했겠는지
    생각하도록 하고 토론하도록 한다.

■ 다섯째 마당

● 소단원① 읽고 싶은 책 스스로 찾아 읽기

  ◦ 친구들이 읽었던 책과 그 내용에 대해 들어봅니다.

  ◦ 서점이나 도서관을 찾아갑니다.

  ◦ TV, 신문, 광고 등을 참고합니다.

  ◦ 어른들의 조언을 듣습니다.

  ▪ (지도 중점)도서 선택의 방법에 대해 지속적으로 지도할 필요가 있다.

【쓰기 3 - 2】

■ 첫째 마당

● 소단원① 공통점과 차이점이 드러나게 글 쓰기

  ◦ 자세히 관찰합니다.

  ◦ 알고 있는 내용을 정리합니다.

  ◦ 책이나 인터넷을 통해 조사합니다.

  ◦ 공통점을 먼저 쓰고, 차이점을 글로 씁니다.

  ▪ (지도 중점)쓸 기준을 정하여 쓰되, 공통점을 먼저 쓰고 차이점을 쓰도록 한다.

● 소단원② 공통점과 차이점이 드러나게 글 쓰기

  ◦ 비교하기 위한 기준을 중심으로 개요를 짜서 씁니다.

  ◦ 읽을 사람을 생각하며 알기 쉽게 씁니다.

  ▪ (지도 중점)소단원①에서의 원리 학습과 연결하여 적용 학습을 실시한다.

■ 둘째 마당

● 소단원① 알고 있는 이야기를 새롭게 꾸며 쓰기

  ◦ 인물의 성격을 바꾸어 생각해 봅니다.

  ◦ 사건의 배경이 되는 시대나 장소를 바꾸어 생각해 봅니다.

  ◦ 새로운 내용의 이야기가 되도록 꾸며 씁니다.

  ▪ (지도 중점)비판적 입장과 창조적 입장에서 다양한 생각을 조장하되 인과 관계
    가 적절하도록 꾸미게 한다. 새롭게 꾸며 쓰기 위한 기준을 제시하여 수업을
    진행할 수 있다. 즉, A그룹은 성격 바꾸기, B그룹은 장소 바꾸기 등으로 지정해
    주고 활동하도록 한다.

● 소단원② 친구와 이야기를 새롭게 꾸며 쓰기

  ◦ 이야기의 줄거리를 친구들과 이야기합니다.

  ◦ 생각이나 느낌을 이야기합니다.

  ◦ 어떻게 꾸미면 좋을지 이유나 근거를 들어가며 이야기합니다.

◦친구들의 의견을 들어 인과관계에 유의하며 이야기를 새롭게 씁니다.

▪(지도 중점)모둠별로 감상을 이야기한 후, 공동의 생각을 집약하여 새로운 이야기를 구성하도록 한다.

■셋째 마당

●소단원① 의견이 잘 드러나는 글 쓰기

◦읽을 사람에게 알맞은 말을 씁니다.

◦의견을 뒷받침하는 이유나 근거를 밝혀 씁니다.

◦내 의견을 분명하게 정하여 씁니다.

◦내 의견과 상충되는 의견을 고려하며 씁니다.

▪(지도 중점)자신의 경험을 살려 쓰도록 하되, 간접 경험(인용)을 근거로 활용하는 데까지 확장하여 지도할 수 있다.

●소단원② 내 의견이 잘 드러나는 편지글 쓰기

◦편지 받을 사람을 결정하고, 그에 맞게 씁니다.

◦의견을 먼저 쓰고 이유나 근거를 나중에 씁니다.

◦의견은 간단하면서도 분명하게 씁니다.

◦이유나 근거는 자세히 씁니다.

▪(지도 중점)상대방의 마음을 움직여야 하는 글이므로 이유나 근거가 구체적이어야 한다는 점에 유의한다.

■넷째 마당

●소단원① 시를 읽고, 그 시와 비슷한 시 쓰기

◦시에 나오는 인물의 처지와 성격을 생각하며 읽습니다.

◦나의 경험과 견주어 봅니다.

◦나의 경험으로 바꾸어 시를 다시 씁니다.

▪(지도 중점)시 쓰기의 초보적인 기능을 익힐 수 있도록 모작이나 개작의 수준에

　　서 지도한다.

● 소단원② 인물들이 주고 받은 말을 넣어 글 쓰기

　◦ 이야기의 내용을 잘 읽고, 정확히 이해합니다.

　◦ 쓰고 싶은 장면을 골라 줄거리를 씁니다.

　◦ 줄거리 사이사이에 인물들의 대화글을 덧붙여 씁니다.

　▪ (지도중점)모둠별로 극본을 써서 역할극을 하는 일련의 과정으로 수업을 진행할 수도 있다. 즉, 그림 보며 이야기의 줄거리 쓰기, 대화 글 넣기, 배역 정하여 역할극하기로 진행한다.

■ 다섯째 마당

● 소단원① 컴퓨터로 글 옮겨 쓰기

　◦ 재미있게 읽었던 책에 대한 감상문을 씁니다.

　◦ 쓴 글을 컴퓨터로 옮겨 씁니다.

　- 자판의 구조를 이해하고, 사용법에 맞게 씁니다.

　▪ (지도 중점)컴퓨터 자판 연습을 지속적으로 시켜 기능을 신장시키는 기회로 활용한다.

4. 4학년

【말하기 · 듣기 · 쓰기 4 - 1】

■ 첫째 마당

● 소단원① 알맞은 이유를 들어가며 의견을 말하거나 글로 쓰기

　◦ 의견을 분명하게 표현합니다.

　◦ 의견을 먼저 말하고, 그에 적합한 이유를 말합니다.

　◦ 의견을 먼저 쓰고, 그에 적합한 이유를 씁니다.

◦ 이유가 의견을 뒷받침하기에 적합한지 생각해 봅니다.

▪ (지도 중점)상대방의 반응을 생각하며 말하거나 쓰도록 한다. 이유의 적절성을 지도하기 위해서 이유가 잘못된 경우와 잘된 경우를 비교시킨다.

● 소단원② 이야깃거리에 대해 바른 태도로 의견 주고 받기

◦ 알맞은 이유를 들어가며 의견을 분명히 말합니다.

◦ 자기 의견만 고집하지 말고 남의 의견도 잘 들으며, 자기 생각과 비교해 봅니다.

◦ 여러 의견을 들으며 내용을 종합해 봅니다.

▪ (지도 중점)여러 의견을 잘 듣고, 비교 분석하며, 자기 생각과 견주어 종합하는 사고 활동이 이루어지도록 지도한다.

■ 둘째 마당

● 소단원① 이야기를 듣고, 들은 이야기에 이어질 내용 상상하기

◦ 인물, 사건, 배경을 생각하며 이야기를 듣습니다.

 - 인물의 성격에 대해 생각해 봅니다.

 - 일이 일어난 차례와 인과 관계를 생각합니다.

 - 시대적 배경이나 공간적 배경이 사건에 어떤 영향을 미치는지 생각해 봅니다.

◦ 뒷 이야기를 상상하며 듣습니다.

◦ 앞 뒤 이야기가 자연스럽고, 재미있게 연결되도록 상상하여 말하거나 글로 씁니다.

▪ (지도 중점)문학적 상상력과 창조적 사고력을 기르도록 하되, 인과 관계와 이야기의 흐름의 자연스러움을 강조한다.

● 소단원② 시나 이야기 듣고, 이어질 내용 상상하여 쓰기

◦ 장면을 상상하며 시를 듣습니다.

◦ 각 장면마다 어떤 내용인지 알아봅니다.

◦ 장면과 장면의 관련성을 파악해 봅니다.

◦ 뒤에 이어진다면 어떤 내용이 이어질지 생각해 봅니다.

▪ (지도 중점)각 장면간의 관련성에 비추어 뒷 장면을 다양하고 자유롭게 상상하는 기회를 준다. 친구들이 상상한 내용과 나의 생각을 견주어 보면서 상상의 다양성을 느끼게 한다. 상상할 수 있는 기준을 교사가 제시해 주고 상상하도록 하면 학생들이 쉽게 접근할 수 있다.

■ 셋째 마당

● 소단원① 방송이나 설명하는 말을 듣고, 중심 내용을 정리하여 말하기
  ◦ 제목을 보고 무슨 내용인지 짐작해 봅니다.
  ◦ 중심 내용과 세부 내용을 구분하며 듣습니다.
   - 듣는 이에게 꼭 전하고자 하는 요지를 중심 내용이라 하는데 중심 문장을 간추린 내용과 같습니다.
   - 중심 내용을 더 잘 이해하도록 자세히 설명해 주는 내용을 세부 내용이라 하는데, 뒷받침하는 문장을 간추린 것과 같습니다.
  ◦ 중심 내용과 관련되는 세부 내용을 간추린 후 서로 관련지어 말합니다.
  ▪ (지도 중점)글이나 이야기가 구성되는 내용이나 형식을 지도하여 간추리는 방법을 이해하도록 한다.

● 소단원② 중심 문장과 뒷받침 문장이 자연스럽게 이어지도록 글쓰기
  ◦ 문단의 중심 문장과 뒷받침하는 문장에 대해 알아봅니다.
   - 중심 문장이란 의견을 나타내는 문장으로 뜻이 넓고 대부분 문단의 앞 부분에 옵니다.
   - 뒷받침하는 문장은 중심 문장을 자세히 설명하는 문장입니다. 뒷받침하는 문장은 한 개일 수도 있지만, 여러 개일 경우가 많습니다.
  ◦ 중심 문장과 뒷받침하는 문장이 적합하도록 씁니다.
  ◦ 중심 문장을 앞에 쓰고, 뒷받침하는 문장을 다음에 씁니다.
  ▪ (지도 중점)예문을 통해서 중심 문장과 뒷받침하는 문장에 대해 알도록 지도한다.

■ 넷째 마당

● 소단원① 상대방에게 알맞은 말을 써서 예절바르게 말하고 듣기

　◦상대방의 처지를 생각하며 말합니다.

　◦상대방의 반응을 살피며 이야기합니다.

　◦내 말에 대해 상대방도 의견을 말할 기회를 줍니다.

　◦위로하는 말을 할 때는 나를 낮추고 진실된 마음으로 위로합니다.

　◦부탁할 때는 비굴하지 않으면서 필요성을 들어 정중하게 말합니다.

　◦거절할 때는 거절의 이유를 들어가며 상대방의 마음이 상하지 않게 말합니다.

　▪(지도 중점)상황에 따라 적절한 태도로 말하는 방법을 지도한다. 여러 상황을
　　정해 주고 역할놀이를 통해 연습하도록 한다.

● 소단원② 여러 종류의 문장을 사용하여 글 쓰기

　◦문장의 종류를 알아봅니다.

　－풀이하는 문장, 묻는 문장, 시키는 문장, 권유하는 문장, 감탄을 나타내는 문장
　　이 있습니다.

　◦문장의 종류와 문장 부호와의 관계를 알아봅니다.

　◦문장의 종류에 따른 쓰임을 알아봅니다.

　◦여러 종류의 문장을 골고루 넣어 글을 써 봅니다.

　▪(지도 중점)예문을 통해서 문장의 종류를 알게 하고, 1학년에서 배운 문장 부호
　　와 연관되도록 한다.

■ 다섯째 마당

● 소단원① 시를 듣고, 느낌 말하기

　◦장면을 상상하며 듣습니다.

　◦시를 들으면서 나의 경험을 떠올려 봅니다.

　◦나라면 어떻게 했을지 생각해 봅니다.

　◦시의 내용을 내 생각대로 바꾸어 써봅니다.

- (지도 중점)개작을 통해서 시 창작의 기초가 길러지도록 하되 이는 감상을 위한 것이지 창작을 위한 활동은 아니므로 이러한 정신을 살려 지도한다.
- 소단원② 이야기를 듣고, 생각하거나 느낀 점 표현하기
  - 이야기의 전개 과정을 생각하며 읽습니다.
  - 인물의 마음이나 마음의 변화를 생각하며 읽습니다.
  - 인물의 성격을 파악하며 읽습니다.
  - 생각이나 느낌을 말하고, 글로도 써봅니다.
  - (지도 중점)독후감 쓰기와 연계하여 문학 작품 감상의 방법을 지도한다. 생각할 수 있는 관점을 제시하면 학생들이 생각이나 느낌에 쉽게 접근할 수 있다. 그러므로 교사가 이야기 중에서 감동적인 부분에 대한 생각이나 느낌을 미리 갖고 발문해야 한다.

【읽기 4 - 1】

■ 첫째 마당

- 소단원① 글을 읽고, 글의 내용 간추리기
  - 설명문이나 논설문에서는 제목을 보면서 무엇에 대해 쓴 글인지 생각해 봅니다.
  - 중심 문장과 뒷받침하는 문장을 구별하며 읽습니다.
  - 중요한 내용이 무엇인지 정리하며 읽습니다.
  - 이야기에서는 인물, 사건, 배경을 중심으로 내용을 간추립니다.
  - 일이 일어난 순서에 의해 간추립니다.
  - 전기문의 경우는 일이 일어난 시간의 차례에 따라 간추릴 수도 있습니다.
  - (지도 중점)문종에 따라 간추리는 방법이 다르므로 문종에 따라 간추리는 예를 많이 들어 준다. 글을 간추리는 것은 모든 읽기 공부의 기초가 되므로 철저한 지도가 요망된다.
- 소단원② 글의 종류에 따라 다른 방법으로 읽기
  - 시는 글쓴이가 무엇을 생각하고 느꼈는지 알아보며 읽습니다.

◦설명문은 중요한 내용을 정리하며 읽습니다.

◦논설문은 무엇에 대해 주장하는지 알아보고, 나의 생각과 비교하며 읽습니다.

‐ 주장과 주장의 근거를 구분해 봅니다.

‐ 주장의 근거가 타당한지 생각해 봅니다.

‐ 나의 경험이나 생각과 비교해 봅니다.

▪(지도 중점)예문을 제시하고 글을 읽는 방법을 터득할 수 있는 단계적 발문을
통해 지도한다.

■ 둘째 마당

●소단원① 이야기를 읽고, 뒷부분에 이어질 이야기 상상하기

◦인물, 사건, 배경을 중심으로 이야기를 간추리며 읽습니다.

◦일이 일어난 차례를 생각하며 읽습니다.

◦인물의 말이나 행동에서 성격을 파악하며 읽습니다.

◦인물이 한 일과 그 결과를 생각합니다.

◦성격이나 배경이 사건에 미치는 영향을 생각하며 읽습니다.

◦앞의 내용과 자연스럽게 어울리도록 이어질 이야기를 상상해 봅니다.

▪(지도 중점)뒤에 이어질 내용을 상상하며 읽음으로써 재미도 느낄 수 있고,
비판적 또는 창조적 감상이 될 수 있다.

●소단원② 시의 일부를 바꾸어 표현하기

◦시와 줄글의 다른 점을 알아봅니다.

‐ 시는 운율이 있고, 행과 연이 있으며, 간결합니다.

‐ 줄글은 문단이 있고, 자세하며, 앞뒤 문장 사이의 논리가 정연합니다.

◦시를 읽고, 자기의 경험이나 생각과 견주어 봅니다.

◦자기의 생각대로 바꾸어 씁니다.

▪(지도 중점)개작을 통해 시를 더 잘 이해하고, 감상하는 활동이다. 개작 자체에
중점을 두기보다는 시를 잘 이해하는 데 중점을 두어 지도하여, 시 쓰기와

혼동하지 않도록 한다. 시를 읽고, 자기 경험을 말하도록 하는 활동에서 글감 중심보다는 주제 중심의 경험을 상기시키는 것이 더 바람직하다. 예를 들어 ‘주사 맞던 날’에서 주사 맞았던 경험만 상기시키는 것보다 무섭거나 당황했던 사례들을 상기하도록 하는 것이 다양성 면에서 더 좋을 것이다.

■ 셋째 마당

● 소단원① 이야기를 읽고, 주제 파악하기

　◦ 제목과 글감을 알아봅니다.

　◦ 줄거리를 간추려 봅니다.

　◦ 인물의 성격을 파악해 봅니다.

　◦ 인물의 성격과 사건의 연관성을 알아봅니다.

　◦ 인물이 바뀐다면, 시대적 또는 공간적 배경이 바뀐다면 어떻게 되겠는지 생각해 봅니다.

　◦ 이런 것들을 통해서 지은이가 읽는이에게 말하고자 하는 내용이 무엇인지 짐작해 봅니다.

　▪ (지도 중점)주제 파악 능력은 고도의 사고 활동이므로 지도 역시 어렵다. 많은 경험을 통해서 얻어지는 능력이므로 다양한 읽을거리를 주고 읽도록 하는 독서 습관이 중요하다. 그러나 지금 초보 단계에서는 주제를 파악하는 방법을 세세히 지도하여 몸에 밸 수 있도록 해야 한다. 그러나 이론적으로 설명하기는 어려우므로 예문을 보면서 그 내용에 따라 주제 파악의 방법과 관련된 발문을 적절하게 활용해야 한다. 이런 발문들이 부분적이기는 하나 교과서에 제시되고 있다.

● 소단원② 국어사전에서 낱말을 찾아 뜻 알기

　◦ 모르는 낱말이 있으면 문장의 앞뒤 관계에 따라 그 뜻을 짐작해 봅니다.

　◦ 사전 찾는 방법을 알아봅니다.

　◦ 사전에서 찾아봅니다.

◦ 그 낱말의 문장 속에서의 뜻이 무엇인지 다시 읽어봅니다.

▪ (지도 중점)사전을 찾는 방법을 철저히 지도하되, 사전을 활용하는 습관 형성에 중점을 둔다. 그러기 위해서는 사전의 중요성과 사전 찾기의 필요성을 스스로 느끼도록 한다.

■ 넷째 마당

● 소단원① 읽는 목적에 알맞은 방법으로 읽기

  ◦ 글쓴이가 어떤 목적으로 쓴 글인지 알아봅니다.

  - 시는 생각이나 느낌을 표현한 글이며, 편지는 소식을 전하거나 정을 나누기 위한 것입니다.

  - 설명문은 어떤 사실을 있는 그대로 알기 쉽게 풀어 쓴 글이며, 논설문은 자기의 주장을 이유와 근거를 들어가며 쓴 글입니다.

  - 전기문은 어떤 인물이 한 일과 업적을 알리기 위한 글이며, 소설은 인간들에게 있음직한 일들을 재미있게 꾸며 쓴 글입니다.

  ◦ 시는 장면을 떠올리며 읽거나 느낌을 소리내어 읽습니다.

  ◦ 분위기에 젖어들어 읽습니다.

  ◦ 설명문은 새로 안 사실에 관심을 갖고, 내용을 정리하며 읽습니다.

  ◦ 편지글은 전하려는 소식이나 글쓴이의 마음을 생각하며 읽습니다.

  ▪ (지도 중점)여러 문종별 특성을 이해한 후 그에 맞게 읽을 수 있도록 다양한 예문들을 제공한다.

● 소단원② 이야기를 읽고, 인물의 말이나 행동에 대한 나의 생각 말하기

  ◦ 이야기를 읽고 줄거리를 파악합니다.

  ◦ 인물의 말이나 행동에서 인물의 성격을 알아봅니다.

  ◦ 인물이 처한 상황과 관련하여 사건을 이해합니다.

  ◦ 나라면 어떻게 했겠는지 하는 생각과 느낌을 말합니다.

  ▪ (지도 중점)성격의 차이와 한 일, 상황과 관련하여 일어난 일 등에 유의하며

읽도록 한다.

■ 다섯째 마당

● 소단원① 이야기를 읽고, 인물의 생각과 한 일을 관련지어 말하기

  ◦ 인물이 살던 시대와 환경에 대해 생각하여 봅니다.

  ◦ 말이나 행동에서 인물의 생각을 알아봅니다.

  ◦ 인물의 생각에 따라 한 일이 어떻게 바뀌는지 생각하며 읽습니다.

  ◦ 인물들의 생각과 한 일을 비교하여 봅니다.

  ▪ (지도 중점)감상의 기초 기능 지도와 아울러 글의 내용에서 배울 수 있는 가치
    적인 요소도 습득되도록 수업을 진행한다.

● 소단원② 이야기를 읽고, 생각하거나 느낀 점을 글로 쓰기

  ◦ 읽은 글에 대한 생각이나 느낌을 독후감이라 합니다.

  ◦ 독후감은 편지, 시, 그림이나 만화 등 다양한 방법으로 표현할 수 있습니다.

  ◦ 인물, 사건, 배경을 중심으로 줄거리를 간추리며 읽습니다.

  ◦ 인물들의 마음이 어떻게 변화하는지 생각합니다.

  ◦ 재미있거나 감동적인 부분을 생각하며 읽습니다.

  ◦ 나의 생각이나 느낌을 넣어 독후감을 씁니다.

  ▪ (지도 중점)다양한 방법으로 독후감을 쓰도록 한다. 독후감 쓰는 요령을 터득하
    도록 한다. 아울러 독후감 쓰기의 중요성을 인식시킨다.

【말하기 · 듣기 · 쓰기 4 - 2】

■ 첫째 마당

● 소단원① 서로 다른 의견을 듣고, 의견을 글로 쓰기

  ◦ 내 생각과 견주어보며, 친구들의 의견을 듣습니다.

  ◦ 이유나 근거를 들어가며, 자기 의견을 말합니다.

  - 이야기를 끝까지 듣습니다.

- 다른 사람의 의견을 무시하지 않습니다.
- 중요한 내용을 메모하며 듣습니다.
- 친구 의견과 내 의견을 비교하여 말합니다.
◦ 서로 다른 의견을 종합하고, 내 의견을 들어 글로 씁니다.
- 여러 친구들의 의견에서 이유나 근거를 찾아 내 의견을 씁니다.
▪ (지도 중점)말하기에서는 토의나 토론의 기초 기능을 중심으로 지도하고, 쓰기에서는 논설문 쓰기의 관점에서 지도한다.
● 소단원② 알맞은 이야깃거리를 정하여 토론하기
◦ 친구들과 함께 토론할 이야깃거리를 정합니다.
- 모두가 관심을 갖는 이야깃거리를 정합니다.
- 찬성과 반대 의견을 말할 수 있는 이야깃거리를 찾습니다.
◦ 이유나 근거를 들어가며 조리있게 말합니다.
◦ 친구들의 의견을 듣고 내 생각과 비교하며 말합니다.
▪ (지도 중점)토론할 때 지켜야 할 규칙과 예절을 지키도록 하고, 여러 사람의 의견을 분석, 종합하여 말하는 능력을 기르도록 한다.

■ 둘째 마당
● 소단원① 시를 읽고, 생각하거나 느낀 점을 여러 가지 방법으로 표현하기
◦ 장면을 상상하며 시를 읽습니다.
◦ 감동적인 부분이나 재미있게 표현된 부분을 중심으로 깊이 있게 생각해 봅니다.
◦ 생각이나 느낌을 여러 가지 방법으로 표현해 봅니다.
- 말로 표현하기, 글로 표현하기, 몸짓으로 표현하기, 그림으로 표현하기, 노래로 표현하기 등의 방법이 있습니다.
▪ (지도 중점)시를 감상한 후 생각이나 느낌을 능동적으로 표현해 봄으로써 더욱 깊이 있는 감상이 되도록 한다. 자기가 하고 싶은 방법으로 자유롭게 하도록 하되 여러 가지 방법을 모두 경험할 수 있는 기회 제공이 중요하다.

- 소단원② 이야기를 읽고, 생각이나 느낌 표현하기
  ◦ 줄거리를 파악하며 이야기를 듣습니다.
  ◦ 일이 일어난 차례와 인과 관계를 생각하며 듣습니다.
  ◦ 인물이 처한 상황이나 인물의 성격을 생각하며 읽습니다.
  ◦ 나의 생각과 견주어보며 이야기를 듣습니다.
  ◦ 생각이나 느낀 점을 말이나 글로 표현해 봅니다.
  ▪ (지도 중점)독후감 쓰는 활동을 통하여 책을 읽으면서 생각했던 것들을 정리하는 기회가 되도록 한다. 이러한 활동이 결국은 독서 감상을 심화시켜 준다.

■ 셋째 마당
- 소단원① 소개하려는 내용이 잘 드러나게 쓰기
  ◦ 쓸 내용에 대해 생각합니다.
  ◦ 글 쓸 순서를 정합니다.
  - 처음 부분에는 소개의 필요성이나 소개하려는 내용에 대해 개괄적으로 씁니다.
  - 가운데 부분에 소개하려는 내용을 쓰되, 기준을 정하여 자세히 씁니다.
  - 끝 부분에는 마무리하는 말을 씁니다.
  ◦ 정리한 내용을 글로 씁니다.
  ◦ 글에서 잘못된 부분을 고쳐 씁니다.
  ▪ (지도 중점)글 쓰는 순서와 글의 구성 형식에 대해 부분적으로 지도한다. 예문을 제시하고 분석해 보면서 글 쓰는 방법을 지도하는 것도 좋다.
- 소단원② 우리반 신문에 실을 기사 쓰기
  ◦ 기삿거리를 정합니다.
  - 시사성이 있는 것을 정합니다.
  - 친구들이 흥미있어 하는 것을 고릅니다.
  - 우리들이 꼭 알아두어야 할 것을 고릅니다.
  ◦ 제목을 정하고, 육하원칙에 의해 구체적으로 씁니다.

◦주관적인 의견보다는 객관적 사실만을 씁니다.

▪(지도 중점)신문 기사를 쓰면서 알리고 싶은 내용을 효과적으로 쓰기 위해서는 일정한 틀이 있음을 알게 한다. 신문 기사에서 중요한 것은 구체성(육하원칙)과 시사성임을 알고 작성하게 한다.

■넷째 마당

●소단원① 글에 나오는 인물에 어울리는 표정과 목소리로 말하기

◦인물의 성격을 알아봅니다.

◦인물이 처한 상황을 상상해 봅니다.

◦이야기의 장면을 상상해 봅니다.

◦이야기의 분위기를 생각하며 인물에 어울리는 목소리와 표정으로 말합니다.

▪(지도 중점)이야기를 심도있게 이해하고, 인물의 입장에서 연극을 하도록 하여 표현력을 길러 준다.

●소단원② 이야기를 듣고, 내용 간추리기

◦인물과 인물이 한 일을 생각하며 이야기를 듣습니다.

◦이야기의 배경이 되는 장소와 시대를 생각하며 이야기를 듣습니다.

◦일이 일어난 원인과 결과를 생각하며 간추립니다.

◦일이 일어난 장소에 따라 간추립니다.

◦일이 일어난 차례를 생각하며 간추립니다.

▪(지도 중점)글의 종류에 따라 줄거리를 간추리는 방법이 다름을 알고, 간추리게 한다. 글로 쓰는 활동을 지양하고, 간단히 메모하여 말로 하도록 하는 활동을 중시한다.

■다섯째 마당

●소단원① 겪은 일의 과정이 잘 드러나게 글 쓰기

◦일이 일어난 차례를 정리하여 글을 씁니다.

◦육하원칙에 따라 글을 씁니다.

◦장소의 바뀜에 따라 글을 씁니다.

◦생각이나 느낌도 섞어 씁니다.

▪(지도 중점)시간이나 장소의 바뀜에 따라 글을 쓰면 읽는 이가 잘 이해할 수 있다는 것을 알게 한다. 견학 기록문이나 조사 보고서 쓰기와 연계가 되도록 한다.

【읽기 4 - 2】

■ 첫째 마당

●소단원① 인물의 생각을 비교하고, 의견 말하기

◦인물들의 성격을 파악하며 읽습니다.

◦인물이 한 일과 그 인물의 성격과 견주어 봅니다.

◦인물들이 처한 상황과 인물들이 한 일에 대해 생각해 봅니다.

◦인물들의 생각을 비교하며, 내 의견을 말합니다.

▪(지도 중점)인물들이 한 일은 상황에 따라 다를 수 있다. 상황과 사건을 관련지어 생각해 보면 결과의 정당성에 대해 좀 더 정확히 판단할 수 있다.

●소단원② 글쓴이의 주장에 대해 의견 말하기

◦글쓴이의 주장과 근거를 구별하며 읽습니다.

◦주장과 근거의 타당성에 대해 생각하며 읽습니다.

◦나라면 어떤 근거를 제시할 것인지 생각해 봅니다.

◦글쓴이의 주장에 대한 나의 의견을 근거를 들어가며 이야기합니다.

▪(지도 중점)같은 관점으로 서로 다른 주장을 제시한 글들을 통해 지도하면 주장과 근거의 타당성에 대한 구별이 쉽다.

■ 둘째 마당

●소단원① 시를 읽고, 주제 파악하기

◦제목과 글감을 살펴보며, 나의 경험과 견주어 봅니다.

◦글쓴이의 생각이나 느낌을 짐작하며 시를 읽습니다.

◦글쓴이가 무엇에 대해 말하고자 하는지 생각해 봅니다.

▪(지도 중점)시에 따라 주제 파악의 방법이 달라질 수 있다. 그러므로 교사가
주제를 파악한 후, 그에 알맞은 단계적인 발문에 의해 주제가 파악되도록 한다.

●소단원② 이야기를 읽고, 주제 파악하기

◦제목을 보면서 생각이나 느낌을 알아봅니다.

◦인물의 말이나 행동에서 성격을 알아봅니다.

◦이야기의 흐름에 주의하며 읽습니다.

◦감동적인 부분을 찾아봅니다.

◦인물들간의 갈등에 대해 주의해서 읽습니다.

◦바람직하다고 생각되는 인물의 성격에서 주제를 생각해 봅니다.

▪(지도 중점)인물들 사이의 갈등 관계를 중시하고, 본받을 만한 인물을 찾아
주제를 파악하도록 한다. 그러나 학생 개개인의 가치관과 경험의 다양성에
유의하며 이를 활용한다.

■셋째 마당

●소단원① 글을 읽고, 내용에 알맞은 제목 붙이기

◦글의 줄거리를 알아봅니다.

◦글의 중심 생각을 파악해 봅니다.

◦중심 글감을 알아봅니다.

◦글의 내용을 대표할 수 있는 제목을 붙입니다.

▪(지도 중점)제목은 읽는 이의 흥미를 유발시키면서 주제를 짐작할 수 있도록
해야 한다. 제목의 중요성이나 필요성을 알게 하고, 글을 읽을 때 제목의 역할
에 대해 안내한다.

●소단원② 낱말 사이의 관계 알기

　◦모양이 바뀌는 낱말과 바뀌지 않는 낱말을 구별해 봅니다.

　◦낱말의 모양이 바뀌는 원리를 알아봅니다.

　◦뜻이 비슷한 말, 반대되는 말, 다른 낱말의 뜻을 포함하는 낱말, 다른 낱말에 포함되는 낱말 등을 생각하며 읽습니다.

　▪(지도 중점)놀이를 통해 흥미를 유발하고, 글을 읽을 때도 이런 내용을 생각하며 읽도록 한다. 기계적인 방법의 지도는 지양한다.

■넷째 마당

●소단원① 되풀이되는 말이나 글자 수가 일정하게 반복되는 말이 주는 느낌을 살려 시 낭송하기

　◦시를 읽으며, 되풀이되는 말이나 글자 수가 일정하게 반복되는 말을 찾습니다.

　◦되풀이되는 말이나 글자 수가 일정하게 반복되는 말에 유의하며 낭송합니다.

　◦되풀이되는 말이나 글자 수가 일정하게 반복되는 말이 어떤 느낌을 주는지 생각해 봅니다.

　▪(지도 중점)의성어, 의태어나 운율을 찾아 읽게 하되, 행이나 연의 반복에도 유의하게 한다. 논리적인 학습보다는 감각적 체득을 중요시한다.

●소단원② 이야기를 읽고, 인물의 성격 파악하기

　◦이야기를 읽고, 인물, 사건, 배경에 유의하며 줄거리를 파악합니다.

　◦일이 일어난 차례, 사건 사이의 인과 관계, 상황과 관련한 인물의 행동에 주의하며 읽습니다.

　◦인물이 한 말이나 행동에 대해 나의 생각을 다듬어 봅니다.

　◦인물의 성격을 알아봅니다.

　▪(지도 중점)인물이 한 말이나 행동, 상황에 대처하는 태도 등에서 성격을 짐작하게 하되, 글의 어느 부분에서 파악하는 것을 지양하고, 글 전체의 내용을 이해하고 전체적으로 파악하게 한다.

■ 다섯째 마당

● 소단원① 책을 끝까지 읽고, 내용과 느낀 점 말하기

　◦ 책을 끝까지 읽습니다

　　- 책을 띄엄띄엄 읽는다든지, 읽다가 그만두면 안됩니다.

　◦ 글의 줄거리를 파악합니다.

　◦ 인물의 성격을 알아봅니다.

　◦ 여러 인물들의 공통점과 차이점을 알아봅니다.

　◦ 나라면 어떻게 할지 생각해 봅니다.

　◦ 책을 읽고 난 생각이나 느낌을 이유나 근거를 들어가며 말합니다.

　▪ (지도 중점)생각이나 느낌에 대한 이유나 근거는 예문의 내용에서 찾아 제시하
　　도록 한다.

5. 5학년

【말하기 · 듣기 · 쓰기 5 - 1】

■ 첫째 마당

● 소단원① 비유적 표현을 사용하여 시 쓰기

　◦ 보거나 들은 것, 느낀 것 등을 무엇에 비유할지 생각합니다.

　◦ 비유한 두 대상의 공통점을 생각합니다.

　◦ '~같이', '~처럼', '~은(는) ~이다'와 같은 말을 넣어 표현합니다.

　▪ (지도 중점)직유법과 은유법으로 표현된 시를 예로 들면서 비유에 대해 알게
　　한 후, 비유적인 표현을 사용하여 시를 쓰게 한다. 글감들 사이의 공통점을
　　적절히 활용하여 표현하는 것이 중요하다.

● 소단원② 시간을 나타내는 말을 사용하여 나에게 있었던 일 쓰기

　◦ 시간을 나타내는 말을 알아봅니다.

　　- 어릴 때, 지금, 앞으로, ~살 때 등 시간을 나타내는 말이 있습니다.

∘기억에 남는 일이 언제 있었던 일인지 생각해 봅니다.

- 사진이나 그림도 준비합니다.

∘시간의 순서에 따라 글의 개요를 짭니다.

∘시간을 나타내는 말을 넣어 글을 씁니다.

▪(지도 중점)시간을 나타내는 말을 모두 적은 후, 과거, 현재, 미래로 분류해 본다. 시간의 순서에 따라 문단을 구성하게 하며, 개요 짜기에 중점을 둔다.

■ 둘째 마당

● 소단원① 분석의 방법을 사용하여 글 쓰기

∘설명하고자 하는 주제를 정합니다.

∘설명하고자 하는 내용을 나누는 기준을 정합니다.

- 기후를 설명할 때, 계절을 기준으로 하거나, 사람들의 생활 양식을 설명할 때, 의식주를 기준으로 하는 것 등이 그것입니다.

∘기준에 따라 나눈 부분 부분에 대한 자료를 조사합니다.

∘시작하는 부분, 설명하고자 하는 내용, 끝부분으로 나누어 개요를 짭니다.

∘조사한 내용을 참고로 하여 차례에 따라 글을 씁니다.

▪(지도 중점)분석은 전체를 여러 부분으로 나누어 설명하는 방법이다. 그러므로 분석할 기준을 정하고(항목 또는 일의 순서 등), 자료를 조사하여 글을 쓰는 활동을 한다. 이 때, 분석적인 방법으로 써야 할 주제와 분류의 방법을 사용하여 써야 할 주제를 구분할 수 있어야 한다.

● 소단원② 분류의 방법을 사용하여 소개하는 글 쓰기

∘설명하고자 하는 주제를 정합니다.

∘쓰고 싶은 영역에서 공통점을 가진 글감을 모두 적어봅니다.

∘분류 기준을 정합니다.

- 각 글감들의 특성을 파악하여, 공통점이 있는 것끼리 묶을 수 있는 기준을 생각합니다.

◦ 가운데 부분에 각 분류 기준별 설명 내용을 넣어 개요를 짭니다.

◦ 문단마다 <기준-분류된 글감-설명>의 형식으로 정리합니다.

▪ (지도 중점)글 쓰는 형식과 분류 기준의 적절성에 중점을 두고 지도한다. 글 쓰는 형식은 <처음-가운데-끝맺음>으로 하되 가운데 부분에 분류된 글감들을 쓰도록 하고, 가운데 한 문단마다 <기준-분류된 글감-설명>이 되도록 한다.

■ 셋째 마당

● 소단원① 시의 일부분을 바꾸어 쓰기

◦ 생각을 다르게 하거나 상상하여 바꿉니다.

◦ 비유, 흉내내는 말 등 실감나는 표현을 넣어 바꿉니다.

◦ 나의 경험과 관련하여 바꿉니다.

◦ 시의 제목, 내용, 행과 연을 바꾸어 봅니다.

▪ (지도 중점)작품을 밀도 있게 감상한 후, 시 본래의 이미지가 손상되지 않도록 바꾸는 것이 창조적 감상의 일부라 생각하여 지도한다. 아울러 시 창작의 부분적 접근이 되게 한다.

● 소단원② 이야기의 일부분을 바꾸어 쓰기

◦ 이야기의 줄거리와 주제를 알아봅니다.

◦ 일이 일어난 차례와 인과 관계를 파악합니다.

◦ 인물의 성격을 바꾸거나 인물을 바꾸어 그에 따른 사건의 전개 내용을 바꿉니다.

◦ 시간적, 공간적 배경을 바꾸어 그에 따른 사건의 전개 내용을 바꿉니다.

◦ 사건 내용을 바꾸어 재미있게 구성합니다.

▪ (지도 중점)내용을 바꾸되 인과 관계나 내용의 적절성에 유의하여야 한다. 이런 활동을 통하여 인물, 사건, 배경의 밀접성을 알게 하고, 문학 작품을 감상하는 요령을 터득하게 한다. 아울러 소설 창작의 기초적인 기능을 습득하게 한다.

■ 넷째 마당

● 소단원① 의견이 잘 드러나도록 적절한 예를 들어가며 글 쓰기

　◦ 써야 할 글의 주제를 생각합니다.

　◦ 주제에 대한 의견을 생각합니다.

　◦ 의견을 뒷받침할 내용을 조사 정리합니다.

　　- 인터넷, 신문, 백과 사전, 웃어른들로부터 자료를 얻습니다.

　◦ 처음, 가운데, 끝맺음 부분으로 나누어 개요 짜기를 합니다.

　　- 가운데 부분에 문제점과 해결 방안을 쓰되 근거를 제시하며 씁니다.

　◦ 개요 짜기 내용을 바탕으로 조사한 내용을 넣어 정리합니다.

　▪ (지도 중점)글의 형식, 글 쓰는 순서 등을 터득하게 하고, 의견과 근거의 적절성에 유의하도록 한다.

● 소단원② 말하는 상황에 어울리게 말하기

　◦ 말하고자 하는 의도나 목적에 맞게 말합니다.

　◦ 장소에 어울리게 말합니다.

　◦ 이야깃거리에 어울리게 말합니다.

　◦ 듣는 이들의 수나 반응에 유의하며 말합니다.

　▪ (지도 중점)학생들이 말했던 경험을 상기하여 상황에 어울리게 말하는 것의 중요성을 알게 한다. 역할놀이 등을 통해 상황을 미리 제시하고 말하도록 한다. 다양한 상황들을 미리 예시한다.

■ 다섯째 마당

● 소단원① 친구가 한 일이 잘 드러나게 방송하기

　◦ 육하원칙을 생각하며 듣고 메모합니다.

　◦ 알리고자 하는 중심 내용이 무엇인지 생각하며 듣습니다.

　◦ 방송할 때는 중요한 내용이 잘 드러나게 순서대로 말합니다.

　◦ 듣는 이를 고려하여 말합니다.

◦정확한 발음과 속도로 말합니다.

◦메모한 내용을 보면서 말합니다.

▪(지도 중점)이야기 들으며 메모하는 것이 중요함을 알게 한다. 방송할 때 기사 작성 방법도 관심있게 지도한다. 즉, 육하원칙에 따라 정리하며, 알리고자 하는 것이 잘 드러나게 하며, 기사의 중요성에 따른 제목의 크기, 단 구성 방법을 지도한다.

●소단원② 중요한 내용이 드러나게 추천하는 글 쓰기

◦누구를 추천할지 생각합니다.

 - 추천할 만한 친구를 찾습니다.

◦추천 할만한 행동이나 좋은 점을 생각합니다.

◦추천하는 이유, 생각이나 느낌도 씁니다.

 - 추천하는 이유는 육하원칙에 의해 실감나게 쓰고, 생각이나 느낌은 읽는 사람의 마음을 움직이도록 감동적으로 씁니다.

▪(지도 중점)글을 구성하는 중심 내용이 꼭 들어가도록 하고, 짜임 역시 중요시하여야 한다. 추천하는 글은 실제의 사실을 감동적으로 표현하여 읽는 이가 감동을 받도록 육하원칙 등 사실에 입각하여 쓰되, 감정에 호소하는 것도 좋다.

【읽기 5 - 1】

■ 첫째 마당

●소단원① 비유적 표현을 생각하며 시 읽기

◦무엇을 무엇에 비유하였는지 생각하며 읽습니다.

◦비유한 대상 사이에 어떤 공통점이 있는지 알아봅니다.

◦비유적인 표현은 '~같이', '~처럼', '~은(는) ~이다'와 같은 말을 넣어 표현합니다.

▪(지도 중점)이미지의 유사성에 근거하여 왜 그렇게 비유했을지 서로 의견을 나누면서 시의 감상에 도움이 되도록 한다. 말하기·듣기·쓰기와 통합하여

지도하면 효과적이다.

- 소단원② 인물의 성격과 사건의 전개에 주의하며 읽기
  - 인물의 말과 행동을 통하여 인물의 성격을 알아봅니다.
  - 인물의 성격과 사건의 전개와의 관련성을 생각해 봅니다.
  - 인물들간의 성격을 비교하면서 인물이 한 행동을 알아봅니다.
  - 인물의 성격이 바뀐다면 어떤 결과가 올지 생각해 봅니다.
  - 나라면 어떻게 했을지 상상해 봅니다.
  - (지도 중점)심화 단계에서 인물의 성격을 바꾸고, 그에 따른 사건의 전개에 대해 이야기하도록 하는 수업도 바람직하다.

- 둘째 마당
- 소단원① 앞뒤 낱말과 문장을 통하여 낱말의 뜻 알아보며 읽기
  - 낱말의 뜻을 알아보기 위해서는 서로 연결되는 앞뒤 낱말과 문장을 주의 깊게 읽으며 뜻을 짐작하여 봅니다.
  - 사전에서 찾아 뜻을 정확히 파악합니다.
  - (지도 중점)앞뒤 연결을 통해 파악한 낱말의 뜻을 사전을 찾아봄으로써 명확화 될 수 있다. 사전 찾는 습관을 기를 필요도 있다. 많은 독서를 통해서 어휘력이 확장될 수 있으므로 독서 활동과 연관성 있게 지도한다. 책에서 낱말 찾기 놀이를 통해서 지도하면 흥미가 있어 좋다.
- ※ 소집단별로 모여 한 학생이 낱말을 부르면 책에서 그 낱말을 찾고, 뜻을 설명하는 놀이를 하면 흥미 유발에 좋다.
- 소단원② 표현이 적절한지 생각하며 읽기
  - 글을 읽고, 줄거리를 알아봅니다.
  - 글의 의미를 적절히 표현하는 낱말과 문장인지 생각하여 봅니다.
  - 문단의 구성과 설명의 차례가 글의 의미 표현에 적절한지 알아봅니다.
  - (지도 중점)적절한 표현과 적절하지 못한 표현을 찾아보는 활동을 시킨다. 적절

하지 못한 표현을 고치는 활동을 한다. 글이 모두 잘 된 것이 아니라 적절치 못한 표현도 있을 수 있다는 점을 알게 한다.

■ 셋째 마당

• 소단원① 인물의 생각과 인물이 처한 환경에 주의하며 읽기

　◦ 인물, 사건, 배경에 따라 이야기의 줄거리를 알아봅니다.

　◦ 인물이 처한 환경과 인물의 생각과의 관련성을 알아봅니다.

　 - 인물이 살고 있는 시대적 배경을 알아봅니다.

　 - 인물이 살고 있는 장소가 어떤 곳인지 알아봅니다.

　 - 시대적 배경과 공간적 배경과 관련하여 그럴 수밖에 없었는지 생각해 봅니다.

　◦ 인물이 처한 환경이 바뀐다면 어떤 생각을 했을지 생각해 봅니다.

　▪ (지도 중점)삶의 방식이 모두 다를 수 있기 때문에 그가 처한 환경을 이해하지 않고는 그의 삶에 대해 비난할 수 없음을 알게 한다.

• 소단원② 인물의 삶을 비교하며 이야기 읽기

　◦ 인물들 간의 삶의 방식을 비교하여 봅니다.

　◦ 왜 삶의 방식이 다른지 생각하여 봅니다.

　◦ 나라면 어떻게 했을지 생각하여 봅니다.

　▪ (지도 중점)기능적인 목표뿐만 아니라 이야기에서 감동을 받도록 하는 데 유의하며 수업을 진행한다. 문학적 교재를 학습할 때 받은 감동이 가치관 형성에 큰 영향을 줌은 물론 일생을 통해 뚜렷한 감동으로 가슴속에 남아 있는 경우가 많다.

■ 넷째 마당

• 소단원① 글의 종류를 생각하며 알맞은 방법으로 읽기

　◦ 글의 종류와 글 전개의 특징을 알아봅니다.

　◦ 글의 종류에 따라 읽는 방법을 달리하여 읽습니다.

- 시는 장면을 상상하며 분위기에 젖어들거나 잘된 표현을 찾아 음미하며 읽습니다.
- 이야기나 극본은 인물과 사건의 전개, 인물들이 성격과 삶의 방식을 생각하며 읽습니다.
- 설명문이나 논설문은 글쓴이의 의견이나 주장, 그리고 그 근거를 파악하며 읽습니다.
- 전기문은 시간의 흐름에 따라 인물의 삶의 방식을 이해하고, 업적을 알아보며 읽습니다.
- 생활문은 인물이 한 일과 그 원인, 그 일에 대한 글쓴이의 생각을 파악하며 읽습니다.
- 견학 기록문이나 기행문은 장소에 따른 설명이나 글쓴이가 생각하고 느낀 것이 무엇인지 파악하며 읽습니다.
- 편지글은 글쓴이가 하고 싶은 말이 무엇인지 알아보며 읽습니다.
▪ (지도 중점)글에는 여러 가지 종류가 있고 특징이 있음을 먼저 알게 하여야 한다. 글의 특징만 알게 되면 읽는 방법이나 쓰는 방법이 다름을 알게 된다. 쓰기와 읽기를 통합하여 지도하는 것도 좋다.

● 소단원② 읽는 목적을 생각하며 알맞은 방법으로 읽기
  ◦ 정보를 얻기 위해 읽을 때는 알고 싶은 정보를 찾아 메모하며 읽습니다.
  ◦ 다른 사람의 생각을 알아보기 위해 읽을 때는 나의 생각과 비교하며 읽습니다.
  ◦ 즐거움을 얻기 위해 읽을 때는 사건의 전개와 인과 관계를 생각하거나 뒷 이야기를 상상하며 읽습니다.
  ▪ (지도 중점)읽는 목적이 무엇인지 미리 명확히 생각하고, 그에 따른 적절한 글을 찾아 적독, 부분독, 통독의 방법으로 읽는다. 학생들에게 예문을 제시하며 읽을 목직을 공책에 쓰게 하고 읽은 후 내용을 발표하고, 자기가 읽었던 방법에 대해 이야기하게 하는 방법으로 수업을 진행한다.

■ 다섯째 마당

● 소단원① 이어질 이야기를 예측하며 읽기

  ◦ 인물의 성격과 사고 방식을 파악합니다.

  ◦ 배경이 되는 장면을 상상합니다.

  ◦ 일이 일어난 순서와 인과 관계를 알아봅니다.

  ◦ 그 일과 관련된 경험을 떠올려 봅니다.

  ◦ 인과 관계에 맞게 상상합니다.

  ▪ (지도 중점)이어질 내용을 예측하는 것도 중요하지만 생략된 내용, 글에 드러나

   있지 않은 숨겨진 뜻을 상상하는 것도 중요하다.

   글의 가운데 부분을 상상하게 하거나 앞 부분을 상상하게 하는 경우, 결말을

   상상하게 하는 경우 등의 활동을 시킨다.

● 소단원② 스스로 읽을거리를 찾아 읽고, 생각이나 느낌 표현하기

  ◦ 도서관이나 서점에서 읽을거리를 스스로 찾습니다.

  - 읽을 목적을 정합니다.

  - 여러 종류의 책을 골고루 읽도록 고릅니다.

  - 시사성 있는 책이나 관심 있는 책을 고릅니다.

  - 친구들이나 웃어른들의 안내를 받아 고릅니다.

  ◦ 책을 읽고 생각이나 느낌을 여러 가지 방법으로 표현하여 봅니다.

  ◦ 친구들과 서로 이야기하여 봅니다.

  ▪ (지도 중점)자기에게 알맞은 도서를 선택하여 읽고, 독후 활동을 하는 태도를

   기른다. 학생 스스로 문학 감상을 계획하고 실천하고, 독후 활동을 하도록 하여

   야 한다.

【말하기 · 듣기 · 쓰기 5 - 2】

■ 첫째 마당

● 소단원① 시를 읽고, 인상적인 부분 찾기

◦ 상징이나 비유 또는 생략된 부분을 찾습니다.

◦ 감동적인 부분이나 재미있는 부분을 찾습니다.

◦ 새로운 느낌이 드는 부분이나 모양, 소리를 흉내낸 말을 찾습니다.

◦ 인상적인 부분에 대해 그렇게 생각한 이유를 말합니다.

▪ (지도 중점)인상적인 부분에 대해 그림, 글, 만화, 표정, 몸짓 등 여러 가지 방법으로 표현하는 활동을 하여 문학 감상을 심화시킨다.

● 소단원② 이야기를 듣고, 인상적인 표현 찾기

◦ 실감나게 자세히 표현한 부분이나 함축적인 표현을 찾아봅니다.

◦ 새로운 느낌이 드는 부분을 찾습니다.

◦ 나의 경험에 비추어 감동적이거나 재미있는 부분을 찾습니다.

▪ (지도 중점)인상 깊은 부분을 바꾸어 써 보고, 서로 이유를 들어가며 발표하도록 하여 문학 감상을 심화시킨다.

■ 둘째 마당

● 소단원① 관찰한 내용을 바탕으로 글쓰기

◦ 관찰하게 된 동기나 필요성, 관찰 장소, 대상, 방법, 시기, 생각이나 느낌 등을 밝혀 쓴다.

◦ 관찰하게 된 과정을 쓴다.

◦ 관찰 내용을 차례를 정하여 쓴다.

◦ 재미있었던 점, 더 알고 싶은 점 등 전체적인 정리를 쓴다.

◦ 내용을 대표할 수 있는 제목을 정한다.

▪ (지도 중점)글의 구성 내용과 아울러 관찰 기록문 쓰는 과정도 지도한다.

● 소단원② 표준어와 방언을 찾아 발표하기

◦ 조사할 내용을 정합니다.

◦ 조사 방법을 정합니다.

◦ 조사를 합니다.

◦관련 자료를 찾아 정리합니다.

◦발표할 내용을 정리합니다.

◦발표하면서 서로 비교해 봅니다.

▪(지도 중점)주제에 따라 조사 계획을 세우고 조사하여 정리하는 전체적인 과정을 경험하게 한다. 다른 교과와 통합 수업 계획을 수립하여 현장 체험 학습으로 운영하면 효과가 있다.

■셋째 마당

●소단원① 시를 듣거나 읽고, 생각하거나 느낀 점 표현하기

◦시에 담긴 글쓴이의 마음을 알아봅니다.

◦분위기에 젖어들어 낭송해 봅니다.

◦새롭게 느껴지는 표현을 찾아봅니다.

◦상징이나 비유, 생략된 부분, 흉내낸 말을 찾아 읽습니다.

◦재미있거나 감동적인 표현을 찾아봅니다.

◦나의 경험과 견주어 봅니다.

▪(지도 중점)생각이나 느낌을 다양한 방법으로 표현해보는 활동을 통해 창의적인 감상이 되게 한다.

●소단원② 이야기를 듣거나 읽고, 생각이나 느낀 점 표현하기

◦인물, 사건, 배경에 따라 이야기의 줄거리를 파악합니다.

◦인물의 성격을 알아봅니다.

◦일이 일어난 차례와 원인을 알아봅니다.

◦시대적 또는 공간적 배경과 사건의 관계를 생각합니다.

◦감동적이거나 재미있는 부분을 찾아봅니다.

▪(지도 중점)생각이나 느낌을 다양한 표현 방법을 활용하여 표현하는 데 중점을 두어 지도한다.

■ 넷째 마당

● 소단원① 의견을 만화로 표현하기

  ◦ 표현하고자 하는 주제를 생각합니다.

  ◦ 몇 개의 장면으로 구성할지 생각합니다.

  ◦ 각 장면별 그림과 말주머니, 생각주머니의 내용을 정합니다.

  ◦ 공간을 적절히 나누어 구성합니다.

  ▪ (지도 중점)그림을 잘못 그리는 학생은 저항을 느낄 염려가 있으므로 자신이
    있는 방법으로 표현하게 한다.

● 소단원② 적절한 근거를 들어가며 토론하기

  ◦ 토론할 때 주의점을 알아봅니다.

  - 내 생각과 비교하며, 남의 의견을 잘 듣습니다.

  - 다른 사람의 의견을 무시하지 않습니다.

  - 근거를 들어가며 의견을 명확히 말합니다.

  ◦ 토론의 과정을 알아봅니다.

  - 주제 정하기→내 주장 정하기→주장에 대한 근거 마련하기, 상대의 주장을
    반박할 근거 마련하기→토론하기→정리하기

  ◦ 주장을 말하고 이유나 근거를 말합니다.

  ▪ (지도 중점)토론 주제는 문장 형식으로 명확히 제시하되 찬반의 주장이 대립될
    수 있어야 한다. 토론의 규칙을 지켜 토론하는 습관이 형성되도록 하되, 남의
    의견을 잘 듣는 것이 자기 주장을 위해 중요함을 알게 한다.

■ 다섯째 마당

● 소단원① 알리고 싶은 내용을 신문으로 만들기

  ◦ 어떤 내용으로 구성할지 생각합니다.

  - 시사성이 있는 기사를 씁니다.

  - 공동의 관심사를 기사로 씁니다.

- 우리들이 꼭 알아둘 내용을 기사로 씁니다.

◦ 어떤 형식으로 구성할지 생각합니다.

- 신문의 전체적인 형태를 생각합니다.

- 면과 단수를 정합니다.

- 관심도나 중요성을 생각하여 기사와 그림의 위치를 정합니다.

◦ 자료를 수집하여 기사를 씁니다.

◦ 기사를 배치하여 편집합니다.

- 제목, 글자의 크기나 모양에 유의합니다.

- 사진이나 그림의 위치를 정합니다.

▪ (지도 중점)신문 만드는 과정을 경험하도록 한다. 신문을 전시하고 서로 비교하고, 의견을 교환한다.

【읽기 5 - 2】

■ 첫째 마당

● 소단원① 인상깊은 표현을 생각하며 시 읽기

◦ 새롭게 느껴지는 표현을 찾아봅니다.

◦ 감동적이거나 재미있는 표현을 찾아봅니다.

◦ 자기의 경험과 비교하며 읽습니다.

◦ 상징이나 비유 또는 생략, 흉내낸 말을 찾아 읽습니다.

▪ (지도 중점)창조적인 시 감상을 위한 교재이므로 교사의 단계적 발문에 의해 인상깊은 표현과 이유를 찾아 알도록 한다.

● 소단원② 비유적인 표현을 이해하며 이야기 읽기

◦ 사물의 모습을 어떻게 표현했는지 알아봅니다.

◦ 사실적으로 표현하지 않고 빗대어 표현한 부분을 찾아봅니다.

◦ 사물과 표현의 관련성을 음미하며 읽습니다.

◦ 표현된 장면을 그림을 그리듯이 상상하며 읽습니다.

▪ (지도 중점)말하기 · 듣기 · 쓰기와 연관성이 밀접하므로 통합 지도하면 효과적
  이다.

■ 둘째 마당

● 소단원① 문장을 구성하는 부분에 주의하며 읽기

  ◦ 주어, 목적어, 서술어를 찾아봅니다.

  - 주어는 누가 또는 무엇이에 해당합니다.

  - 목적어는 무엇을에 해당합니다.

  - 서술어는 어찌한다에 해당합니다.

  ◦ 주어, 서술어, 목적어 이외의 부분에도 관심을 갖고 읽어봅니다.

  ◦ 꼭 있어야 뜻이 통하는 부분과 없어도 뜻이 통하는 부분을 구별하며 읽어봅니다.

  ▪ (지도 중점)예문의 내용을 이해한 후 문장을 선택하여 꼭 있어야 할 부분과
    없어도 뜻이 통하는 부분을 구별하게 한다. 꼭 있어야 할 부분의 공통점을
    찾도록 탐구적인 방법을 활용한다.

● 소단원② 정보를 찾아가며 글 읽기

  ◦ 글을 개괄적으로 읽으며 알아보고 싶은 주제를 정합니다.

  ◦ 그 주제에 관한 내용을 찾아 메모하며 다시 읽습니다.

  ◦ 새로이 알게 된 내용을 정리합니다.

  ▪ (지도 중점)찾아보아야 할 주제를 스스로 정하고 그에 대해 정보를 찾는 방법을
    정하고, 찾아 정리하는 과정을 습득시킨다.

■ 셋째 마당

● 소단원① 시를 읽고, 시에 대한 생각이나 느낌 비교하기

  ◦ 시를 읽고, 자기의 생각이나 느낌을 이야기합니다.

  ◦ 이 때 왜 그렇게 생각했는지 이유를 밝힙니다.

  ◦ 생각이나 느낌과 그 이유와의 관련성을 생각하며 듣습니다.

◦나의 생각과 친구의 생각이 다른 이유를 찾아봅니다.

- 읽는 이의 경험이나 살아 온 환경, 사고방식에 따라 생각이나 느낌이 달라집니다.

- 생각하는 관점에 따라 생각이나 느낌이 달라질 수도 있습니다.

▪(지도 중점)생각이나 느낌이 다른 이유를 알게 함으로써, 문학 작품 이해의 다양성을 알게 하며, 다른 사람들의 의견에 귀를 기울이는 태도를 기른다.

• 소단원② 이야기를 읽고 시에 대한 생각이나 느낌 비교하기

◦각자 이야기를 읽고, 자기의 생각이나 느낌을 이야기합니다.

◦이 때 왜 그렇게 생각했는지 이유를 밝힙니다.

◦생각이나 느낌과 그 이유와의 관련성을 생각하며 듣습니다.

◦나의 생각과 친구의 생각이 다른 이유를 찾아봅니다.

- 읽는 이의 경험이나 살아 온 환경, 사고 방식에 따라 생각이나 느낌이 달라집니다.

- 생각하는 관점에 따라 생각이나 느낌이 달라질 수도 있습니다.

- 인물의 마음이나 행동을 중심으로, 표현 방법을 중심으로, 자기의 경험을 중심으로 등에 따라 생각하는 관점의 차이가 있을 수 있습니다.

▪(지도 중점)시대적, 공간적 배경이나 학생들의 생활 방식, 경험 유무, 시각의 차이에 따라 생각이나 느낌이 달라질 수 있다. 그러므로 제목, 그림, 간단한 줄거리, 주제와 관련된 어휘 등 내용 이해에 도움을 주는 여러 가지 자료에 대해 안내하여 배경 지식을 활성화시켜야 한다.

■넷째 마당

• 소단원① 사실과 의견에 주의하며 글읽기

◦사실이란 보고, 듣고, 한 일 등 누구나 공감할 수 있는 일을 말합니다.

◦의견이란 사실에 대한 글쓴이의 견해나 주장으로 공감을 얻지 못하는 경우도 있을 수 있습니다.

◦주장하는 글을 읽을 대에는 사실과 의견을 구별하며 읽습니다.

- 각 문단에서 의견이 앞에 나오고 사실이 뒤에 나옵니다.

- 의견은 뜻이 넓고 포괄적이며, 사실은 구체적이고 폭이 좁습니다.
◦ 의견을 뒷받침하는 사실이 적절한지 생각하며 읽습니다.
▪ (지도 중점)문단 내의 위치에 따라 사실과 의견의 구분할 수도 있으나 위치가 달라질 수도 있으므로 이에 유의하도록 하고, 내용에 따라 의견과 사실을 구분할 수 있는 능력을 기른다. 많은 예문을 접하게 하여 스스로 체득하게 하는 것이 좋다.
● 소단원② 사실과 의견에 대한 내 생각 정리하기
◦ 사실과 의견의 관련성을 생각하며 읽습니다.
◦ 사실에 대한 의견을 다른 방향에서 생각해 봅니다.
◦ 의견을 뒷받침하는 사실을 다른 방향에서 생각해 봅니다.
◦ 나라면 어떻게 썼을지 생각해 봅니다. 왜 그렇게 생각하는지 이유를 밝힙니다.
▪ (지도 중점)글쓴이와 다른 방향에서 생각하게 하여 사고의 확장을 꾀한다.

■ 다섯째 마당
● 소단원① 글에 직접 드러나 있지 않은 내용을 생각하며 읽기
◦ 일이 일어난 차례와 인과 관계를 생각합니다.
◦ 앞으로 어떤 일이 일어날지 상상하며 읽습니다.
◦ 인물의 마음이나 생각, 인물들간의 관계에 주의하며 읽습니다.
▪ (지도 중점)교사가 이야기를 직접 읽고, 글에 직접 드러나 있지 않지만 글을 이해하는 데 중요한 내용을 미리 체크하여 학생들이 그 내용을 발견하도록 힌트를 주어가며 접근한다. 교사가 가르쳐 주지 말고 길을 안내하고 학생들이 스스로 그 방법을 따라가서 찾도록 유도하여야 한다.

6. 6학년

【말하기 · 듣기 · 쓰기 6 - 1】

■ 첫째 마당

● 소단원① 시나 이야기를 듣고, 내 생각 자유롭게 말하기

　。시는 장면을 상상하며 듣습니다.

　。제목과 글감이 주는 이미지를 생각하며 듣습니다.

　。운율이나 흉내내는 말에 유의하며 듣습니다.

　。자기의 경험과 비교하며 듣습니다.

　。시의 분위기에 젖어들어 듣습니다.

　。감동이나 재미있는 표현을 찾아 음미하며 듣습니다.

　。이야기는 일이 일어난 차례나 인과 관계를 생각하며 듣습니다.

　。인물의 성격과 사건과의 관계를 생각하며 듣습니다.

　。인물들간의 갈등 관계를 생각하며 듣습니다.

　。자기의 경험과 비교하며 듣습니다.

　。이야기의 주제를 파악하며 듣습니다.

　。감동이나 재미있는 장면을 찾아 음미하며 듣습니다.

　▪ (지도 중점)사람마다 경험한 것이나 알고 있는 것, 문화적인 환경에 의한 사고
　방식이 모두 다르기 때문에 생각이나 느낌이 다를 수 있다. 그러므로 생각이나
　느낌을 발표하면서 다른 사람과 자기의 생각을 비교하는 기회를 갖도록 한다.
　이 때 서로의 생각이 다를 수밖에 없다는 점을 알고, 인정하게 한다. 그러나
　다른 사람의 생각을 들으면서 그렇게 생각할 수밖에 없는 이유를 파악해 봄으
　로써 비판적 또는 창조적인 감상 능력이 신장된다.

● 소단원② 이야기를 듣고, 인상깊은 장면을 찾아 말하고 쓰기

　。인물, 사건, 배경에 따라 줄거리를 간추리며 듣습니다.

　。인물의 성격과 사건의 관계를 생각하며 듣습니다.

◦ 인물들간의 갈등 요인을 찾아가며 듣습니다.

◦ 감동적이거나 재미있는 장면을 찾아가며 듣습니다.

◦ 다른 친구의 생각과 비교하며 자기 생각을 말해 봅니다.

◦ 이유나 근거를 들어가며 생각이나 느낌을 글로 씁니다.

  - 이야기 내용과 자기의 경험을 이유나 근거로 제시한다.

▪ (지도 중점)듣고, 말하고, 쓰는 활동이 종합적으로 이루어지도록 수업을 진행한다. 듣고 말할 때는 메모하기에 중점을 둔다. 듣고 말하는 활동에서 글로 쓰고 읽는 활동을 한다면 수업 원리에 맞지 않다.

■ 둘째 마당

● 소단원① 여러 가지 매체에서 찾은 정보를 정리하여 글 쓰기

◦ 어떤 목적으로 사용할 정보인지 정확하게 파악합니다.

◦ 어떤 매체에서 찾을 수 있을지 생각해 봅니다.

◦ 목적에 맞게 순서를 정하여 정리합니다.

  - 제목을 씁니다.

  - 목적과 조사 방법을 밝혀 씁니다.

  - 조사 과정, 조사 내용을 장소 또는 시간, 매체별로 순서를 정하여 씁니다.

  - 알게된 점, 자기의 생각이나 느낌, 더 알고 싶은 점을 씁니다.

▪ (지도 중점)글 쓰는 순서와 방법 등을 알고 직접 경험을 하도록 수업을 진행한다. 정리할 때 사진이나 표 등을 활용하도록 한다.

● 소단원② 묘사의 방법으로 글 쓰기

◦ 묘사가 필요한 경우를 생각해 봅니다.

◦ 어떤 방법으로 묘사할지 생각해봅니다.

  - 전체에서 부분으로 묘사합니다.

  - 읽는 사람이 알기 쉽게 순서를 정하여 묘사합니다.

  - 인상적인 부분이나 소개하고 싶은 점은 강조하여 묘사합니다.

· (지도 중점)각 방법의 특성이 잘 드러나는 예문을 분석하여 봄으로써 묘사하는
  방법으로 글 쓰는 원리를 터득하도록 한다.

■ 셋째 마당

● 소단원① 시를 이야기로, 이야기를 시로 바꾸어 쓰기

  ◦ 시를 이야기로

  - 장면을 상상하며 시를 읽습니다.

  - 글쓴이가 알려 주려고 한 점이 무엇인지 알아봅니다.

  - 시의 연을 중심으로 장면을 상상하며 씁니다.

  - 비유의 표현이나 생략된 표현을 찾아 자세히 풀어 씁니다.

  - 연과 연의 관련성, 인과 관계를 따져 순서를 정하고, 문단을 구성하여 씁니다.

  - 생략된 내용을 되살려 씁니다.

  ◦ 이야기를 시로

  - 이야기의 줄거리와 사건의 전개 순서를 알아봅니다.

  - 장면별로 나누어 행과 연을 구성합니다.

  - 비유나 상징으로 나타내거나 뜻이 통하는 한 생략합니다.

  - 글쓴이의 의도와 운율을 살려 씁니다.

  · (지도 중점)실제 바꾸어 놓은 글을 비교해 보면서 바꾸어 쓰는 기능이 향상되도
    록 하고, 나라면 어떻게 바꾸겠는지 생각하는 기회를 제공한다.

● 소단원② 극본을 이야기로, 이야기를 극본으로 바꾸어 쓰기

  ◦ 극본을 이야기로

  - 극본의 줄거리를 알아봅니다.(인물, 사건, 배경 파악)

  - 인물의 성격, 주제를 알아봅니다.

  - 대화글에 숨어있는 내용을 설명의 글로 바꿉니다.

  - 해설 부분은 자세히 묘사하는 글로 바꿉니다.

  - ( )안의 말은 설명하는 글로 바꿉니다.

- 인물의 대사는 "   "안에 넣어 대화글로 씁니다.

◦ 이야기를 극본으로

- 사건의 전개 과정에 따라 이야기의 줄거리를 파악합니다.

- 이야기의 주제를 알아봅니다.

- 인물과 인물이 한 말이나 행동을 알아봅니다.

- 설명은 생략하고, 인물의 말로 표현합니다.

- 인물의 표정이나 몸짓은 ( )로 표시합니다.

- 인물의 모습이나 배경 등을 해설로 씁니다.

▪ (지도 중점)읽기와 통합하여 지도하면 효과적이다. 예문을 분석하면서 원리를
알도록 지도한다. 이야기를 극본으로 극본을 이야기로 바꾸어 보는 활동을
통해서 극본에 대해 정확히 이해할 수 있으며, 극본을 쓰는 능력이 길러질
수 있다.

■ 넷째 마당

● 소단원① 알맞은 근거를 들어 주장을 말하고 글로 쓰기

◦ 주장 말하기

- 문제점을 파악합니다.

- 문제에 대한 원인을 알아봅니다.

- 주장을 말하고 그 근거를 밝혀 말합니다.

◦ 주장하는 글 쓰기

- 문제점을 파악합니다.

- 주장을 씁니다.

- 주장에 알맞은 근거를 밝혀 씁니다.

- 실천 방안 또는 해결 방안을 씁니다.

▪ (지도 중점)문제를 정확히 파악하고, 원인을 규명하여 주장하되 적절한 이유나
근거를 들어야 함을 알고 말하도록 한다. 문제점-주장과 근거-실천 방안-끝맺

음의 구조로 쓰도록 한다.
- 소단원② 토의 절차에 따라 토의하기
  - 토의할 때 주의할 점을 알아봅니다.
    - 토의 주제와 관련된 의견을 말합니다.
    - 이유나 근거를 들어가며 정중하면서도 분명하게 말합니다.
    - 듣는 이의 반응을 살피며 말합니다.
    - 규칙을 지키며 말합니다.
    - 남의 말을 가로막지 않고 끝까지 듣습니다.
    - 내 의견과 비교하며 듣습니다.
    - 중요한 것은 메모하며 듣습니다.
  - 사회자를 중심으로 규칙을 지켜가며 토의합니다.
  - (지도 중점)토의에 의해 서로의 의견을 하나로 집약해 가는 과정을 중시한다. 자기 의견을 적절한 이유를 들어가며 주장하되 다수 의견에 따르는 자세도 필요하다. 토의 주제가 적절히 주어져야 한다.

■ 다섯째 마당
- 소단원① 고유어, 한자어, 외래어, 외국어 구별하여 쓰기
  - 고유어, 한자어, 외래어, 외국어를 구별하여 봅니다.
  - 우리 주위에서 사용하는 말을 고유어로 바꾸어 씁니다.
  - 잘못 쓰고 있는 말을 찾아 고쳐 씁니다.
  - (지도 중점)가급적 고유어를 살려 쓰는 태도를 길러 주되, 고유어, 한자어, 외래어, 외국어의 개념을 지도하여 구별할 수 있는 능력을 기른다. 아울러 상황에 맞게 적절히 사용하는 능력을 길러 준다.
- 소단원② 속담이나 관용 표현을 상황에 맞게 사용하기
  - 속담이나 관용 표현을 알아봅니다.
  - 속담이나 관용 표현을 넣어 상황에 맞게 말합니다.

◦ 속담이나 관용 표현을 넣어 글을 씁니다.

▪ (지도 중점)알고 있는 속담을 적절히 활용하는 방법을 알게 하고, 속담이나 관용 표현을 많이 알아야 할 필요성을 일깨워 준다.

【읽기 6 - 1】

■ 첫째 마당

● 소단원① 글을 읽고, 사건과 배경을 정리하기

◦ 배경이란 인물이 활동하고 사건이 전개되는 시간과 공간을 말합니다.

 - 시간으로는 시대, 계절, 낮과 밤 등이 있습니다.

 - 공간은 도시와 농촌, 어촌, 산과 바다 등 인물이 활동하는 무대를 말합니다.

◦ 사건은 인물과 배경이 어우러져 일어난 일을 말합니다.

▪ (지도 중점)인물, 사건, 배경의 개념을 알게 하고, 상호간 밀접한 관련성이 있음을 알게 한다.

● 소단원② 사건과 배경의 관계를 파악하며 읽기

◦ 사건과 관련된 시간적, 공간적 배경을 찾아봅니다.

◦ 사건과 배경이 어떻게 관련을 맺고 있는지 알아봅니다.

 - 사건이 배경에 따라 그렇게 진행될 수밖에 없는지 생각하여 봅니다.

 - 배경이 바뀐다면 사건이 어떻게 진행될지 상상해 봅니다.

 - 사건이나 배경과 관련되는 나의 경험을 생각해 봅니다.

▪ (지도 중점)학생들의 배경 지식에 의해 학습의 질이 결정된다. 그러므로 학생들의 배경 지식을 적절히 활용할 수 있도록 수업을 진행해야 한다. 배경 지식을 상기시키고, 확장시키거나 새로이 형성시키는 활동을 먼저 한 후 본시 목표에 접근해야 한다.

■ 둘째 마당

● 소단원① 문단의 내용을 요약하며 기행문이나 견학 기록문 읽기

◦무엇 또는 어디에 대해 썼는지 알아봅니다.

◦설명한 내용을 간추립니다.

◦설명한 내용 가운데 가장 중심이 되는 말을 찾아 간추립니다.

◦사건에 대한 내용의 문단일 경우 육하원칙에 의해 간추립니다.

▪(지도 중점)문단의 내용을 간추리기는 글의 특성에 따라 다르므로 글의 형식이
　나 내용적인 특성을 파악한 후 글을 간추리도록 수업을 진행한다.

●소단원② 글을 읽고, 전체의 내용 요약하기

◦각 문단의 내용을 간추립니다.

- 중심 문장을 찾습니다.

- 중심 낱말을 찾아 간추립니다.

◦관련이 있는 문단끼리 몇 부분으로 묶습니다.

◦각 부분의 중요한 내용을 간추려 정리합니다.

▪(지도 중점)설명문이나 논설문의 내용 요약 방법을 알게 하기 위한 단원이다.
　전학년에서 배웠던 문단, 중심 문장, 중심 낱말에 대해 알고 있는 것을 상기시
　킨 후 이를 활용하여 수업을 진행한다.

■셋째 마당

●소단원① 감각적 표현에 주의하며 시 읽기

◦감각적 표현의 특징을 알아봅니다.

- 감각적 표현이란 사물에서 받은 인상이나 느낌을 보거나 듣거나 만져 보는
　것처럼 표현한 것입니다.

- 여러 가지 비유적인 표현을 사용하여 실감나게 표현한 것입니다.

- 남이 생각하지 못한 새로운 표현을 한 것입니다.

- 흉내내는 말이나 운율이 적절히 사용한 표현입니다.

◦감각적인 표현을 찾아보고, 장면을 상상한다든지 분위기에 젖어 봅니다.

◦나의 경험과 비교하며, 다른 표현으로 바꾸어 봅니다.

- (지도 중점)시 감상은 새롭고 창의적인 표현을 찾아 음미하고, 그 맛을 감상하는 것이 중요하다. 수업에서 감각적 표현의 개념을 지도할 때 예를 들어가며 교사가 설명해 주면 좋다.

● 소단원② 효과적으로 표현한 부분을 찾으며 이야기 읽기
  ◦ 장면이나 사건에 대하여 구체적이고 실감나게 표현한 곳을 찾아봅니다.
  ◦ 새롭고 재미있는 표현을 찾아봅니다.
  ◦ 사건의 전개와 결말이 감동적인 표현을 찾아봅니다.
  - (지도 중점)문장 표현의 효과성과 아울러 사건 진행이나 숨겨진 이야기의 감동 역시 효과적인 표현으로 생각하여 지도한다.

■ 넷째 마당
● 소단원① 주장과 근거를 파악하며 읽기
  ◦ 글이나 문단에서 주장을 나타낸 문장을 찾아봅니다.
  - 주장은 어떤 문제에 대해 자신의 의견을 내세우는 것입니다.
  - 주장은 대체로 문단의 처음 부분에 나옵니다.
  - 주장은 뜻이 넓은 문장입니다.
  ◦ 근거를 나타낸 문장을 찾아봅니다.
  - 근거는 주장을 뒷받침하는 문장입니다.
  - 근거는 주장의 타당성을 입증하기 위해 사실에 입각하여 주장을 구체적으로 설명한 문장입니다.
  - 뜻이 좁고 자세한 문장입니다.
  - (지도 중점)논설문의 구조적 특징을 파악하고, 학습하도록 하면 주장과 근거에 대해 빨리 학습할 수 있다.
● 소단원② 주장에 대한 근거의 적절성을 파악하며 읽기
  ◦ 주장에 대한 근거가 되는 문장을 찾습니다.
  ◦ 주장과 근거의 관련성을 생각해 봅니다.

- 근거가 있었던 일, 일반적인 사실, 다른 사람의 의견, 자신의 경험 등에 입각하여 제시되었는지 생각하여 봅니다.
- 근거가 믿을만한 것인지 생각하여 봅니다.
▪ (지도 중점)주장과 근거가 알맞지 않은 예문을 제시하여 문제를 제기하고 고쳐보는 활동도 효과적이다. 근거와 주장이 맞지 않은 글을 읽게 하면 학생들이 아주 좋아하며 자신감을 갖게 된다.

■ 다섯째 마당
● 소단원① 옛글 찾아 읽기
  ◦ 옛글을 읽으면 좋은 점을 알아봅니다.
  - 옛글을 읽으면 조상들의 살아온 모습을 알 수 있습니다.
  - 오늘을 살아가는 지혜와 교훈을 얻을 수 있습니다.
  ◦ 옛글을 찾아 읽어봅니다.
  - 책을 쓴 사람이나, 쓴 시기 등을 미리 알고 읽습니다.
  - 오늘날 우리 생활과 비교하며 읽습니다.
  ◦ 옛글에는 경서, 사서, 이야기, 시가 등이 있습니다.
  - 경서는 성현들의 가르침을 담은 글입니다.
  - 사서는 옛일을 사실적으로 담은 글입니다.
  - 이야기는 있음직한 일을 꾸며 쓴 글입니다.
  - 시가는 개인적인 느낌이나 감정을 노래한 글입니다.
  ▪ (지도 중점)교사나 학생들간에 책 안내의 기회를 주어서 읽고싶은 마음이 생기도록 하는 것이 중요하다. 고전 읽기에 거부감을 가질 수 있으므로 고전의 일부분을 소개한다든지 일화를 소개하여 접근을 용이하게 하는 것이 필요하다.
● 소단원② 나의 경험과 비교하며 외국 작품 읽기
  ◦ 외국 작품을 읽으면 좋은 점을 알아봅니다.
  - 외국 사람의 생각이나 문화를 알 수 있습니다.

- 새로운 지혜와 교훈을 얻을 수 있습니다.

◦외국 작품을 찾아 읽어봅니다.

- 책 내용의 배경이 되는 그 나라에 대하여 미리 알아봅니다.

- 우리들의 생각, 문화, 역사와 비교하며 읽습니다.

▪(지도 중점)책 읽기 전, 읽기, 읽은 후의 활동 단계를 밟음으로써 독서의 효율성 증진에 노력한다. 독서 전, 후의 활동을 과제로 제시한다든지 학생들 상호간의 활동을 강조하고, 도서실을 이용하여 독서의 습관 및 흥미 증진에 노력한다.

【말하기 · 듣기 · 쓰기 6 - 2】

■ 첫째 마당

●소단원① 시를 듣고, 생각이나 느낌 표현하기

◦장면을 떠올리며 시 낭송을 들어봅니다.

◦글감과 관련된 경험을 생각해 봅니다.

◦시에서 말하는 이의 마음을 생각해 봅니다.

- 말하는 이의 처한 상황이나 시간적, 공간적 배경을 생각합니다.

◦재미있는 표현을 찾아 음미해 봅니다.

◦생각이나 느낌을 글로 쓰거나 친구들과 이야기해 봅니다.

▪(지도 중점)시를 듣고 생각이나 느낌을 떠올리는 사고 과정을 학습시킨 후, 글로 쓰면서 자기의 생각을 가다듬고, 친구들과 의견을 나누면서 자기만의 시각에서 탈피하여 친구들의 생각을 들어보는 기회가 되어 시 감상을 심화시키도록 한다.

●소단원② 이야기를 듣고, 친구들과 의견 나누기

◦이야기의 줄거리를 알아봅니다.

- 인물, 사건, 배경을 생각하며 줄거리를 간추립니다.

- 사건의 전개 과정과 인과 관계를 생각하며 간추립니다.

- 감동적인 부분이나 재미있는 부분을 찾아봅니다.

◦인물의 성격과 사건의 관련성을 알아봅니다.

◦인물들 사이의 생각의 차이점을 알아봅니다.

◦근거를 들어가며 나의 생각이나 느낌을 말하고, 친구의 의견과 같은 점, 다른 점을 비교해 봅니다.

◦다른 점이 있을 때는 왜 다른지 생각해 봅니다.

▪(지도 중점)친구들과 토론을 통한 비판적 감상에 중점을 둔다. 자기 생각만 고집하기보다는 이유나 근거를 들어가며 자기 주장을 하되 다른 사람의 견해를 들으면서 다양한 견해가 있을 수 있다는 것을 알게 한다.

■ 둘째 마당

●소단원① 친구와 면담한 내용 말하기

　◦면담이 필요한 경우를 알아봅니다.

　- 어떤 일을 한 사람의 경험을 직접 듣고 싶을 때

　- 인간적인 교감과 친밀감이 필요할 때

　- 다른 자료로는 알아보기 어려운 내용을 알고자 할 때

　◦면담할 때 주의할 점을 알아봅니다.

　- 주제 해결에 적당한 인물을 선정하고, 미리 연락을 드리며 면담할 내용을 미리 준비합니다.

　- 예의를 지켜 면담하며 주제에 알맞게 질문하고 대답을 메모하거나 녹음합니다.

　- 주제에 알맞은 내용을 순서를 정하여 정리합니다.

　◦자기의 생각이나 느낀 점, 면담한 내용을 정리하여 소개합니다.

　- 사진이나 비디오 녹화, 녹음 등을 활용하여 면담의 내용이 실감나게 합니다.

　▪(지도 중점)면담을 준비하고, 면담하고, 정리하며, 보고하는 절차와 전체의 과정을 알아보는 기회가 되도록 한다.

●소단원② 면담 내용을 정리하여 발표하기

　◦면담 준비를 합니다.

- 면담 주제를 정합니다.

- 면담 대상 인물을 정합니다.

- 어떤 내용을 물을지 질문서를 작성합니다.

- 누가 면담할지 결정합니다.

- 언제 어떻게 면담할지 정합니다.

- 면담할 때 주의할 점에 대해 알아봅니다.

◦면담을 하고 정리합니다.

- 면담을 하면서 내용을 메모합니다.

- 사진을 찍거나 비디오 촬영을 합니다.

- 순서를 정하여 정리합니다.

◦정리한 내용을 중심으로 발표합니다.

- 보충 자료를 제시하며 설명합니다.

▪(지도 중점)면담 방법에 따라 면담을 실시하고 정리하여 발표하는 일련의 과정
  을 다른 현장 학습과 관련지어 수업을 진행할 수 있다.

■셋째 마당

●소단원① 시를 이야기로 바꾸어 쓰기

◦장면을 상상하며 시를 읽습니다.

◦글쓴이가 알려 주려고 한 점이 무엇인지 알아봅니다.

◦시의 연을 중심으로 장면을 상상하며 씁니다.

◦주제나 글감과 관련된 나의 경험을 살려 씁니다.

◦시에서 생략된 내용을 되살려 씁니다.

▪(지도 중점)시에 쓰여진 행과 연의 순서를 있는 그대로 배열한다거나 시에 조사
  를 붙여 글로 민들기나 내용을 비약하는 경우가 없도록 한다. 시를 이야기로
  바꾼 여러 종류의 예문을 제시하고, 비교하면서 이야기를 바꾸는 방법을 스스
  로 터득하도록 한다. 이 때 이야기를 바꾼 예문 역시 여러 종류의 글을 제시한

다. 즉, 설명문, 생활문, 편지글 등 다양한 예문을 제시한다. 글감에 충실하여 바꿀 수도 있지만(박골 마을 사람들) 주제에 어긋나지 않는 한도 내에서(마음이 담긴 봉투) 자기의 경험을 최대한 살려서 바꾸어 쓴다.

• 소단원② 이야기를 시나 극본으로 바꾸기

　◦ 이야기를 시로 바꾸기

　- 이야기의 줄거리를 파악합니다.

　- 이야기의 주제를 알아봅니다.

　- 시에서 말하는 이를 누구로 할지 정합니다.

　- 감명 깊거나 재미있는 장면을 찾아봅니다.

　- 비유나 생략, 운율의 표현을 빌어 간결하게 연을 구성합니다.

　- 생각의 단위에 따라 행을 나눕니다.

　◦ 이야기를 극본으로

　- 사건의 전개 과정에 따라 이야기의 줄거리를 파악합니다.

　- 이야기의 주제를 알아봅니다.

　- 인물과 인물이 한 말이나 행동을 알아봅니다.

　- 설명은 생략하고, 인물의 말로 표현합니다.

　- 인물의 표정이나 몸짓은 ( )로 표시합니다.

　- 인물의 모습이나 배경 등을 해설로 씁니다.

　▪ (지도 중점)시와 이야기 극본과의 관계에 대해 개념을 정리해 준다. 이론적인 지도보다는 내용을 파악하고, 형식을 바꾸어보는 활동을 통해 각 장르의 특성을 이해하고, 장르 사이의 관련성을 체득하도록 한다.

■ 넷째 마당

• 소단원① 문제와 해결의 짜임으로 내용을 전개하여 표현하기

　◦ 제기된 문제와 관련된 경험을 생각합니다.

　◦ 문제가 발생하게 된 이유에 대해 알아봅니다.

◦ 문제에 대한 해결 방안을 알아봅니다.

- 해결 방안에 대한 이유나 근거를 다음에 밝힙니다.

▪ (지도 중점)문제를 발견하고, 문제가 발생하게 된 이유를 찾아 해결 방안을 논리적으로 주장하여 말로 해 보고, 글로 쓰도록 한다. 이 때 쓰는 글은 논설문의 기초 단계로 생각하면 된다. 소단원②에서 논설문의 짜임을 완전히 습득하게 한다. 그러므로 여기서는 해결 방안에 대한 논리성만을 강조하는 수준으로 접근한다.

● 소단원② 문제와 해결의 짜임으로 글쓰기

◦ 처음 부분에는 문제를 해결해야 하는 이유나 문제의 심각성 등을 씁니다.

◦ 다음 부분에는 문제가 발생하게 된 원인을 분석하여 씁니다.

- 정확한 사실에 근거하여 씁니다. 자기만의 개인적인 생각을 쓰지 않습니다.

◦ 다음 부분에는 해결 방안을 씁니다.

- 2가지 또는 3가지로 문단을 구성하여 씁니다.

- 주장을 먼저 쓰고, 이유나 근거를 다음에 씁니다.

  (주장은 자기의 생각을 쓰되, 이유나 근거는 사실에 입각하여 씁니다.)

◦ 끝 부분에는 전체의 내용을 종합한 말이나 강조하는 말, 정리하는 말을 씁니다.

▪ (지도 중점)논설문 쓰는 형식과 문단 구성, 전체적인 짜임 등을 예를 들어가며 명확하게 지도한 후 여러 가지 주제를 정하여 써 보는 기회를 준다. 학생이 쓴 글을 가지고 개인별로 퇴고를 거치도록 지도하면 좋다.

■ 다섯째 마당

● 소단원① 여러 가지 형식으로 글 쓰기

◦ 어떤 형식의 글을 쓸 것인가를 정합니다.

- 생활문, 편지글, 시, 견학 기록문 등

◦ 글의 개요를 짭니다.

◦ 글의 특성에 따라 쓰되 생각이나 느낌이 잘 드러나게 씁니다.

▪ (지도 중점)지금까지 6년 동안 배웠던 글쓰기의 종합 활동이라 생각하면 된다.

【읽기 6 - 2】

■ 첫째 마당

● 소단원① 시를 창의적으로 읽고, 서로의 생각이나 느낌 말하기

　◦ 제목이나 글감과 관련된 자기의 경험을 생각하며 읽습니다.

　◦ 감동적이거나 재미있는 표현을 음미하며 읽습니다.

　◦ 시의 분위기에 젖어들어 읽습니다.

　◦ 운율과 분위기를 살려 낭송하거나 암송합니다.

　◦ 글쓴이의 의도나 글쓴이의 경험을 추측하며 읽습니다.

　▪ (지도 중점)자기의 생각과 느낌을 이야기하고, 다른 사람의 생각이나 느낌을 듣고, 비판적이며 창의적인 감상에까지 이르도록 하는 데 중점을 둔다. 다른 사람의 의견을 듣고 나서 읽어보면 자기가 생각하지 못했던 창의적 감상에 이르는 경우가 많다.

● 소단원② 이야기를 창의적으로 읽고, 서로의 생각이나 느낌 말하기

　◦ 인물이 처한 상황과 사건의 관계를 헤아리며 읽습니다.

　◦ 배경이 사건의 전개에 미치는 영향을 파악하며 읽습니다.

　◦ 인물의 마음이 어떻게 변해 가는지 생각하며 읽습니다.

　◦ 인물들의 성격을 비교하며 읽습니다.

　◦ 나라면 어떻게 했을지 생각하며 읽습니다.

　◦ 감동적인 부분과 재미있는 부분을 찾아가며 읽습니다.

　◦ 글쓴이가 의도하는 바가 무엇인지 생각하며 읽습니다.

　▪ (지도 중점)글 속에 숨겨진 의미를 파악해 봄으로써 깊이 있는 문학 감상이 되는 데까지 발전하도록 하는 단원이다.

■ 둘째 마당

● 소단원① 글의 짜임에 따라 글 요약하기

　◦ 정보를 전달하는 글은 비교・대조, 원인과 결과, 시간이나 공간의 변화 등에 유의하며 간추립니다.

　◦ 생활문은 육하원칙에 따라 요약합니다.

　◦ 소설이나 극본은 인물, 사건, 배경에 따라 요약합니다.

　◦ 전기문은 시간의 흐름이나 업적별로 요약합니다.

　◦ 편지글은 가운데 부분에서 편지 쓴 사람이 하고 싶은 말을 찾아 요약합니다.

　▪ (지도 중점)위에 제시한 일반적인 요약 방법 외에도 글마다 각기 특이한 짜임이 있음을 알게 하고, 그 짜임을 파악하고 짜임에 따라 요약하도록 한다. 즉, 공통점과 차이점으로 구성된 글, 원인과 결과로 구성된 글, 각 지방별로 나누어 쓴 글 등을 예로 들어 지도한다. 학생들의 능력 수준에 따라 교사가 글의 특성을 찾아 기준을 제시하고, 학생들이 그 기준에 따라 요약하도록 할 수도 있다.

● 소단원② 읽는 목적에 따라 글 요약하기

　◦ 무엇에 대해 알고 싶은지, 왜 요약하는지 생각합니다.

　- 인물의 삶의 발자취를 알아보려면 시간의 흐름에 따라 인물이 한 일을 요약합니다.

　- 교훈이나 감동을 얻으려면 인물이 한 말이나 행동에서 감동적인 부분을 요약하여 간추립니다.

　- 인물이 살았던 시대적 배경을 알아보려면 시대적 배경을 알 수 있는 정보들을 간추려 요약합니다.

　◦ 자기 목적에 합당한 내용이 나오면 그 내용을 메모합니다.

　◦ 메모한 내용을 순서대로 정리하여 요약합니다.

　▪ (지도 중점)같은 텍스트를 통해서 서로 다른 목적에 의해 간추리는 예를 들어가면서 수업을 진행한다. 소집단별로 목적을 달리 주거나 학생들이 생각한 목적이 서로 같은 학생끼리 집단을 정하여 수업을 진행할 수도 있다. 교사가 목적을

3~4가지 제시하고 학생들이 그 가운데서 골라 요약하고 서로 의견을 교환하게 할 수도 있다.

■ 셋째 마당

● 소단원① 인물이 추구한 삶을 이해하며 읽기

  ∘ 인물, 사건, 배경을 생각하며 줄거리를 알아봅니다.

  ∘ 인물의 처지와 삶의 방식과의 관련성을 알아봅니다.

  ∘ 왜 그러한 삶을 추구하는지 알아봅니다.

  - 인물의 말이나 행동에서 성격을 알아봅니다.

  - 인물이 처한 주위 환경을 알아봅니다.

  ∘ 나의 생각과 비교해 봅니다.

  ▪ (지도 중점)인물의 성격, 인물이 추구하는 가치, 이야기 주제와의 관련성에 유의하도록 한다.

● 소단원② 반영된 문화를 이해하며 이야기 읽기

  ∘ 이야기의 배경이 되는 생활 양식을 알아봅니다.

  - 생활 양식이란 의식주 형태, 언어, 풍습, 종교, 학문, 예술, 제도 등을 말합니다.

  ∘ 이야기의 배경이 되는 생활 양식, 즉 문화는 인물의 행동이나 사건과 어떤 관계가 있는지 살펴봅니다.

  ∘ 오늘날의 문화와 비교해 봅니다.

  ▪ (지도 중점)배경 지식(스키마)이 문학 감상에서 중요한 요소가 된다. 그러므로 글을 읽기 전에 배경 지식을 점검하고, 부족한 경우는 이야기를 통해 안내해 주는 것이 좋다. 여기서 말하는 문화나 생활 양식을 이해하는 활동이 바로 스키마를 형성시키는 것이다.

■ 넷째 마당

● 소단원① 문제와 해결 방안의 관계를 파악하며 읽기

◦ 제목이나 처음 부분에서 문제가 무엇인지 알아봅니다.

◦ 문제가 발생한 원인을 생각해 봅니다.

◦ 문제에 대한 해결 방안은 무엇이라 하였는지 알아봅니다.

◦ 내가 생각하는 해결 방안과 비교해 봅니다.

▪ (지도 중점)논설문의 짜임을 알고 읽도록 하는 단원이다. 말하기·듣기·쓰기와 통합하여 지도하면 효과적이다. 즉, 읽기에 제시된 예문을 통해 짜임을 파악한 후, 문제와 해결 방안의 짜임대로 이야기하고, 글을 쓰도록 하는 것이다.

● 소단원② 문제에 대한 해결 방안이 적절한지 판단하며 읽기

◦ 문제에 대한 해결 방안을 찾아봅니다.

◦ 해결 방안을 뒷받침하는 이유나 근거를 찾아 적절한지 판단합니다.

- 글쓴이가 제시한 해결 방안이 문제와 밀접한 관련이 있는지 알아봅니다.

- 어느 정도 실현 가능성이 있는지 알아봅니다.

- 누구나 동의할 수 있는 방안인지 알아봅니다.

◦ 내가 생각하는 해결 방안과 비교해 봅니다.

▪ (지도 중점)주장과 근거의 타당성을 파악하며 읽는 활동이다. 이유나 근거가 설득력이 있는지 판단하도록 한다. 개인적인 생각인지 보편 타당한 사실인지 판단하며 읽도록 한다.

▪ 다섯째 마당

● 소단원① 여러 가지 읽을거리를 찾아 읽기

◦ 우리 주변의 읽을거리를 골고루 읽습니다.

　시, 이야기, 극본, 신문 기사, 광고문, 잡지, 인터넷 게시판 등 다양한 읽을거리가 있습니다.

◦ 읽을거리의 특성을 이해하고 읽습니다.

◦ 다른 친구들이 관심을 갖는 것을 찾아 읽어봅니다.

◦ 내가 관심을 갖는 것은 물론 관심이 별로 없는 것도 읽어봅니다.

- (지도 중점)자기 취향에 맞는 글만 읽는 것보다 다양한 읽을거리에 접하는 기회를 제공하도록 유도한다.

문학 교육을 위한 시 교재 지도 방법 모색

1. 시작하는 말

문학 교육이란 문학 작품을 통한 '정서 교육'[1]과 '언어 사용 기능 교육'을 포함한다. 그러나 6차 교육 과정에서 언어 사용 기능 교육에 치중한 나머지 문학 교육의 본질인 정서 교육이 소홀히 되고 있다는 비판이 제기되었다. 지도 방법에 있어서도 직접 교수 유형의 적용 일변도에서 반응 중심 유형 등 다양한 수업 유형을 제시함으로써 문학 교육에 좀 더 용이하게 접근하도록 하고 있다.

본고에서는 문학 교육의 적절한 지도 방안을 모색한다는 측면에서 교과의 본 수업 은 '문학 작품을 통한 창의적 국어 사용 능력 신장'에 중점을 두되, '정서 교육'[2]적

---

[1] 여기서의 '정서 교육'이란 문학 작품의 감상을 통해 즐거움을 주고, 삶의 다양한 모습에 관심과 이해를 갖게 하며, 학습자에게 풍부한 상상력을 길러 주는 일을 말하며, '언어 기능 교육'이란 문 학 작품의 감상 능력을 신장시키는 일을 말한다.

[2] '문학 작품을 통한 국어 사용 기능 교육'이 학습 방법의 학습이라면 '정서 교육'은 문학 작품이 갖 고 있는 교육적 측면을 활용하여 국어과 교육에서 의도하는 '아름다운 정서와 풍부한 상상력'을 길러 주는 학습이라고 정의할 수 있다.

측면을 최대한 확보하기 위한 방법을 모색하는 데 그 목적을 두었다.

문학 교육의 소재가 되고 있는 작품에는 여러 가지가 있겠으나 그 중에서도 시가 가장 적절한 소재가 되지 않는가 한다. 공자의 시 예찬3)이나 우리 선조들에게 시 공부가 필수 과목이었던 것들이 이를 증명해 주고 있다.

시 지도를 위해 가장 좋은 방법은 아동들의 수준에 맞는 가장 좋은 시4)를 계속해서 접하게 해 주는 것5)이다. 그럼으로써 감수성이 예민한 어린이들에게 시의 아름다움을 느낄 수 있는 토대를 마련해 줄 수 있게 될 것이다.

2. 문학 교육으로서 시 지도의 목표

초등학교에서의 시 지도는 어느 수준까지, 어떤 방법으로 지도해야 하는지 알아보

---

3) {논어』에 다음과 같은 내용이 있다.

진항이라는 이가 공자의 아들인 백어에게 물었다.

"당신은 아버님으로부터 특별한 가르침을 들은 적은 없는지요?"

백어는 대답했다.

"아직 없습니다. 하긴 이런 일이 있었지요. 아버님께서 혼자 서 계시는데 제가 달음질로 마당을 지나가니까 말씀하시기를 '시경을 배웠느냐' 하시더군요. '아직 못 배웠습니다' 하고 대답했더니, 시를 배우지 않으면 아무 것도 말할 수 없느니라'하셨습니다. 그래서 저는 물러가 시를 배웠지요."

4) 신헌재 편역, 『아동 문학 교육론』, 범우사, 1994, pp. 138 - 140.

☞ 신헌재는 좋은 시 선택 기준을 다음과 같이 제시하고 있다.

1) 저학년 : 간결하고 생기가 넘치는 것으로서 1학년은 반복적인 운율을 갖고 있으며 자기 자신에 관한 내용을 담은 시, 2 - 3학년은 운이나 리듬을 감상할 수 있고, 환상적이거나 상상적인 내용의 시

2) 고학년 : 지나치게 보수적이거나 감상적인 것은 피하고, 아동들에게 친숙한 경험을 내용으로 한 시로서 일상 생활에서 일어나는 일을 다룬 시나 유머가 풍부한 시

5) 신헌재 편역, 전게서, p. 138.

지도 방법으로 (1) 시를 듣고, (2) 시의 특성을 배우고, (3) 시를 직접 써보고, (4) 시와 관련된 특별한 활동에 참여할 기회를 갖게 해 주어야 한다고 주장하고 있다.

기 위해 교육 과정을 살펴보았다.

(1) 교육 과정의 내용

학 년	교 육 과 정 내 용
1	· 동시를 듣거나 읽고, 말의 재미를 느끼며 낭송하기 · 동화나 동시를 읽고, 인물에 대한 생각이나 느낌 이야기하기
2	· 동시에서 반복되는 말을 찾아보고, 반복되는 말이 주는 느낌 알아보기 · 운율을 살려 동시 낭송하기
3	· 작품의 분위기를 파악하고, 분위기를 살려 낭송하기
4	· 작품의 구성 요소 즉, 행, 연, 운율, 분위기 등을 통해 주제 파악하며 읽기 · 작품의 구성 요소를 파악한 후 창조적으로 재구성하기
5	· 작품에서 재미있게 표현된 부분이나 느낌을 잘 살려 표현한 부분을 찾아보고, 효과에 대해 말하기 · 작품의 일부분을 창조적으로 바꾸어 쓰기
6	· 작품에 대한 자기 나름대로의 생각이나 느낌을 자유롭게 표현하기 · 작품을 다른 갈래로 바꾸어 쓰기

(2) 지도의 수준 및 범위

교육 과정 내용을 분석해 볼 때 '분위기를 살려 낭송하기'가 전 학년에 걸쳐 공통적으로 지도해야 할 내용이었다. 학년 단계별로 볼 때는 1, 2 학년에서는 시에서 흥미를 느끼는 데 중점을 두어 지도하고, 3, 4 학년에서는 리듬에 맞추어 낭송하거나 재미있는 표현을 찾아보는 데 중점을 두어 지도하도록 했으며, 5, 6 학년에서는 재미있는 구절을 찾아보고, 낭송한 후 재미있다고 생각한 이유를 서로 이야기해 보도록 하였다.

시 감상을 위한 지도의 계열은 <시에서 흥미 느끼기→자기 중심의 시 감상 → 서로의 감상에 대한 이야기>로 이어지고 있으며, 감상의 방법으로는 <분위기를 살려 낭송>하도록 하였다.

3. 지도 방법

(1) 일반적인 시 수업 과정

시 수업은 교육인적자원부에서 제시하고 있는 반응 중심 수업 유형을 적용하여 지도하되 그 수업 과정 속에서 한 편 한 편의 시를 지도할 때는 김민수 등이 제시한 읽기의 6단계 중에서 5단계[6]를 변용하여 적용하는 것이 좋겠다.

① 1단계 : 시의 제목에서의 인상 파악, 삽화의 내용을 통한 시의 내용 짐작하기, 시의 배경이 되는 스키마 끌어내기 또는 스키마 형성하기

② 2단계 : 연과 행 알기, 연과 연의 관련성 파악하기, 재미있는 낱말이나 구절 찾기, 반복되는 말이나 리듬 파악하기, 글감 알기, 장면을 상상하며 낭독 듣기, 낭독하기

③ 3단계 : 비유의 표현과 그 뜻 알기, 글 속에 숨겨진 뜻 알기, 분위기나 주제 파악하기, 분위기에 맞게 낭송하기

④ 4단계 : 나의 표현으로 바꾸어 보기, 나의 입장과 관련하여 생각해 보기, 줄글로 바꾸어 보기, 이 시와 비슷한 시와 비교해 보기, 같은 글감을 다르게 표현한 것 찾아 비교해 보기, 감정을 넣어 분위기에 맞게 낭송하기

⑤ 5단계 : 낭송하거나 암송하고 느낌 말하기, 느낌에 대하여 서로 토의하기, 비슷한 시 지어보기

(2) 심화·발전적 시 수업 과정

교육 과정에서 요구하는 최소한의 시간인 단위 수업만으로는 문학 교육이 원만하게 이루어지기 어렵다. 시간이나 장소 등 상황이 여의치 못하기 때문이다. 그러므로 이러한 문제점들을 보완하기 위한 교사의 특별한 노력과 아이디어가 필요하게 된다. 그래

---

6) 김민수 등 공저, 『국어 교육론』, 일조각, 1973, pp. 120 - 124.
　　☞ 김민수 등 은 6단계의 내용을 다음과 같이 제시하고 있다.
　　① 통독 단계 ② 정독 단계 ③ 미독 단계(감상 단계) ④ 비평 단계 ⑤ 실천 지향 단계 ⑥ 평가 단계

서 여기에 필자 및 동료 교사들의 실천 사례를 몇 가지 제시하고자 한다.

① 시의 장면 상상하기

시의 장면을 상상하는 것은 시의 내용을 이해한다거나 분위기를 파악하는 데 아주
중요한 단서가 된다. 그래서 교재에 제시되어 있는 삽화를 이용한다거나 삽화에 제시
되지 않은 장면을 상상하게 하여 시의 분위기에 접근하도록 배려해야 한다. 이 학습
과정에서 어린이들 각기 자기의 의견을 말하게 하면 서로의 경험이 다르기 때문에
다양한 의견이 나올 수 있다. 이러한 이야기들을 통해서 서로의 생각들이 다양화되고
확대될 수 있다.

- 교과서의 삽화를 보면서 삽화에 대해 이야기하기
  - 누가, 언제, 어디서, 무엇을 하는 그림인가?
  - 인물들이 어떤 생각을 하고 있을까?
  - 이 그림을 보면 어떤 생각이 드는가?
- 장면 상상하기
  - 이 그림 이외에도 떠오르는 장면은 어떤 것인가? 말로 해 보고, 그림으로 그려
    보자. 친구들에게 설명해 보자.
  - 선생님이 들려주시는 시를 들으면서 장면을 상상해 보자.

> ※ 시의 장면을 그림으로 또는 만화로 그리는 활동에 어린이들은 아주 흥미를 갖고
> 있다. 교과 시간에 발전 학습 과제로 제시하여 혼자 또는 친구들과 함께 그림이나
> 만화를 그리고 그 내용을 친구들끼리 설명하도록 하면 매우 재미있게 활동하는 것을
> 볼 수 있다.

② 동시 카드 놀이하기

시에 대한 흥미와 관심을 유도하기 위하여 시를 이용한 놀이를 개발할 필요가 있었

다. 그러기 위하여 시 카드를 작성했는데 교과서에 나온 시를 중심으로 교과서의 시 수준[7]을 고려하여 교과서 이외의 시 카드도 작성을 하였다.

● 동시 카드놀이(예)

4-5 명의 어린이가 둘러앉아 술래를 정한다. 술래는 문제를 제시하고, 채점하여 점수를 계산하여 기록한다.

- 가을과 관계되는 글감을 가진 시를 골라 봅시다.(글감, 주제, 시어, 지은이 등)

(각자 한 장씩 빼 내어 읽어보고, 문제에 합당하면 점수를 주고 다음 문제를 냄)

● 시어 찾아 분류하기

4 - 5 명의 어린이들이 둘러앉아 각기 몇 장의 시 카드를 빼 내어 시어들을 찾아 씀. 친구들과 함께 시어들을 모아서 분류 기준을 정함, 정해진 분류 기준에 의해 분류함. 종이에 써서 게시함

③ 시 테이프 듣기

4 - 5명의 어린이가 모여 앉아서 시 카드와 녹음 테프를 정하여 듣기, 들은 느낌도 말해 보면 좋으나 저, 중학년은 듣기만으로도 좋음

④ 시 낭송하기[8]

---

7) 박광남, 「초등 학교 동시 지도에 관한 연구」, (목포대학교 교육대학원 석사학위 논문, 1997), pp. 32 - 34.

☞ 박광남은 이 논문에서 국어 교과서에 수록된 모든 동시를 분석하여 초등 학교 운문 교재의 내용 체계를 다음과 같이 제시하고 있다.

① 1, 2 학년 : 짧으면서도 리듬이 뚜렷한 동요 형태의 동시로 글감은 우리 주위의 생활 기구나 인물, 동식물 등과 같은 자연물

② 3, 4 학년 : 형식이 자유로운 동시로 계절 감각을 지닌 글감

③ 5, 6 학년 : 다양한 형식의 동시로 표현 방법 면에서 상상과 주제의 내면성을 인지한 것

8) 조기호, 「국어과 수업안」, 『교수·학습 방법 개선 사례』, 광주교육대학교 목포부설초등학교, 1996, pp. 79 - 92.

☞ 조기호는 위의 책에서 '시의 지도는 부분적이고 지엽적인 것을 분석적으로 지도하는 것은 좋

시는 읽고 듣게 되어 있어서 묵독하든지 낭송하든지 들리는 소리로 존재하며, 또한 시는 들려지기 위해서 소리내어 읽혀져야 한다. 그렇다면 동시는 어떻게 읽혀져야 하는가?

시는 먼저 여러 번 되풀이하여 읽어야 한다. 특히 운율을 맞춰서 소리내어 읽어야 한다. 음악성이 높은 운율은 재미를 더해 주고 시의 별다른 맛을 느끼게 해 준다. 운율을 살려 반복하여 읽으면 시의 내용이나 분위기는 저절로 이해된다. 즉 시는 산문과 달라서 음악적 요소가 강하므로 묵독보다 낭독을 하는 것이 좋다. 따라서 시 수업은 아동의 낭송 활동이 중요시 되어진다.

● 리듬 낭독 : 음절 수 만큼 시의 분위기에 어울리도록 악기나 책상, 손뼉치는 소리로 낭독한다.

지 않다. 전체를 가슴으로 받아들여 그 분위기를 느끼게 하고, 생활 속에서 시를 즐기도록 해야 한다. 그러기 위해서는 시의 감상이나 지도가 시의 낭독에서 시작하여 낭송에 이르러야 한다.'고 말하면서 다음과 같은 시 낭송 수업의 방법을 제시하고 있다.

단계	관련 학습 사항	낭 송 방 법	비 고
구조 분석 단계(직관)	○ 평면적 의미 파악 ○ 운율 구조 ○ 행과 연 파악	① 몸짓하며 낭송 ② 음절 단위로 소리내어 낭송 　(리듬 악기 이용) ③ 음보 단위로 밑줄 그으며 낭송	
내용 이해 단계(이해)	○ 시의 배경 알기 (때, 장소, 작자 위치) ○ 글감과 제목의 관계	① 시 속의 화자가 되어 낭송 ② 행과 연을 재구성하여 낭송 ③ 응답(교대창) 낭송	
감상 활동 단계(감상)	○ 운율의 미감 (읽으며 즐기기) ○ 시어 이미지 체험 ○ 시의 느낌, 분위기	① 본문과 의성어, 의태어 합창 낭송 ② 음보 단위의 반복 울림 낭송 ③ 음성의 높낮이 구별 합창 낭송	
발전 단계	○ 학습 기능의 확대, 적용	① 몇 개의 낱말 바꿔서 낭송 ② 시적 체험의 강화를 위한 낭송	

지 도 예 시	유의점
<빗방울 여행> 진종일 보슬보슬 --- ○○○ ○○○○ 내리는 숲속 --- ○○○ ○○ 대롱대롱 매달린 --- ○○○○ ○○○ 빗방울 친구 --- ○○○ ○○ 봄 소식 알려 줄까 --- △△△ △△△△ 편지 써 줄까 --- △△ △△△ 요리조리 살피다 --- △△△△ △△△ 망설이는데 --- △△ △△△△ 땅 속으로 여행간 --- ◎◎◎◎ ◎◎◎ 빗방울 친구 --- ◎◎◎ ◎◎	○ 탬버린 소리 △ 캐스터네츠 소리 ◎ 함께 소리내기

- 응답 낭송하기 : 전체 아동이 파트별로 나누어져서 연이나 행 단위로 응답하듯이 낭송한다.

지 도 예 시		유 의 점
<우리는 꽃들에게 술래인 것을>		
누가 보았나요? 어두운 책갈피에서 씨앗이 싹트는 것을	남자	
누가 보았나요? 땅 껍질을 뚫고 나오는 새싹의 어린 손을	여자	※시의 분위기를 살릴 수 있도록 음악을 함께 들려준다.
누가 보았나요? 몇 벌씩 줄어든 옷을 벗으며 자라는 새순을	남자	선생님과 어린이로 나누어도 좋음
누가 보았나요? 꽁지 흔들며 춤추는 새처럼 피어나는 꽃들을	여자	
아무도 모르지요? 우리는 꽃들에게 술래인 것을	다같이	

● 흉내 낭독 : 한 파트가 시의 본문을 읽는 동안 다른 파트가 분위기에 맞는 의성, 의태어를 합창한다.

지 도 예 시		유 의 점
<은모래>		※ 의성어나 의태어를 합창할 때 너무 장난
		스럽지 않도록 유의한다.
바닷가에	철썩철썩	의성어나 의태어는 노래 할 때의 화음처
마알간	처얼썩	럼 낮은 목소리로 넣어 줌
은모래는	철썩철썩	
물새들이	끼룩끼룩	
뱉아 논	끼이룩	
종알거림들	끼끼끼이룩	

● 울림 낭독 : 한 파트가 한 음보를 낭송하면 다른 파트가 그 구절을 반복 울림의 효과를 나타낸다.

지 도 예 시		유 의 점
<하 늘>		
하늘은 바다		
끝없이 넓고 푸른 바다	하늘은 바다	※ 세 파트로 나누어서 낭송하여 도 재미있다.
구름은 조각배	끝없이 넓고 푸른 바다	
바람이 사공되어	구름은 조각배	※ 호흡과 박자감을 살려 낭송하 도록 한다.
노를 젓는다.	바람이 사공되어	
	노를 젓는다.	

⑤ 그룹별 시 쓰기

3~5 명씩 그룹을 정하여 공동으로 시를 쓰게 함으로써 시 쓰는 일련의 과정을 경험시킨다. 공동으로 시를 쓰게 되면 우선 시 쓰기에 대한 부담이 덜어지며 잘 쓰는 친구들에게서 기법을 은연중에 배우게 되어 좋다. 그러나 교사가 사전 또는 사후에 적절한 지도가 있으면 더욱 좋다.

- 교사는 단어를 제시하거나 한 행을 제시할 수도 있다. 또는 아이디어만 제시하고 어린이들 스스로가 글감을 찾아 글을 쓰고 글을 다듬어 보는 일련의 과정을 거치도록 한다. 각 조별로 작품이 나오면 게시하거나 함께 낭송하고 잘된 점을 찾아보는 활동을 해도 좋다.
- 어린이들은 한 사람이 한 행 또는 한 연씩 쓸 수도 있고, 전체의 내용(시 쓰는 일련의 과정을 모두)을 협의하여 쓸 수도 있다.
- 이 때의 시 쓰기는 창작의 기법에 중점을 두는 것보다 시의 감상을 더욱 깊게 한다거나 시 감상 활동의 심화 발전의 과정으로서의 역할을 하도록 하는 것이 바람직하겠다.

4. 맺음말

오늘날 우리 생활이 즉흥적인 오락이나 쾌락으로의 접근이 쉬운 반면에 책을 읽거나 깊이 생각하고, 대화를 나누면서 즐거움을 얻는 기회는 극히 적어지고 있다. 인터넷이나 TV, 영화와 성인 만화 등이 발휘하는 흡인력을 따라가기 어렵다. 그러나 어린 시절부터 습관화된 독서 습관이나 정서적 안정감은 그 사람의 일생을 행복하게 이끌어 줄 수 있을 것이다.

이러한 차원에서 문학 교육이 감당해야 할 책임은 막중하다고 아니할 수 없다.

시 한 편이나 소설 한 권에서 우리들이 받았던 감동이 일생을 두고 우리들의 가슴속에 살아 우리의 삶을 아름답고 훈훈하게 하였던 경험들이 되살아나곤 한다. 이러한 근거 아래 필자는 본고에서 시 교재를 지도하는 데 있어서 일반적인 수업의 과정과 수업의 결과를 보완하고 심화하는 데 활용할 수 있는 방법 몇 가지를 소개해 보았다. 문학 교육에 대한 교사들의 열정만 있다면 이러한 내용들이 아니더라도 문학 교육은 원만하게 이루어질 것이라 생각된다.

우리들이 가르친 한 편의 시가 어린이들의 가슴속에 영원히 살아 남아서 일생을 살아가는 데 나침반이 될 수 있다는 신념과 긍지로 문학 교육에 임했으면 한다.

참고문헌

교육부,『국민 학교 교육 과정 해설』, 대한교과서주식회사, 1993.

김민수 등 공저, 『국어교육론』, 일조각, 1973.

박광남, 「초등 학교 동시 지도에 관한 연구」, (목포대학교 교육대학원 석사학위
　　　　논문, 1997)

신헌재 편역,『아동 문학 교육론』, 범우사, 1994.

조기호, 「국어과 수업안」,『교수·학습 방법 개선 사례』, 광주교육대학교 목포부설
　　　　초등학교, 1997.

편지를 씁시다

1. 시작하는 말

인간이 인간일 수 있는 특징의 하나로 '의사 소통'을 들 수 있다. 다른 동물들도 어느 정도의 의사 소통은 할 수 있지만 인간처럼 사상과 감정을 정확하게 전달할 수는 없다.

가까이에 있는 사람에게는 말로 자기의 의사를 전달할 수 있지만 멀리 있는 사람에게는 편지를 사용하는 것이 적절한 수단임에 틀림이 없다.

요즈음에는 전화가 발달하여 편지 쓸 기회가 별로 없지만 필자가 어린 시절 아버지가 말로 불러 주시던 편지 내용을 받아쓰면서 편지의 형식을 배웠던 그 때가 생각이 난다. 아버지께서 불러 주시는 대로 편지를 쓰던 초등학교 3학년 시절을 지나 요지만 듣고 편지를 대필할 때가 5학년쯤이었던 것 같다. 중학교 시절에 유치환의 '사랑하였으므로 행복하였네라'라는 책을 읽으면서 편지 글에 대한 나의 감동은 극에 달했던 것 같다. 그 후 친척에게, 친구들에게, 사랑하는 사람에게 편지를 쓰면서 편지와 익숙해져 갔다.

그러나 언제부터인지 편지를 쓰기보다는 전화를 사용하게 되었고, 꼭 쓰지 않으면 안될 편지도 점차 등한해 지는 과정을 밟고 있다. 교통과 통신 수단이 발달하면서 집배원 아저씨를 볼 때마다 반가움이 교차하던 기억들이 점차 사라져 가고 있다. 나는 편지를 쓰지 않으면서도 누구에게선가 편지를 받고 싶은 마음이 일어나곤 한다.

편지는 읽을 사람이 정해져 있는 글이므로 웃사람에게는 웃사람 앞에서 말하듯이, 친구에게는 친구 앞에서 말하듯이 글로 옮기는 문장이다. 그래서 편지는 상대방에 따라 그 표현이 달라지는 게 그 특징이다. 자유로운 일기의 문장과는 달리 받는 이의 신분, 성별, 친한 정도에 따라 거기에 알맞은 문장으로 써야 하는 글이므로 일정한 격식이 있다.

2. 편지 쓰기의 가치

1) 인간적인 접촉의 기회를 제공해 준다

편지를 통해 자기의 생각과 마음을 전하고, 상대편의 생각이나 마음을 읽을 수 있기 때문에 편지는 마음과 마음을 이어주는 다리가 된다. 그래서 인정이 메말라 가는 현대에 사는 우리들에게 가까운 친지나 친구 또는 미지의 사람들과도 인간적인 따뜻한 정을 나눌 수 있는 기회를 제공해 준다.

2) 글쓰기 능력이 신장된다

진실된 자기의 마음을 상대편에게 전하기 위해서는 알맞은 표현 방법을 찾아 열심히 편지를 쓰고, 또 상대편의 편지를 감명 깊게 읽어가는 과정에서 자연히 글쓰기 능력이 신장된다. 독후감이나 조사보고서 등의 글들을 편지글 형식으로 썼을 때 더욱 실감나고 친근감이 있다.

3) 개별 상담의 기회가 된다

교사와 아동간 또는 어른과 어린이 사이에 편지를 주고 받을 때 서로 편지를 주고 받음으로 인하여 인간적인 관계가 깊어지게 되고, 교사는 아동의 학습, 예절 생활 등에서의 잘잘못을 칭찬하거나 충고해 줄 수 있는 기회를 갖게 된다. 직접 만나서 말로 할 수 없는 내용도 한 장의 편지로 대신하여 더욱 큰 효과를 보는 수가 많다.

4) 글씨를 바르고 예쁘게 쓸 수 있다

편지는 상대를 의식하고 쓰는 글이므로 어떤 글보다도 글씨를 바르고 예쁘게 쓰려고 노력하게 된다. 대개의 경우 편지를 쓸 때는 초고를 잡아서 다듬고, 반드시 정서하게 되므로 자연히 글씨 공부가 될 수밖에 없다.

3. 편지 쓰기의 공부 요령

1) 학년 단계별 공부

가) 저학년 단계
- 생활 경험을 중심으로 하여 소박한 글로 가까운 사람에게 편지를 써 본다.
- 받을 사람을 생각하며 쓴다.
- 전하려는 내용을 대체적으로 쓴다.
- 편지의 격식이 있음을 알고 쓴다.

나) 중학년 단계
- 편지가 필요한 경우에 써 본다.
- 쓰고자 하는 요점을 꼭 빼지 않고 쓴다.
- 글자를 바르게 쓰고, 격식을 알고 쓴다.

- 상대에 따라서 호칭과 인사말을 바르게 쓴다.

- 높임말을 바르게 쓴다.

- 봉투를 바르게 쓴다.

다) 고학년 단계

- 편지의 구실과 이로움을 알고 쓴다.

- 받을 사람이나 용건에 따라 다양하게 쓴다.

- 경우에 알맞는 용어를 쓴다.

- 받는 이의 감정을 고려하여 쓴다.

- 쓰고자 하는 용건이 분명하게 드러나게 쓴다.

- 성실한 태도로 글자를 바르게 쓴다.

2) 편지의 형식

편지는 상대를 정해 놓고 쓰는 글이므로 일정한 형식이 있다. 그래서 편지글에서 형식은 대단히 중요하다. 그러나 저학년 단계에서 형식은 그리 중요하지 않다. 저학년 에서는 형식을 의식하는 정도면 충분하다.

가) 부르는 말(호칭)

편지에 받을 사람을 친절하고 다정한 느낌이 들도록 부른다. 웃어른에게는 예의에 어긋나지 않는 호칭을 사용해야 한다.

예) ·어머님 보십시오.   ·선생님께 올립니다.   ·형님께   ·영이에게   ·란이야

나) 첫인사(문안)

진심에서 우러나오는 말로 상대편의 안부를 묻는다.

예) ·상대편의 건강에 관해서 ·그가 힘쓰고 있는 일에 관해서

·그의 취미나 생활에 대해서 ·그의 가족이나 친구에 대해서

상대편의 안부를 묻기 전에 계절에 대한 이야기를 먼저 쓰면 자연스럽고 다정하게 느껴진다. 계절의 변화는 우리들의 생활, 감정, 건강, 정서 등에 깊은 관계가 있기 때문이다.

예) ·훈훈한 바람이 옷깃에 감깁니다.   ·무더운 여름 장마도 지리한데
·학교 가는 길에 코스모스들이 예쁘게   ·창가에 쌓이는 하얀 눈을
보니 너의 생각이

다) 쓰는 이의 안부

자기의 안부를 솔직하고 간단히 쓴다. 또 상대방이 궁금하게 생각할 이웃이나 가족, 친구 등에 대한 안부를 써도 좋다.

라) 하고 싶은 말(사연)

편지하는 목적을 뚜렷이 써야 한다. 결국 이 사연 때문에 편지를 쓰는 것이니까 (제일 중요한 부분이니까) 분명하고 알기 쉽게 써야 한다.

마) 끝인사

상대편을 진심으로 축복하는 말을 쓴다.

예) ·그럼 잘 있어.   ·내내 건강하시길 빕니다. ·안녕히 계십시오.

바) 날짜

끝인사 다음에 줄을 바꾸어서 편지 쓴 날짜를 적어 넣는다.

사) 이름

날짜 밑에 줄을 바꾸어서 이름을 쓰는데 부모나 일가 친척에게 편지를 쓸 때는 성은 쓰지 않아도 된다.

이름 다음에 상대에 따라서 올림, 드림, 씀, 사룀, 보냄 등을 쓴다.

3) 편지의 내용

가) 자연스럽고 친절한 말로 쓴다

말하는 예절은 상대에 따라 다르다. 친구, 어른, 아랫사람에 따라 알맞은 말을 써야 한다. 특히 편지에서는 상대방의 표정이나 얼굴을 직접 볼 수 없으므로 직접 대면하여 말할 때보다 더 부드럽고 친절한 말을 골라 써야 한다.

나) 알기 쉽게 자세히 쓴다

편지는 자기의 생각이나 소식을 상대편에게 가장 바르게 알려야 하므로 되도록 알기 쉽게 분명한 내용으로 써야 한다. 받는 편에서 편지의 내용을 바로 알지 못하면 결국 편지 쓴 쪽이 자기의 뜻을 전달하지 못한 결과가 되므로 알기 쉽고 자세하게 써야 한다.

다) 쓰는 목적에 맞게 쓴다

편지는 쓰다 보면 불필요한 말을 되풀이하거나 자기만의 넋두리를 하는 경우가 많다. 상대편이 언짢게 생각할 이야기는 삼가고, 용건을 분명하게 밝혀 쓴다.

라) 예의를 갖추어 쓴다

웃사람에게는 공손히 해야 하고, 아랫사람에게는 친절히 하며, 친구간에는 친절한 말씨를 써야 하는 것은 말하기에서 기본이 되는 예절이다. 편지에서는 이런 예절을 더욱 잘 지켜야 한다.

마) 편지의 격식을 갖추어 쓴다

지나치게 편지의 격식을 강조해도 안되지만, 상대편의 안부, 호칭과 쓴 날짜와 쓴 사람의 이름 같은 것은 빠뜨리지 않고 써야 한다.

5. 맺는 말

편지를 쓰자. 말로 할 수 없는 것도, 말로 하기는 좀 어색하고 부끄러운 것도 편지로 쓰면 좋다. 말은 즉흥적이지만 편지는 생각해서 쓰고, 또 다듬을 수 있기 때문에 정확히 실수 없이 자기의 뜻을 전달할 수 있다. 또 감동을 줄 수 있다. 오랫동안 보관했다가도 그 때의 생각과 감정을 읽을 수도 있다. 오늘부터라도 편지를 써 보자.

독서 지도

1. 뜨거운 가슴을 위하여

21세기 정보화 사회에 들어서면서 우리 사회는 하루가 다르게 변화와 발전을 거듭하고 있다. 정보화 사회는 정보와 지식이 폭발적으로 증가하고 이러한 정보와 지식이 개인이나 국가 발전의 원동력이 되기 때문에 필요한 정보를 검색하여 활용할 수 있는 능력을 길러 주는 것이 오늘의 교육을 책임지고 있는 교사들의 사명이라 할 수 있다.

이러한 정보화 사회에 있어서 토지, 노동, 자본과 같은 전통적인 생산 요소의 효용성은 이제 한계점에 다다랐기 때문에 21세기 국경 없는 무한 경쟁 시대에 경쟁력을 제고하기 위해서는 시급히 지식 기반 사회(Knowledge-based society)로 체제 전환을 하지 않으면 안된다. 21세기 정보화 사회는 정보와 지식이 부를 창출하는 근원이 되고 사회 발전의 원동력이 될 것이다.

이러한 면에서 정부에서도 지식 기반 사회와 정보화 교육을 강조하고, 교육의 방향을 '신지식인'을 기르도록 전환하고 있다. 특히 학교 토론 문화와 독서 지도에 중점적으로 관심을 갖도록 하고 있다.

이러한 국가적 요구인 지식 기반 사회 조성과 '신지식인' 육성의 방법의 하나로 독서를 들 수 있겠다. 한 권의 감명 깊은 책을 읽으면 세상 보는 눈이 달라지고 인생의 본질에 접근할 수 있을 뿐만 아니라 생각하며 행동하는 힘이 길러진다. 또, 한 권의 책을 읽고, 자기의 인생을 바꾸는 계기가 되는 경우도 허다하다.

그러나 오늘날의 우리 현실에는 독서를 저해하는 요인들이 너무 많아 독서 교육에 커다란 장애로 다가오고 있다. TV를 비롯한 영화 등 영상 매체가 발달하면서 책을 읽는 일들은 힘들고, 귀찮게 여겨지고 있다. 간편하고, 손쉬운 영상 매체를 통해 대리 독서를 하는 것이다. 한 편의 영화를 본 후 원작을 읽은 것처럼 생각하는 경우가 대부분이다. 이러한 대리 경험은 음료수만 마시고 배가 부른 것으로 착각하는 것과 마찬가지로 생각하는 힘을 기를 수 없는 것이다.

인터넷과 정보 통신 기술이 생활화되면서 일정 부분 책을 대신하는 경우도 있으나 이러한 매체들이 우리들의 따뜻한 마음은 앗아가고 있지나 않은지 생각해볼 일이다. 책은 우리의 교양을 넓혀줄뿐만 아니라 정서를 순화시켜 인간을 인간답게 만드는 중요한 수단임으로 독서 습관 형성에 최선을 다해야 한다.

2. 책을 읽고 싶은 마음

책을 가까이 하기 위해서는 책에 대해 흥미를 가져야 한다. 책에 대한 흥미는 책을 읽고, 내용을 이해하는 수준을 넘어 행간에 담겨져 있는 오묘한 진리를 스스로 터득할 때 비로소 생기는 것이다. 이것이 바로 독서력, 또는 독서 감상력이다. 그래서 학교에서의 독서 지도는 독서력을 기르는 데서부터 시작되어야 한다. 요즈음처럼 대중 매체가 발달한 사회에서는 간접 경험이 아주 많기 때문에 책을 읽지 않고도 어느 정도의 독서력을 길러지게 마련이다. 그러나 의도적인 지도에 의해서 독서력을 향상시키는 것이 중요하다.

현장에서 독서 지도를 하다 보면 책은 많이 읽는 것 같은데 내용을 알지 못하는 경우, 책을 끝까지 읽는 끈기가 부족한 경우를 많이 본다. 이러한 독서 태도가 독서력을 높이는 데 아주 큰 장애 요인으로 작용되고 있음을 보면서 독서력의 신장을 위한 지도 방법을 제시해 보고자 한다.

가. 책에 대한 흥미를 갖게 한다. 전집으로 된 책들을 한꺼번에 많이 사 주는 것보다 낱권으로 사 주는 것이 좋다. 특히 부모님이 책가게에 데리고 가서 책을 둘러보게 한 후 스스로 고르게 하면서 책에 대한 흥미를 유발시킨다. 어떤 책의 일 부분에 대해 이야기해 주고, 그 책을 읽고 싶은 마음이 생기도록 하는 것도 좋다.

나. 책을 끝까지 읽게 한다. 책을 끝까지 읽었을 때 다른 책을 사 준다든지, 외적 보상을 하는 방법도 있겠다. 우선 읽기 전에 자기가 읽고 싶은 책을 골라 끝까지 읽도록 하면서 끈기있게 책 읽는 습관을 길러주어야 한다. 어느 정도 책을 끝까지 읽는 습관이 길러지면 자기 스스로 독서를 하게 한다.

다. 독서 그룹을 만들어 준다. 친한 친구끼리 4 - 5명 짝을 지어 함께 독서하도록 하면 경쟁심도 있고, 서로 자극을 주어 책을 많이 읽게 된다. 이런 경우 어린이들의 부모들끼리 모여 함께 독서 활동에 대해 공동 계획을 수립하면 좋다.

라. 영상 매체를 적절히 이용한다. 재미있는 동화나 문학 작품을 읽게 하고, 읽은 후 보상책으로 TV나 VTR을 활용할 수 있다. 책으로 본 내용과 영상 매체에서 본 내용을 견주어 보게 하고 적절히 지도하면 독서 흥미 유발과 독서력 향상에 효과가 있다.

마. 부모(또는 교사)가 함께 책을 읽는다. 책 읽는 시간을 정해 놓고 같은 내용의 책을 자녀와 함께 읽는다. 다 읽은 후 책의 내용에 대해 함께 이야기해 본다. 부모가 책을 읽는 것을 보면서 자녀는 자연스럽게 책에 익숙해진다.

3. 어떤 책을 읽을까

독서는 어떠한 책을 읽을 것인가 하는 선택 능력에 따라, 또 어떻게 읽고 소화하느냐의 이해의 방향에 따라, 또 그것을 어떻게 지도하느냐의 교육적 기능에 따라 인간 형성에 바람직한 영향을 줄 수 있다.

우리의 육체가 음식물을 섭취하여 성장하고 에너지를 발산하는 것과 마찬가지로, 우리의 정신은 책을 통해서 정신적 영양소를 섭취한다고 생각하면 된다. 아무 음식이나 마구 먹으면 좋지 않은 것과 마찬가지로 책 역시 알맞은 것을 잘 골라 읽어야 한다. 자신의 흥미에 맞는 것을 골라 읽을 수도 있고, 과제 해결에 필요한 책을 고르는 경우도 있다.

여러 종류의 책들이 산더미처럼 쏟아져 나오는 요즈음에는 책가게에 가서 어떤 책을 골라야 할지 망설이다가 책을 사지 못하는 경우도 있다. 그러므로 독서 교육에 있어서 도서 선택의 능력을 길러 주는 것도 아주 중요하다. 도서 선택의 능력을 기르는 방법을 알아보자.

가. 책가게나 도서관에 다니며 많은 책에 접해 보도록 한다. 많은 책에 접하다 보면 처음에는 혼란을 가져오겠지만 어느 정도 지나면 선택의 중요성을 인식하게 되고 자연스레 책을 고르는 능력이 길러진다.

나. 어떤 책을 읽고자 하는지 자신의 생각을 미리 정한다. 아무런 생각 없이 책 앞에 서면 책 고르기가 더욱 어려워진다. 어떤 종류의 책을 읽을 것인지 미리 생각해 보게 한다.

다. 친구들이나 어른들의 의견을 들어본다. 친구들이나 어른들로부터 책에 대한 정보를 미리 알아 가지고 책을 고르는 습관을 갖게 하면 좋다. 그러면 독서에 대한 흥미 유발도 되고, 남의 의견에 대한 자기 비판적 독서도 하게 된다.

라. 표지와 목차를 보고 고른다.

마. 지은이, 출판사를 고려한다.

바. 머리말이나 발문을 먼저 읽게 한다.

사. 도서관 서가의 책 배열을 알고 선택하게 한다.

어린이의 연령에 따른 알맞은 도서를 박진석(대전 정림초등학교 교감)은 다음과 같이 제시하고 있다.

가. 6 - 8세 어린이에겐 미운 오리 새끼, 인어 공주와 같은 모방적 상상의 세계를 그린 이야기책과 용감한 탐험가 등 모험적이고 의문성을 주는 이야기책을 읽도록 지도한다.

나. 9 - 11세 어린이에겐 사물에 대한 합리적 사고가 형성되는 시기로 우화나 신화 아니면 성장의 욕구를 충족케 하는 영웅전, 모험의 소설 이야기 책 등 다양한 책을 선정하여 읽혀주는 것이 좋다.

다. 12 - 15세 어린이에겐 사실기의 변화기로 들어가는 시기로 애정어린 생활의 시나 단편 소설, 역사 소설, 공상 과학 등 다양하고 깊이 있는 책을 선정하여 읽도록 한다.

4. 도서관 이용은 이렇게

정보란 필요한 때 적절히 검색할 수 있어야만 유용한 정보가 된다. 책이 아무리 많이 있어도 찾는 사람이 제대로 찾을 수 있어야만 가치가 있는 것이다. 그래서 도서관에는 분류 기호에 따라 책을 분류하고 배열해 놓는다. 그러나 분류가 잘 된 도서관이라 할지라도 아주 많은 책들이 있기 때문에 책을 찾아 이용하는 방법을 모르면 안된다. 또 도서관을 수시로 활용하는 습관이 필요하며, 도서관은 많은 사람들이 함께 사용하는 곳이므로 지켜야 할 일들이 있다. 이러한 모든 것들이 어린이의 몸에 배일 수 있도록 지도하는 것이 독서 지도의 한 분야가 될 수 있다.

가. 책의 종류와 서가 배열 규칙을 알게 한다. 우선 책의 종류가 다양함을 알게 한다. 과학 서적, 종교 서적, 시나 동화 등 책의 내용에 따라 여러 종류가 있다는 것을 알게 한다. 그런 후 한국 십진 분류에 의한 서가 배열의 방법에 대해 지도한다. 실제 도서관에 견학하면서 지도하면 좋다. 학교 도서관이나 학급 문고 역시 이러한 도서관 교육을 가능하도록 책을 배열하는 것이 좋다. 분류 배열을 할 때 어린이들이 직접 참여하도록 하면 더욱 효과가 있다.

나. 도서관에 자주 드나들 수 있도록 기회를 제공한다. 학교 도서관뿐만 아니라 공공 도서관에 가는 날을 정하여 준다든지, 교사와 도서관 담당자가 협조하여 견학하는 기회를 갖는다. 책을 많이 읽지 않더라도 자주 드나드는 것만으로도 도서관 교육은 효과가 있다.

다. 도서관을 이용할 때 주의할 사항에 대해 지도한다. 조용히 드나들기, 잡담하지 않기, 기물이나 도서를 소중히 하기, 책장 넘기는 방법 등에 대해 계획성 있게 지도한다. 이런 교육 역시 직접 도서관을 방문하여 지도하되 어려운 경우는 학교에서 모의 활동을 통해 지도한다.

5. 읽고, 생각하는 생활

우리의 몸이 음식물을 섭취하고, 잘 소화시켜야 건강한 몸이 되는 것과 마찬가지로,

책을 읽고 그 책에 대해 깊이 생각함으로써 독서의 효과가 생겨나는 것이다. 그래서 독서의 사후 지도가 요망된다. 독후감 쓰기, 독서화 그리기, 독서 토론, 이야기하기 등의 활동이 반드시 이루어지도록 한다. 처음에는 교사나 부모의 반강제적인 지도에 의하지만 궁극적인 목표는 스스로 우러나서 책의 내용에 대해 깊이 생각해 보는 습관을 형성하는 것임을 잊지 말고 지도에 임해야 한다.

　가. 초등 학교 저학년의 단계에서는 이야기의 줄거리를 이야기 해 본다든지, 간단한 독서화를 그려보는 정도의 활동이 알맞다. 지도자가 육하원칙에 의해 줄거리를 잡도록 질문을 하면서 가장 재미있던 곳, 좀 이상하다고 느꼈던 곳에 대해 묻고, 그 이유를 묻고 보충해주는 것이 좋다.

　나. 초등 학교 3, 4학년 단계에서는 간단한 편지 형식으로 독후감을 쓰기, 서로 읽은 책의 내용을 소개하기, 나의 경험과 견주어 이야기하기, 간단한 역할놀이 하기 등의 활동을 시키는 활동을 할 수도 있다.

　다. 고학년이 되면 본격적으로 독후감 쓰는 방법을 지도하고, 독후감을 써서 발표한 후 그에 대한 서로의 의견을 들어보며, 독서 토론의 장을 마련하여 토론을 함으로써 비판적인 독서력과 아울러 감상력이 길러지도록 한다. 어떤 사안에 대한 양면성을 인식하고, 그 상황하에서 최선의 방법이 무엇이었겠는지 비판적으로 생각하는 기회를 많이 제공해야 한다.

　라. 독후 지도는 개인적인 지도와 집단적인 지도를 병행함으로써 사고가 심화될 수 있어야 한다. 자기의 주장을 근거에 의해 정당하게 주장하도록 하되, 자기의 의견만 고집하기보다는 합리적인 생각을 하도록 해야 한다.

6. 책을 통한 인성 교육을 바라며

책을 읽기란 그리 쉬운 일이 아니다. 오늘날처럼 정보의 홍수 속에 휩쓸려 살다 보면, 책 한 권 제대로 읽어보지 않고도 모든 책은 다 읽은 것처럼 생각될 경우도 있다. 책을 손에 들고 한 장 한 장 책장을 넘기면서 그 속에 들어 있는 지식과 지혜를 나의 것으로 만들 수 있음에도 불구하고, 간편한 대중 매체에 의해 남의 것을 쉽게 받아들여 자기 것인 양하는 것이 현대인들의 삶이 아닌가 한다.

책을 읽으면 우리의 이성은 칼날처럼 예리해지면서 가슴은 용광로처럼 뜨거워진다고 생각된다. 세상을 살아가는 지식과 지혜, 그리고 인간이 인간다워질 수 있는 따스함이 함께 길러진다는 말이다. 책을 읽으면서 눈물을 흘리거나 즐거움으로 인한 가슴 설레임이 몇 날 며칠을 두고 우리의 가슴속에서 사라지지 않던 젊은 시절을 반추해 보면 독서가 우리에게 주는 유용함이란 이루 말로 다할 수 없는 것이다.   이러한 경험들이 쌓이면서 이웃을 사랑하고 함께 어울려 살아가는 참된 민주 시민 의식이 길러지는 것이다.

교육은 인간을 기르는 것이다. 특히 우리 초등 교육은 기초·기본 교육과 인성 교육이 교육의 처음이면서 끝이 아닌가 생각된다. 그리고 인성 교육의 가장 좋은 방법은 독서를 통한 교육이라 생각된다. 기초적인 독서력을 길러주고, 책의 선택 능력, 도서관 사용 방법을 지도하며, 독서 후 감상 활동 기회를 적절히 제공하여 독서 감상력이 풍부한 어린이를 기르는 데 최선을 다해야 하겠다.

수준별 교육 과정과 '되돌아보기'

— 수업 협의회 발제 원고 —

· 제 3학년 2학기(말하기·듣기)
· 첫째 마당 : 알아보고 알려주고(5/6)
· 주제 : 두 대상의 공통점 차이점 말하기 평가 학습
· 목표 : 두 대상의 공통점과 차이점을 정리하여 조리있게 말할 수 있다.

1. 수업 협의회를 시작하며

제7차 국어과 교육 과정은 창의적 국어 사용 능력 향상을 궁극적 목적으로 하고 있다. 창의적 국어 사용 능력은 다른 사람이 표현한 말과 글의 사용 양상과 내용을 정확하고 비판적으로 이해할 수 있는 능력과 자신의 사상과 정서를 효과적이고도 창의적으로 표현하는 능력을 이른다. 이러한 목적을 성공적으로 달성하기 위해서 제7차 교육 과정에서 수준별 학습을 강조하고 있다. 수준별 학습을 구현하는 방안으로 교과서에서 각 단원마다 2개의 소단원을 지도한 후 되돌아보기 수업 자료를 제시하고 있다.

국어과 교과서 편찬 체제를 보면 <도입-기본-평가-보충·심화>학습의 순서로 공부하도록 하고 있다.

기본 학습에서는 원리 학습과 적용 학습에 2-3시간을 배당하고 있으며, 평가 학습에 1시간을 배당하고 있다. 즉 기본 학습에서 배운 원리의 습득 정도를 학생 개개인별로 파악하여 미달 학생은 보충 지도하고, 우수아는 심화 학습을 하도록 하고 있는 것이다.

수업자가 보여 준 이 수업은 평가 학습으로 제7차 국어과 교육 과정을 이해하는 데 시사하는 점이 크다고 생각된다.

본 토론자는 '되돌아보기 수업의 효율적인 진행 요령'과 '내용(목표) 중심의 수업 진행'에 중점을 두어 관찰하였다.

2. 수업 진행에 따른 의견

1. 되돌아보기 수업의 효율적인 진행 요령에 관하여

■ 수업자는 수업안에서 되돌아보기는 그 성격상 '학습 평가'라기 보다는 '평가 학습'으로 규정하면서도 기본 학습을 되돌아보는 '학습'의 성격을 중시해야 하는데, 주의할 점은 기본 학습에서 배운 원리나 방법을 되돌아보고 이를 평가해서 이후 교수·학습의 토대를 마련해야 한다고 말하고 있다. 아울러 본시 되돌아보기 학습은 제재를 다르게 하여 평가 학습을 한다는 점에서 볼 때, 평가 학습은 실제적으로 적용 학습의 성격으로 진행되어야 한다>고 규정짓고 있다.

수업 역시 평가의 측면보다는 기본 학습에서 터득한 원리를 적용해 보는 측면에서 진행하였다.

즉, 전시 학습 내용을 상기하고, 학습 문제를 확인하며, 학습 순서를 안내하고 공통 섬과 자이섬을 성리하게 하며, 평가 기순을 제시하고 상호 평가, 자기 평가를 실시하였다. 학습 내용 정리에서는 DVD를 설명하게 하여 형성 평가를 실시하였다.

□ 되돌아보기 학습 즉, 평가 학습은 원리의 터득 정도가 각기 다른 학생들에게 평가를 실시하면서 원리의 터득 정도를 심화시킨다든지 획득시키는 기회를 제공함과 아울러 평가를 정확히 실시하여 학생들의 성취 수준을 파악하는 활동을 동시에 실시해야 수업의 원리에 합당하다고 본다. 그러나 위에 기술한 바와 같이 이 수업에서는 평가의 측면이 소홀히 되지 않았는가 하는 의문이 제기된다.

수업자가 앞에서 밝혔듯이 적용의 측면만을 강조한다면 되돌아보기 시간이 기본 학습을 한 시간 늘여 준 것에 불과한 것이 아니겠는가 하는 점이 그것이다. 왜냐하면, 학생의 수준을 정확히 파악하여 다음 차시에 보충 학습과 심화 학습을 시키기 위한 진단의 기회가 없어지기 때문이다.

□ 그래서 필자는 다음과 같은 수업 진행 방식이 바람직하지 않을까 하는 개인적 의견을 제시해 본다.

가. 학습 문제를 제시하기 전, 전시 학습을 강조한다. 15분 정도의 시간을 할애하여 전시 학습 내용 즉, 기본 학습에서 터득한 원리를 상기시킨다. 교사가 예를 들거나 학생들 상호간에 토론하도록 할 수도 있다. 원리를 터득하지 못한 학생 일부가 이 부분에서 원리를 터득할 수도 있다. 이것이 바로 학습의 측면을 강조한 활동이다.

나. 이러한 활동을 시킨 후, 이런 능력을 얼마나 획득했는지 알아보는 수업 즉, 평가를 실시한다. 15분 정도의 시간을 할애하여 학생들이 활동하도록 한다. 교사는 학습 순서만 안내 한 후 일체 간섭하지 않는다. 이 때 교사는 학생들의 활동을 관찰하면서 학생의 수준을 점검하여 메모한다. 이 때 학생 상호 평가나 자기 평가도 실시한다. 이 시간은 전적으로 학생들의 성취 수준을 점검하는 기회로 활용하는 것이다. 그러나 학생들은 이 활동을 통해서도 기본 학습에서 터득해야 할 원리를 새로이 알게 되거나 심화 학습이 이루어지고 있다.

다. 정리 단계에서는 다시 한 번 본 단원에서 목표로 하는 원리를 정리해 준다. 또 다른 예문을 활용하거나 예를 들어 정리한다. 이 때 또 한 번의 기본 학습이 이루어진다. 학생 개개인의 능력에 따른 과제를 제시하고, 차시 학습을 안내한다. 정리 단계에서 또 다른 평가 문항을 제시하여 형성 평가를 실시하는 것보다 학생들의 응답을 통해 목표 도달도를 점검하는 수준에서 형성 평가를 실시하는 것이 바람직하다고 생각된다.

2. 수업 목표의 명확화에 관하여

■ 수업 목표는 한 시간 수업의 방향을 결정짓는 중요한 가늠자가 된다. 그러므로 교사는 수업 목표를 명확히 인식하고 있어야 한다. 이 목표는 상위 목표와의 관련성, 학습 내용, 방법, 평가와 연결되어야 하므로 분석적으로 구체화되어야 한다.

이 수업에서는 공통점과 차이점을 중심으로 사물을 설명하는 기능을 습득시키고자 하였다. 그러나 듣는 이가 모르고 있는 어떤 사물에 대하여 알기 쉽게 설명한다는 궁극적 목표보다는 공통점과 차이점을 파악하는 지엽적이고 기능적인 면만 강조한 수업이 되고 있다. 숲을 전체적으로 보지 못하고 나무만 세고 있지나 않은지 염려가 된다.

피자와 떡의 공통점과 차이점을 설명하도록 하는 수업을 진행하였다. 피자와 떡을 모두 같은 비중으로 설명하고 있다.

□ 여기서 목표를 다시 한 번 확인해 보자. 듣는 사람이 잘 모르는 어떤 사물을 설명하는 데 있어 그 사람이 잘 아는 것 중에서 공통점과 차이점이 잘 드러나는 사물을 골라서 설명의 보조 자료로 활용한다. 이러한 목표를 위해 내용을 선정할 때 떡과 피자가 적합한지 재고해 볼 필요가 있다. 피자를 설명하는 데 떡을 활용한다든지, 떡을 설명하는데 피자를 활용하는 것이 바람직하겠다는 의견이다. 그러나 여기서 학생들이 너무나 잘 아는 떡과 피자를 선정한 것도 그렇고, 두 가지 사물을 똑 같은 위치에 두고 학습을 진행한 것이 목표를 명확히 파악하지 못했기 때문에 내용이나 방법이 적합하지 않게 나타난 것으로 생각되는 것이다.

아울러 공통점이나 차이점이 뚜렷한 것보다는 듣는 사람이 잘 아는 것을 자료로 활용하여 설명해야 한다는 점이 더 중요하다고 생각된다.

예를 들어, 우리의 떡을 잘 모르는 외국인에게 떡을 설명하기 위해 피자를 활용한다든지, 섬에서만 살아 기차를 잘 모르는 사람에게 자동차나 배를 자료로 하여 설명하는 것이 타당하다 하겠다. 또 한 가지만 예를 드는 것도 좋지만 하나의 사물을 설명하기 위해 여러 가지의 사물을 예로 들어 차이점과 공통점을 찾아가며 설명하는 것도 좋은 방법으로 생각된다.

어쨋든 목표를 구체화하지 못한 상태에서 수업을 설계하고, 진행하는 것은 수업의 효율성을 저하시키는 가장 큰 요인이 아닌가 한다.

3. 평가 기준과 학습 방법에 관하여

■ 수업자는 수업의 중심이 되는 원리에 대해 다음과 같이 진술하고 있다.

전시 회상	- 실지로 보여주며 말한다. - 기준을 정하여 공통점과 차이점을 말해 준다.
학습 원리	- 상대방이 알아듣기 쉽게 말한다. - 두 대상의 이름을 말하고 기준에 따라 공통점을 먼저 말하고, 서로 다른 차이점을 말한다.
평가 기준	- 대상의 공통점과 차이점을 3가지 이상 말하였는가? - 기준을 정하여 말하고 있는가? - 잘 알아들을 수 있게 말하는가?

□ 위의 내용을 볼 때, 이 단원에서 교사가 학생에게 가르치고자 하는 내용이 산만하게 제시되고 있는 것처럼 생각된다. 물론 모든 내용이 다 학습되어야 할 내용이기는 하다. 그러나 교사는 수업 진행에 있어 나침반의 역할을 하는 목표와 목표 도달을 위한 사고 과정을 정선하여 명확히 파악하고 있어야 한다. 이러한 바탕 위에서라야 수업의 과정 과정마다 학생들의 활동 방향을 바로잡아 주어 도입부터 정리까지 일관성 있는 수업을 진행할 수 있다.

전시 학습 상기에서, 학습 방법 안내에서, 평가 기준 제시에서, 정리에서 일관성

있게 학습의 원리를 강조해야 한다.

□ 학습 원리와 평가 기준의 상관 관계에 대해 명확히 규정지을 필요가 있다고 본다. 본 토론자는 전시 학습 상기 내용, 학습 원리와 평가 기준이 동일해야 한다고 생각한다.

이 단원에서 가르치고자 하는 궁극적인 목표는 듣는 이가 설명을 듣고, 이해가 잘 되도록 하기 위한 한 가지의 방법으로 공통점과 차이점을 들어가며 설명하는 방법을 터득시키는 것이 아닌가 한다.

이 때 학습의 원리로 교과서에서는

- 공통점과 차이점을 정확히 파악할 수 있는 기준을 정하여 말한다.

- 정한 기준에 따라 공통점을 먼저 말하고, 차이점을 말한다.

- 듣는 이가 알아듣기 쉽게 말한다.

라 제시하고 있으므로, 1차적으로는 공통점과 차이점을 정확히 파악하였는지 하는 것이 키 포인트가 아닌가 한다. 그러나 궁극적으로는 공통점과 차이점을 활용하여 듣는 이가 어떤 사물에 대해 쉽게 이해하도록 말하는 것이다.

방법적인 면에서 한 가지 더 강조하고 싶은 것은 '듣는 이가 이해하기 쉽게 말한다.'는 목표이다. 이 때 말하는 사람이 듣는 이의 반응을 보면서 말함으로써 듣는 이를 이해시켜야 한다는 점이다.

이 학습 원리에 따라 평가 기준을 정하면 된다.

- 기준을 정하여 말했으며, 그 기준이 공통점과 차이점을 잘 드러나게 하는 기준인가?

- 정한 기준에 따라 공통점과 차이점을 명확히 파악하여 말하는가?

- 듣는 이가 이해하기 쉽게 말하는가?

4. 수업 진행에 관한 기타 의견

가. 교재 재구성의 방향

■ 수업자는 수업안에서 '교과서에 제시된 스케이트와 인라인 스케이트는 경험하

지 않은 학생들이 많아서 재구성한다'고 밝히고, 떡과 피자의 공통점과 차이점을 중심으로 수업을 진행하였다. 교재 재구상의 시도에 대해 칭찬의 말씀을 드린다.

교재를 재구성하여 가르친다는 것은 어렵고 조심스러운 일이다. 교과서가 가장 좋은 전범이라 하여 맹목적으로 신봉하는 것은 교사의 전문성에 비추어 부끄러운 일이기는 하나 재구성하는 노력에 요구되는 시간적 문제와 전문적인 식견에 비추어 조심스럽게 접근하지 않으면 안 된다.

□ 수업자는 학생들의 배경 지식이 없을 경우 목표 도달에 심각한 저해 요인이 될 것으로 판단하여 재구성하게 된 듯하다. 그러나, 떡과 피자를 소재로 한 것이 과연 가장 효율적인 선택이었는지 생각하여 볼 필요가 있지 않겠는가? 물론 학생들이 떡과 피자에 관한 배경 지식이 많다는 것을 염두에 둔 듯하다.

그러나 이 시간의 재구성을 위하여 가장 먼저 생각할 점은 학습 원리 즉 사고의 과정이 아닌가 한다.

이 때 학습의 원리는

- 공통점과 차이점을 정확히 파악할 수 있는 기준을 정하여 말한다.

- 정한 기준에 따라 공통점을 먼저 말하고, 차이점을 말한다.

- 듣는 이가 이해하기 쉽게 말한다.

라 생각되고, 공통점과 차이점을 정확히 파악하는 기능 지도가 중요하다. 즉, 공통점과 차이점을 찾아낼 수 있는 적합한 기준을 정하는 능력, 그 기준에 따라 공통점과 차이점을 정확히 파악하는 능력을 갖추도록 해야 한다는 것이다.

그러므로 명확한 기준이 2-3가지 설정될 수 있는 내용, 공통점과 차이점이 명료한 내용이 우선적으로 고려되어야 한다.

그런 연후에 학생들이 접하기 쉽고 흥미를 갖고 있는 소재를 택해야 한다. 그러므로 듣는 이가 잘 모르는 사물에 대해 잘 아는 사물들을 활용하여 설명한다는 측면에서 보면 '잘 모르는 인라인 스케이트를 설명하는 데 잘 아는 스케이트를 활용하는 것이 더 적합하지 않을까' 하는 생각도 든다.

나. 학습지 사용과 창의성

■ 학습지는 다인수 학급 학생들의 개인별 학습 기회 제공에 유익한 자료이다. 아울러 학생들의 사고 과정을 점검하기 좋은 장점도 갖고 있다. 그러나 학습지의 질 관리와 사용의 적절성에 따라 학생들의 창의적인 사고를 제한할 수도 있고 확장할 수도 있다는 점에서 많은 연구와 검토를 요하는 부분이다.

수업자는 교재를 재구성하였으므로 당연히 학습지가 필요하게 된다.

□ 학습지를 활용하는 많은 수업을 보면서 발견한 일반적인 문제점으로는

첫째, 교과서에 학습지의 내용이 있는데도 별도의 학습지를 제작한 경우

둘째, 학습지가 학생들의 자기 주도적 학습 활동을 안내하는 자료로서의 내용이 부족한 경우

셋째, 한 시간의 학습지 종류가 너무 많거나, 한 장일지라도 양이 과다한 경우

넷째, 학습지 활용에 있어 활용 시기나 방법이 부적절한 경우

다섯째, 학생들이 학습지 작성에 주력하여 교사가 의도하는 수업 목표에 저해 요인으로 작용하는 경우 등을 들 수 있다.

특히 말하기·듣기에서 학습지를 사용할 경우 메모만 하고 그를 근거로 말을 하는 공부를 해야 함에도 불구하고, 학습지에 쓰고, 그 내용을 읽음으로써 말하기, 듣기가 아니라 쓰기와 읽기 공부로 전락하는 경우를 흔히 볼 수 있어 안타깝다.

다. 자기 평가와 학생 상호 평가에 대하여

■ <되돌아보기> 교재의 내용을 보면 대부분이 자기 평가 또는 학생 상호 평가 중심으로 구성되어 있는 것을 볼 수 있다.

본 수업에서도 친구 평가로 모둠들의 말을 듣고, 의견표를 활용하여 자기의 의사를 표현하도록 하고, 자기 평가로 평가 관점에 따라 스스로 평가하도록 수업을 진행하였다.

되돌아보기 자체가 평가 학습이라는 측면에서 이 부분의 학습이 아주 중요하다고 생각되는데 학생들의 활동을 볼 때, 교사가 학생들의 학습 목표 달성의 정도를 판단할

수 있을까 하는 의문이 들었다. 아울러 학생들 상호간의 의사 표시가 받아들이는 당사자에게 얼마나 신빙성 있게 작용하느냐 하는 데 의문을 제기하지 않을 수 없다. 물론 평가 기준에 따라 자신의 성취 정도를 어느 정도 판단할 수는 있으리라 생각된다.

□ 교재에서는 교사의 활동은 생략하고, 학생의 활동만 교과서에 제시해 줌으로써 학생들이 활용하는 학습장의 성격으로 교재 구성을 한 것으로 생각된다. 이에 대해 교사들이 교재 내용대로만 수업을 진행하면 되는 것으로 잘못 판단할 염려가 있다.

친구간의 상호 평가나 자기 평가만 실시할 경우의 문제점을 제시해 본다.

첫째, 학생에게만 맡기고 교사가 학생 개개인의 성취정도를 파악하는 활동을 소홀히 할 염려가 있다.

둘째, 이렇게 됨으로써 평가 결과의 환류 활동이 소홀히 되거나 생략될 염려가 있다.

셋째, 친구들끼리 상호 평가를 함으로써 실망감을 더하게 될 염려가 있다. 교사라면 학생의 자존심을 건드리지 않으면서 지도할 수 있으나 학생들 사이에는 이러한 점에서 소홀할 염려가 있다.

넷째, 교사가 직접 학생들 개개인을 대상으로 평가하지 않아서 결손 부분이나 원인 파악이 어렵다.

그러므로, 교사가 직접 개입하여 학생의 성취 정도나 수준을 파악하고, 결손 학생뿐만 아니라 결손의 원인까지 파악하는 것이 요구된다.

□ 기타 토의가 필요하다 생각되는 내용은 지면 관계상 토의 관점만 제시하고, 토론을 진행하면서 적절한 시기에 이야기하고자 한다.

· 말하기·듣기에서 평가 학습의 어려운 점은?
· 어떤 방법으로 교사가 학생들의 수준을 정확히 파악할 것인가?
· 학습 방법과 학습 순서는 어떻게 차이가 있는가?
· 학생 수준에 맞는 과제 제시의 효율적인 방법은 없는가?

3. 수업하는 행복을 꿈꾸며

되돌아보기 시간에 예전의 평가지를 나누어 주고 풀게 한 후 채점하고, 꾸지람이나 하던 일이 지금도 어느 교실에서 이루어지고 있지나 않는지 걱정을 하면서 수업자 선생님께 경의와 감사를 드린다.

되돌아보기 수업 한 시간이 제7차 국어과 교육 과정 운영의 성패를 가름할 수 있기 때문이다. 이러한 중요한 시기에 적절한 수업을 공개하여 주심으로써 현장 수업 개선에 커다란 시사점을 주었다고 생각되기에 더욱 그렇다.

오늘의 수업처럼 훌륭한 수업을 진행할 수 있는 능력을 가진 교사들은 수업 자체가 행복한 삶의 일부가 아닐까 생각해 본다.

끝으로, 오늘의 협의회가 되돌아보기 수업에 있어 평가의 목적과 학습의 목적이 동시에 이루어지는 훌륭한 수업이 모든 교실에서 이루어지는 데 크게 공헌하는 기회가 되기를 바라면서, 이러한 기회를 제공한 전남 열린 교육 협의회에 감사를 드린다.

초등학교 국어과 좋은 수업

인쇄일 초판 1쇄 2003년 07월 03일
　　　　　2쇄 2015년 06월 15일
발행일 초판 1쇄 2003년 07월 14일
　　　　　2쇄 2015년 06월 25일
지은이 임용운
발행인 정찬용
발행처 국학자료원
등록일 1987.12.21, 제17-270호

서울시 강동구 성내동 447-11현영빌딩 2층
Tel : 442-4623~4 Fax : 442-4625
www.kookhak.co.kr
E-mail : kookhak2001@hanmail.net
ISBN 978-89-541-0066-3 [93380]
가 격 14,000원

*저자와의 협의하에 인지는 생략합니다.